과학, 과학주의
그리고 **기독교**
Scientism and Secularism

SCIENTISM AND SECULARISM

Copyright ⓒ 2018 by J. P. Moreland
Published by Crossway
a publishing ministry of Good News Publishers
Wheaton, Illinois 60187, U.S.A.

This Korean edition published by arrangement with Crossway through rMaeng2, Seoul, Republic of Korea.

All rights reserved.

This Korean Edition Copyright ⓒ 2019 by Word of Life Press, Seoul, Republic of Korea.

이 한국어판의 저작권은 알맹2 에이전시를 통하여 Crossway와 독점 계약한 생명의말씀사에 있습니다. 신 저작권법에 의하여 한국 내에서 보호 받는 저작물이므로 무단전재와 무단복제를 금합니다.

과학, 과학주의 그리고 **기독교**

ⓒ **생명의말씀사** 2019

2019년 5월 22일 1판 1쇄 발행

펴낸이 | 김재권
펴낸곳 | 생명의말씀사

등록 | 1962. 1. 10. No.300-1962-1
주소 | 서울시 종로구 경희궁1길 5-9(03176)
전화 | 02)738-6555(본사)·02)3159-7979(영업)
팩스 | 02)739-3824(본사)·080-022-8585(영업)

기획편집 | 구자섭
디자인 | 조현진
인쇄 | 영진문원
제본 | 정문바인텍

ISBN 978-89-04-04059-9 (03230)

저작권자의 허락없이 이 책의 일부 또는 전체를 무단 복제, 전재, 발췌하면 저작권법에 의해 처벌을 받습니다.

과학, 과학주의 그리고 기독교

Scientism and Secularism

J. P. 모어랜드 지음 | 황을호 옮김

생명의말씀사

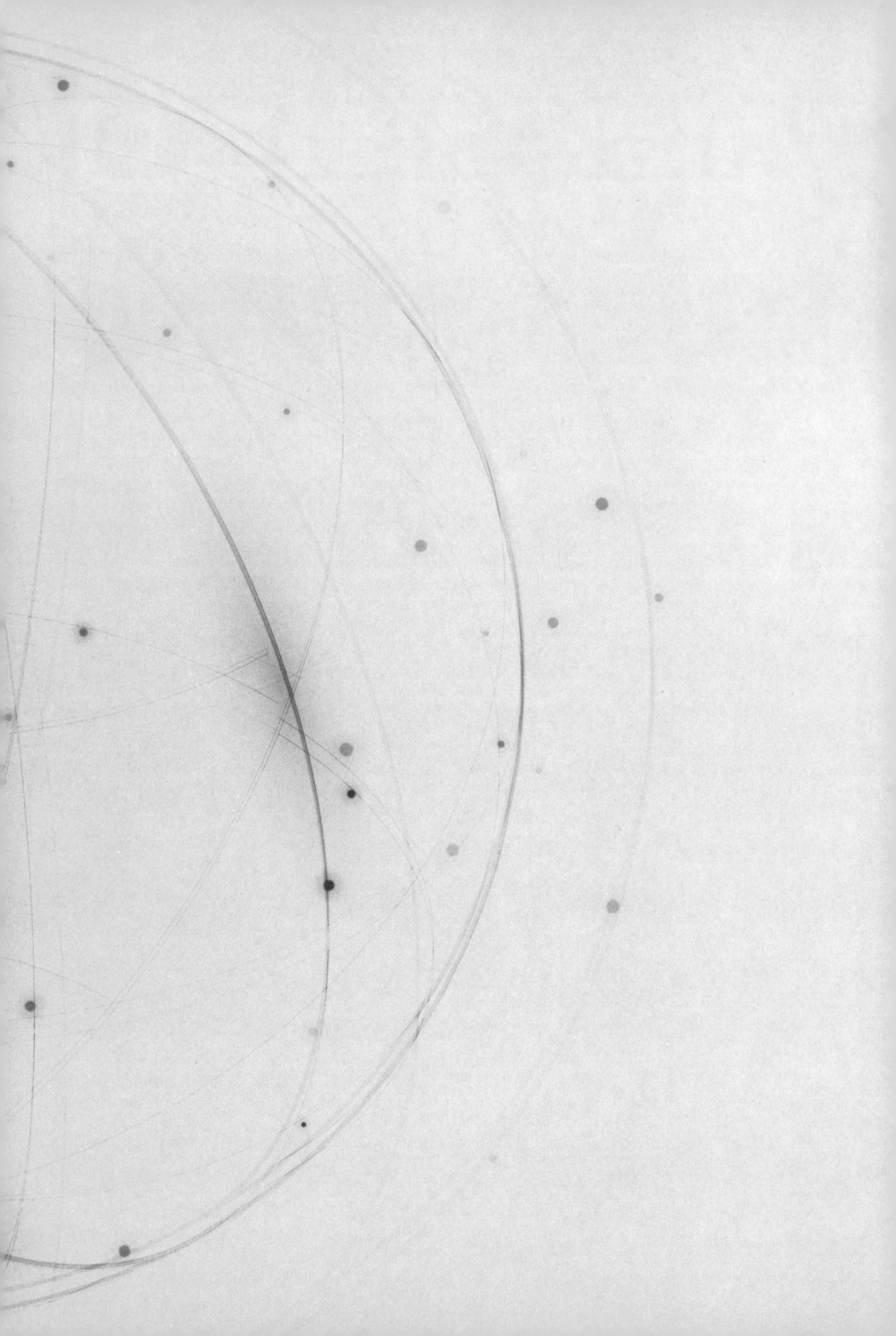

"지식(물론 실재도)이
자연 과학의 세계에만 한정된다는 사상은
오늘날 삶의 무대에서 가장 파괴적인 사상이다."

달라스 윌라드

아인슈타인은 "과학 없는 종교는 장님이고 종교 없는 과학은 절름발이"라고 했다. 비록 그는 인격적인 신을 믿지는 않았지만 적어도 과학이 모든 것의 유일한 길이라는 과학(만능)주의의 한계성에 대해 주의를 환기시켰다. 사람은 누구나 창조주 앞에 겸허히 서는 것이 기본자세이며 자연을 통해 그분의 신성을 느끼는 것은 자연 피조물이 주는 또 다른 기쁨이 될 것이다. 이 책은 과학에 대한 성경적이고 통합적인 관점을 정립하는 데 균형을 잡아주는 길잡이가 되리라 생각되어 추천하는 바이다

— **제원호**, 서울대 물리천문학부 교수

무신론적 과학주의는 많은 지성인들 사이에 유행하는 세계관이자 철학이다. 자연과학만이 유일하게 실재에 대한 진정한 지식을 제공한다는 과학주의는 창조주를 불신하고 성경의 권위를 무시하며 기독교 신앙을 버리는 일을 거리낌 없게 만든다. 주류과학계는 진화론을 통해서 자연을 해석하고 이론화함으로써 성경적 창조신앙을 가진 사람들을 반지성적, 지식적 불구자라고 비난하는 일을 서슴지 않는다. 그러나 저자가 지적한 것처럼 과학은 원칙적으로 우주와 생명의 기원을 설명할 수 없다. 자연은 창조의 결과만을 보여줄 뿐, 어떻게 존재하게 되었는지 그 기원에 대하여 결코 설명하지 않기 때문이다. 저자는 오늘 날 유행하고 있는 과학주의의 문제점을 종합적으로 명쾌하게 비판하고, 반면에 창조주를 믿는 유신론적 과학이 더 논리적이고 과학적임을 잘 변증하고 있다. 과학주의 때문에 성경에 기록된 창조주 하나님을 믿지 못하고 혼란스러워 하는 기독교인이라면 꼭 읽어야 할 책으로 추천한다.

— **한윤봉**, 한국창조과학회 회장, 전북대 교수

과학은 놀랍도록 유용한 학문이지만, 근래에 이르러 과학주의는 모든 실재 영역에서 진리에 이르는 궁극적 길이라는 견해로 빗나가 버렸다. 과학에 대한 이런 그릇된 과대평가를 기초로 수많은 사람들이 종교와 철학의 가치를 부정하고, 또 성경에 나와 있는 하나님의 계시가 주장하는 바를 거부한다. 저자는 저명한 기독교 사상가로 과학과 성경 모두를 깊이 탐구한 분으로 과학주의가 주장하는 것이 오류임을 분명하게 보여준다. 그는 그리스도인들이 과학주의에 맞서서 자신의 신앙을 증명하고 또 하나님이 주신 선물로서 진정한 과학을 제시할 수 있게 해 준다.

— **존 프레임**, 올랜도 리폼드 신학대학원 조직신학 및 철학 명예교수

과학주의는 침묵의 살인자이다. 과학주의는 그 이름과는 반대로 과학적이지도 합리적이지도 않다. 그러나 과학의 방법은 우리에게 필요한 모든 분야의 지식을 얻는데 충분하다고 주장한다. 그리하여 하나님과 선한 삶에 대한 우리의 지식을 말살시키려 한다. 현시대 최고의 철학자에 속하는 저자는 과학주의의 실상, 즉 자기 모순적이며 지식 파괴적인 주장이라는 사실을 폭로한다. 이런 판단은 진정한 과학을 훼손하는 것이 아니라 오히려 격려한다. 우리는 또다시 저자에게 큰 은혜를 입게 되었다.

— **더글라스 그루투이스**, 덴버신학대학원 철학교수

저자는 과학주의를 명쾌하게 비판하고 유신론적 과학을 포괄적으로 변증한다. 이 비판과 변증 못지않게 귀중한 것은 이 책이 기독교 지도자들에게 경고의 나팔을 불어준다는 점이다. 즉 '과학주의는 교회로 하여금 복음이 진리이고 또 그렇게 알 수 있기 때문이 아니라 그저 사역에 효과가 있기 때문에 선포하

도록 만든다.'는 사실을 깨우쳐준다는 것이다. 저자의 탁월한 점은 우리로 하여금 성경과 복음이 진정한 진리라는 사실을 과학적 증거와 철학적 논증을 통해 알 수 있도록 만들어준다는 점이다.

— **휴 로스,** Reasons to believe 대표

과학은 하나님이 주신 선물이지만, 과학주의는 그 선물을 왜곡하여 올바른 과학과 기독교 신앙을 대적한다. 기독교인이 과학주의가 주장하는 바를 이해하고, 그것이 우리 사회에 미치는 영향을 인식하며, 그 자멸적인 허세를 폭로해야 한다는 저자의 주장은 참으로 지당하다. 저자는 이런 문제를 수십 년 동안 연구한 분으로, 이 주제에 대한 글을 저자보다 잘 쓸 수 있는 사람은 없다고 생각한다. 과학주의를 날카롭게 파헤친 책이 드디어 나오게 됨을 진심으로 환영한다.

— **제임스 앤더슨,** 샬로트 리폼드 신학대학원 신학 및 철학 교수

모어랜드는 우리 시대의 가장 위대한 기독교 철학자 중 한 사람이다. 그는 우리가 다른 어떤 것을 알 수 있는 것처럼 하나님을 알 수 있음을 설득력 있게 보여주었다. 철학자들이 말하는 것처럼 지식이 "입증된 참 믿음"이라면, 우리는 하나님에 대해서도 이런 믿음을 가질 수 있으며, 그러기에 그분에 대한 지식은 주관적이면서 동시에 객관적임을 모어랜드는 보여준다. 이 정곡을 찌르는 비판서에서, 그는 과학주의 사상이 하나님을 아는 지식에 대해 마땅히 가져야 할 정당한 확신을 어떻게 훼손시키며 궁극적으로는 말살하는지를 보여준다. 과학주의는 물리학, 화학, 생물학 등과 같은 자연과학만이 실재에 대한 진정한 지식을 제공한다고 주장한다. 그러나 과학주의는 과학의 증거나 과학적

방법에 근거하지 않기 때문에 그 자체의 요구조건도 충족시키지 못함을 저자는 증명한다. 나아가 모어랜드는 구체적인 예를 들어가며 많은 사람들이 자연과학만이 지식을 위한 유일한 기초라고 단순하게 가정하며, 그리하여 실재에 대한 빈약하고 물질주의적 관점을 가지게 되고 하나님을 아는 지식에서 오는 기쁨과 소망과 의미를 부정하게 된다고 설명한다. 이런 점에서, 본서는 하나님을 진정으로 알아 더 풍성한 삶을 살기 원하는 사람들에게 실제적인 메시지를 제공하는 철학 논문이라고 할 수 있다.

— **스티븐 메이어,** Center for Science and Culture 및 Discovery Institute 소장

만일 당신이 과학만이 진정한 지식을 제공한다고 확신하기 때문에 도덕적 혹은 철학적, 신학적 신념을 버리고 싶은 유혹을 받은 적이 있거나 이미 그렇게 했다면, 그러면 당신은 과학주의에 사로잡힌 것이다. 이 대중적인 생각은 수많은 기독교인들의 확신을 무너뜨렸다. 그러나 본서에서 저자는 그 특유의 명료함과 통찰, 외과의사와 같은 정확성을 가지고 오직 과학만이 완전한 지식을 제공할 수 있고 다른 모든 것은 의견이나 느낌, 믿음에 불과하다는 생각을 예리하게 반박한다. 심오한 사고와 철저한 평가를 가지고 어리숙함을 몰아내는 일, 이것이야말로 모어랜드가 가장 잘하는 분야이다. 이 책은 과학주의라는 어리석음에 사로잡힌 사람들이 눈을 뜨게 해 줄 것이며, 또 세속주의의 탁류 속에서 허우적거리는 사람들에게는 명확한 사고라는 사라져가는 기술을 가르쳐 주는 가정교사 역할을 한다.

— **그레고리 코클,** Stand to Reason 대표

저자는 여러 학문을 넘나드는 깊이와 적확(的確)한 논증을 통해 과학을 본래의 궤도로 되돌려 놓을 뿐만 아니라 그 궤도가 어떤 것인지 정의해 주며, 이렇게 함으로써 진정한 과학을 자멸적인 과욕으로부터 구해준다. 다음 세대에게 과학이나 신학을 가르치는 사람들이나 이런 유형의 필요를 가진 모든 사람들에게 절실하게 필요한 책이다.

– 데이빗 스뮤스, Christian Educators Association International 전무

이 책은 과학과 철학의 대화에 지적으로 참여하기 원하는 진지한 그리스도인이라면 반드시 읽어야 할 책이다. 저자는 대체로 진지하고 분석적인 철학자와 학자만이 누릴 수 있는 개념들을 독자들에게 탁월하게 소개해주고 있다. 이를 통해 그는 노련한 철학의 베테랑과 열정적 아마추어들이 향유할 수 있는 엘리트 수준의 논증을 쉽게 접근할 수 있게 해 주는데, 이야말로 이 시대에 절실하게 필요한 일이다. 저자는 복잡하고 추상적인 철학 개념들을 간추려서 모든 사람들이 이해할 수 있는 틀로 만들어내는 특별한 능력을 보여주고 있다.

철학적 성향을 갖지 않은 과학자들은 엄격하고 실증적이지 않는 방식을 쓸데없는 것으로 치부하는 경향이 있는데, 이 경향은 최근 들어 더욱 가속화하고 있다. 학계든 대중 과학계든 주요 인물들은 철학을 폐기해야 할 시대착오적인 것이라고 하면서 실험이나 관찰 가능한 데이터만이 논의할 가치가 있다고 여긴다. 모어랜드는 그런 주장은 내적으로 모순일 뿐만 아니라 이런 과학주의의 중심 교리는 진지한 지식 추구를 훼손하는 것임을 전문가답게 논증한다. 과학주의는 빈약한 과학일 뿐만 아니라 빈약한 사상이라는 것이다. 이 책은 생각을 하는 사람이라면 누구든 이런 유의 조잡한 과학주의 사상에 유의함으로써 환원적 물리주의의 제단에서 교조적으로 숭배하는 일이 없어야 한다는 것을

보여주는 탁월한 책이다. 과학과 철학, 신앙을 설득력 있고 조화되게 통합하기 원하는 기독교인이라면 반드시 읽어야 할 책이다.

— **제프리 슈바르츠**, 의사

오늘날 기독교 메시지 소통을 가로막는 가장 큰 장벽은 사실과 가치의 분리이다. 그리하여 진리는 오직 사실 영역에서만 찾을 수 있다고 하면서, 도덕과 신학을 단순히 가치 영역에 속한 것으로, 주관적 사적 개인적 선호에 불과한 것으로 치부해 버린다. 이 책이 중요한 이유가 바로 이것 때문이다. 저자는 사실과 가치의 분리가 과학주의라는 그릇된 가정에 근거하고 있음을 보여준다. 그런 다음 철학과 도덕, 신학과 같은 분야들도 진정한 지식을 제공하고 있음을 설득력 있게 보여준다.

— **낸시 피어시**, 저자

수십 년 동안 사람들은 우리 자녀들이 신앙을 버리고 떠나는 이유를 찾아왔다. 모어랜드는 그 책임을 파악하여 이 흐름을 중단시키는데 필요한 정보를 제공한다. 기독교인 부모와 교사는 모드 이 책을 반드시 읽어야 한다.

— **캐서린 월러**, Defendable Faith Institute 편집장, 홈스쿨 부모

목차

추천사　6
서문　18
들어가는 글　과학주의는 철학이지 과학이 아니다　22

1장　과학주의란 무엇인가 ——————— 28
과학주의란　30
과학주의의 사례들　31
마이클 킨슬리 | 메릴린 보스 사반트 | 학교 안의 과학주의
과학주의의 정의　35

2장　과학주의는 왜 문제인가 ——————— 38
1. 과학주의는 기독교의 주장을 타당성의 구조 밖으로 몰아냈다　39
2. 과학주의는 지금 우리의 문화를 규정하는 몇 가지 변화를 일으켰다　42
3. 과학주의는 기독교에 대한 적대감을 키웠다　49
4. 과학주의는 교회의 제자 훈련을 훼손하고 기독교적 양육을 비효과적으로 만들었다　50

3장 과학주의는 대학을 어떻게 변화시켰는가 ——— 56
상황이 어떻게 변했는가　59

4장 과학주의는 자기 부정적이다 ——— 66
자기 부정적 진술이란　68
강한 과학주의가 자기 부정적인 이유　70
과학주의는 철학이지 과학이 아니다　72
과학주의를 믿고 기독교를 조롱하는 사람과 나눈 대화　73

5장 과학주의는 과학의 적이다 ——— 74
과학의 결론은 그 전제만큼만 강할 수 있다　75
과학 자체가 정당화할 수 없는 과학의 전제들　78
1. 세상은 생각과 언어 혹은 이론과는 별개로 '존재한다' | 2. 세계의 본질은 질서 정연하며, 일상적인 지각에서 드러난 현시적 세계 아래와 그 너머에 있는 '심층 구조'는 더욱 그렇다 | 3. 객관적인 진리가 존재한다 | 4. 우리의 오관과 인지 능력은 세계의 진리와 지식을 얻는 수단으로 신뢰할만 하다. 그리고 이것들은 오관이 인지할 수 있는 세계 너머에 있는 세계의 심층 구조를 파악할 수 있다 | 5. 다양한 유형의 가치와 '당위'가 존재한다 | 6. 논리와 수학의 법칙이 존재한다
결론　95

6장   약한 과학주의가 강한 과학주의와 다를 바 없는 이유 —————— 96

약한 과학주의는 권위만 바라보고 실제 주장은 검토하지 못하게 한다   97
약한 과학주의를 거부해야 하는 이유   101
어떤 관점이 실재를 더 잘 인식하는가?   103

7장   비과학적 지식의 유용성 —————— 104

논리와 수학   105
우리 개인의 의식 상태   107
도덕 지식   109
결론   115

8장   과학의 한계: 사례 연구 —————— 116

의식이란 무엇인가   117
속성 이원론과 의식의 비물질적 본성에 대한 설명   120
심리 상태가 물리적인 것이 아닌 다섯 가지 이유   122
신경 과학의 침입   124
결론   132

9장 과학주의와 제일 철학 — 134
- 제일 철학과 맞서는 전쟁　137
- 제일 철학을 버렸을 때 일어난 일　138
- 제일 철학이 거부당한 이유　143
- 토대주의(정초주의 또는 기본주의)　146
- 데카르트식 토대주의　151

10장 권위와 자주성 논제의 사례들 — 154
- 권위 논제의 예　155
  1. 우주의 기원에 대한 스티븐 호킹의 설명 | 2. 무에서 기원한 우주에 대한 스티븐 호킹의 주장 | 3. 생명의 기원
- 자율성 논제의 예　162
  1. 의식과 영혼의 본질과 존재 | 2. 방법론적 자연주의, 행위자 원인론 그리고 과학의 본질
- 결론　168

11장 우리는 사물을 어떻게 설명할 것인가 — 172
- 표준 과학적 설명　174
- 인격적 설명　177
- 과학적으로 설명이 불가능한 일의 기준　179
  지나치게 특이하며 과학적 설명의 모형에 적합하지 않은 현상 | 너무 커서 과학적 설명의 유형에 맞지 않는 현상

12장 과학이 원칙적으로 설명할 수 없는 다섯 가지 (그러나 유신론은 설명할 수 있는 것) ——— 188

1. 과학은 우주의 기원을 설명할 수 없다 189

우주는 시작이 있다는 철학의 증거 | 우주에 시작이 있다는 과학의 증거 | 우주의 시작에는 원인이 있다는 증거 | 우주의 시작의 원인은 인격적이라는 증거 | 과학이 원칙적으로 우주의 기원을 설명할 수 없는 세 가지 이유

2. 과학은 자연의 근본적 법칙들의 기원을 설명할 수 없다 197

3. 과학은 우주의 미세 조정을 설명할 수 없다 200

미세 조정과 하나님의 존재 | 자연주의자들의 반응

4. 과학은 의식의 기원을 설명할 수 없다 209

과학이 심리 상태의 기원을 설명할 수 없는 이유

5. 과학은 도덕적, 합리적, 심미적 객관 법칙과 내재적 가치 속성의 존재를 설명할 수 없다 218

결론 221

13장 방법론적 자연주의, 유신론적 진화론, 지적 설계론 – 222

지적 설계론 223

1. 눈 먼 시계공의 이론은 틀렸다 | 지적 설계론은 과학이다

유신론적 진화론 225

방법론적 자연주의의 부활 226

지적 설계론과 유신론적 진화론의 차이 227

기독교인이 방법론적 자연주의를 거부해야 하는 이유 228

1. 방법론적 자연주의는 아직 입증되지 않았다 | 2. 방법론적 자연주의는 모순을 가지고 있다

14장 기독교와 과학 통합의 중요성 ——— 242
통합: 개념적 통합과 인격적 통합   248
기독교 진리 주장에 대한 합리적 정당화로서 통합   250

15장 기독교와 과학의 통합을 위한 계획 ——— 256
신학이 과학의 문제들과 교류하는 다섯 가지 방법   257
1. 두 영역의 모델 | 2. 보완의 모델 | 3. 전제 접근법 | 4. 실제적인 적용 모델 | 5. 직접 교류 모델

전문가들과 맞서기 위한 합리적 기준   264
결론   274

나가는 글   마지막 한 가지 호소   276
용어 설명   278
참고 문헌   288

서문

우리의 자녀들은, 믿음을 가진 사람들이 대체로 시대에 뒤떨어졌거나 심지어 극단주의자라고 여김을 받는, 탈기독교 문화 속에서 성장하고 있다. 하지만 정작 세상은 대중의 삶과 대화에 기여할 수 있는 믿음의 사람들이 절실히 필요하다. 이런 문화적 바벨론 시대에 믿음의 소리를 외칠 다니엘을 길러낼 방법은 없을까?

필립 얀시(Philip Yancey)는 그의 책, 『놀라운 하나님의 은혜』(*What's So Amazing about Grace?*)에서 다음 세대를 그리스도의 대사로 키워야 할 때 반드시 취해야 할 접근법을 잘 보여준다.

베드로와 바울 모두가 사용한 어구는 내가 좋아하는 신약의 이미지 중의 하나다. 두 사도는 우리가 하나님의 은혜를 집행해야 한다고, "나누어 주어야" 한다고 말한다. 이 이미지는 스프레이 기술이 완전해지기 전에 구형 '분무기'를 사용하던 여자들을 생각나게 한다. 둥근 고무 한쪽을 쥐어짜면 반대쪽에 있는 작은 구멍으로 향수 입자가 뿜어져 나온다. 몇 방울만 있어도 온 몸에 충분히 뿌릴 수 있다. 몇 번만 눌러도 방 안의 공기를 바꿀 수 있다. 나는 은혜가 하는 일이 그렇다고 생각한다. 온 세상이나 사회 전체를 바꾸지는 않지만 분위기를 풍성하게 하는 것이다.

지금 나는 그리스도인에 대한 전반적인 이미지가 향수 분무기에서 살충 스프레이로 바뀐 것 같아 걱정이다. 바퀴다! 눌러, 뿌려, 뿌려. 악의 자국이다. 눌러, 뿌려, 뿌려. 내가 아는 어떤 그리스도인들은 악에 물든 주변 사회를 위하여 '도덕적 살충제' 역할을 맡고 있다.[1]

문제는 진리를 절대 타협하지 않고 나누되, 살충 스프레이처럼 되지 않아야 한다는 것이다. 대신 우리는 '그리스도의 향기'를 내뿜는 일을 해야 한다. 21세기의 시대는 신자들에게 의심과 회의의 환경 속에서 매력적인 참여 방법을 찾으려는 자세를 요구한다.

이 책에서 저자는 과학주의라는 만연한 세계관에 대해 친절하게 접근하는 방법을 잘 제시한다. 그는 사상이 중요하다고 주장한다. 과학주의를 구성하는 사상이 우리 문화를 주도하게 되면서 서구 세계는 더욱더 세속적이 되었고, 문화의 중추(대학, 미디어와 오락 산업, 대법원)는 점차 종교를 사적인 미신으로 간주하게 되었다. 그러므로 우리 자

---

1) Philip Yancey, *What's So Amazing about Grace?*, (Grand Rapids, MI: Zondervan, 1997), 146.

녀들이 대학에 들어갔을 때, 기독교를 떠나는 일이 점점 더 많아지는 것은 놀랍지 않다.

과학주의는 오직 자연 과학(hard sciences)만이 실재에 대한 지식을 제공하는 지적 권위를 가지고 있다고 말한다. 그 외의 모든 것(특히 윤리학, 신학, 철학)은 사적인 정서나 맹목적 신앙 혹은 문화적 산물에 기초하고 있다는 것이 과학주의의 입장이다.

그 결과, 서구 세계에서 오랫동안 지식의 근원이요 지혜의 길로 간주되어 왔던 이 학문들은 실재에 대한 진리(증거와 논리로 입증될 수 있는 진리)를 제공하지 못한다는 말을 듣는다. 이것은 (과학주의에 의하면) 신학과 철학이 진리를 전혀 제공하지 못한다는 의미이다.

저자는 과학이 모든 것을 설명할 수 있다는 대중적인 인식에 맞서서 매우 설득력 있는 논리를 제공한다. 실제로 과학이 설명할 수 없는 것이 많이 있다고 그는 말한다. 이 모든 것을 특별히 흥미롭게 하는 것은 신학이 바로 그것들을 설명할 수 있다는 사실이다. 저자는 이런 예를 든다. 과학은 우주의 기원, 자연의 근본적인 법칙들, 우주의 미세 조정, 의식의 기원, 도덕과 합리성, 심미성의 객관성 법칙 및 내재적 가치 속성들을 설명할 수 없다. 그런데 이런 것은 모두 유신론이 제대로 다룰 수 있는 주제다.

   저자는 신앙과 과학 사이를 통합하는 문제를 위해 매우 유익한 전략들을 집약하는 것으로 결론을 내린다. 나는 세속화된 문화에 살고 있는 그리스도인으로서 그가 호소하는 바에 동의한다. 과학주의가 낳은 위험성에 대한 저자의 분석과, 그 위험성에 대해 매우 매력적이고 설득력 있게 제시하는 실제적인 지침들에 대해 동의하고 찬사를 보낸다.

댄 이질러
국제 기독교학교협회 전 회장

들어가는 글 과학주의는 철학이지 과학이 아니다

나는 1950년대에 노동자 계층이 모여 있는 미주리 주 캔자스시티 변두리 지역에서 성장했다. 2학년 때 아버지가 돌아가신 까닭에, 거의 대부분 어머니께 양육을 받았다. 물론 내가 7학년(우리로 말하면, 중학교 1학년)이었을 때, 재혼을 하기는 하셨다. 어머니와 새아버지는 나에게 잘해 주기는 하셨지만, 신앙 교육에는 별로 도움을 주지 못하셨다. 두 분 중 누구도 고등학교 이상을 다니지 못하셨다. 어머니는 종이컵 공장에서 일하셨고, 새아버지는 용접공이셨다. 우리는 약간 자유주의적인 연합감리교회를 다녔는데, 그것이 우리에게 별 영향을 준 것 같지는 않다.

나의 유년 시절에 변함없던 것이 있었는데, 그것은 바로 과학에 대한 사랑이었다. 내가 기억할 수 있는 가장 어린 시절부터 그랬던 것 같다.

나는 정말 과학과 관련한 것은 무엇에든 탐닉했다. 다섯 번째 생일 선물로 현미경을 받고는 슬라이드를 들여다보는 데 수많은 시간을 보냈다. 다음 해 생일에는 화학 실험 세트를 받았다. 어떻게 우리 집을 날려 보내지 않고 오늘까지 무사한 지 알 길이 없다. 나는 암석과 나방, 곤충, 나뭇잎을 수집했고, 내 나이 또래를 위해 쓰인 다양한 분야의 과학책 시리즈를 섭렵했다. 두꺼비를 해부하여 엉뚱한 기관들을 그 안에서 찾으려고 애를 썼던 일이 기억난다(나는 어머니가 주신 클로로폼 마취제를 사용했는데, 그 불쌍한 것들이 정말 마취되었는지 알 수 없었음을 고백한다!).

여덟 살 때는 한 친구와 함께 기상 관측소를 세우고 온갖 날씨 관련 자료들을 세세히 기록했다(때로는 우리 나름대로 기상을 예측했는데, 가끔씩 텔레비전 예보와 일치하기도 했다!). 이처럼 나의 어린 시절은 과학과 스포츠로 채워졌고, 난 이 둘을 모두 사랑했다.

중학교와 고등학교 때도 과학에 대한 나의 사랑은 계속 커졌다. 중학교 생물 선생님이었던 샤인 선생님은 생물이 내게 살아 있는 과목이 되게 해주셨다. 그리고 고등학교 때는 매닝 선생님(수학과 물리)과 엔디코트 선생님(화학)이 특별히 개인 지도를 해주셨다. 그 결과, 중학교 때에는 캔자스시티 과학 박람회에 출품해 물리학 분야에서 2등 상을 받았고, 고등학교 때는 화학 분야에서 1등 상을 받아, 미주리 대학교 화학과 진학을 위한 상당히 큰 장학금을 받았다.

대학교 때, 나의 관심은 물리 화학 분야로 발전되었고, 그 대학교의 화학 전공자 최우수 3인 가운데 한 사람이 될 정도로 몰입했다. 어느 여름 방학 때는 산업체에서 화학자로 일할 수 있는 2학년생 네 명 중 한 사람으로 선발되기도 했다. 정말 멋진 여름 일자리였다! 그 이전의 여름에는 늘 공장 일과 공사판 일을 했었다(그 일은 아주 힘든 일이었다). 그해 여름, 나는 매일 와이셔츠에 넥타이 차림으로 캔자스시티에 있는 큰 회사의 화학 실험실에서 원자 흡수 분광 분석을 했다. 졸업하자, 그 회사는 좋은 보수를 주겠다며 일자리를 제안했다. 또 나는 알파 카이 시그마라는 화학자 클럽에 가입하기도 했다. 미주리 대학교 마지막 학기 때, 콜로라도 대학교에서 핵화학을 연구할 수 있는 전액 장학금을 제시받기도 했다.

돌이켜 보면, 내가 과학을 잘했던 것은 타고난 재능 때문만이 아니라 과학을 정말 사랑하기도 했던 것 같다.

그런데 1968년 11월(대학교 2학년 때), 나의 전 생애와 앞으로의 삶의 계획을 바꾸어 놓을 중요한 일이 일어났다. 여러 주에 걸쳐, 대학생선교회(CCC) 간사를 만나 기독교에 대한 여러 증거들에 대해 질문한 후 그리스도를 믿게 된 것이다. 즉시 나는 예수 운동(Jesus Movement)에 가담했고, 예수님을 적극적으로 따르는 사람이 되었다(하나님의 은혜로 지금도 계속되고 있다).

그리스도인 화학자가 된다는 것은 놀라운 소명이다. 과학은 고상하고 중요한 직업이다. 나는 과학이나 과학이라는 직업이 가져다줄 것을 두려워하기는커녕, 하나님께서 많은 그리스도인들을 과학 분야에 보내 주셔서 기독교적 확신으로 많은 발견을 하게 해달라고 늘 기도한다.

회심을 하자, 완전히 새로운 사상 세계가 내 앞에 펼쳐졌다. 역사, 성경, 신학 그리고 가장 중요하게는 변증학과 철학을 접한 것이다(이전에는 철학이란 그저 '심리학'을 잘못 쓴 것이라고 생각했다!). 그리하여 나의 소명은 화학을 버리고 대학생선교회의 간사가 되는 것이라고 생각했다. 그리고 10년 동안 간사로 사역했다.

이런 새로운 분야에 대한 사랑 때문에 댈러스 신학대학원에서 신학 석사(Th. M.), 캘리포니아 리버사이드 대학교에서 철학 석사(M. A.), 그리고 서던 캘리포니아 대학교에서 철학 박사 과정(Ph. D.)을 밟았다. 과학에 대한 나의 사랑은 과학 철학, 심리 철학, 형이상학(실재의 본질을 연구하는 학문) 등 나의 전문 분야 선택에 영향을 미쳤다.

하지만 안타깝게도 이런 것들을 공부하는 과정에서 나는 암울하고 끔찍한, 감히 말하자면 악한 것과 끊임없이 부딪쳤다.

그것은 과학주의(scientism)라는 철학 개념으로, 대략적으로 말하자면, 오로지 자연 과학만이 실재에 대한 지식을 제공할 지적 권위가 있다는 견해다. 그 외의 모든 것, 특히 윤리학, 신학, 철학은 개인의 정서나 맹목적 신앙 또는 문화의 산물이다. 그 결과, 오랫동안 서구 세계에서 지식의 근원이요 지혜의 길로 여겨졌던 이 학문들은 우리에게 실재에 대한 진리를 (증거와 논리로 입증되는 진리를) 전혀 제공하지 못한다는 평가를 받고 있다. 이는 과학주의에 의하면, 신학과 철학이 진리를 전혀 제공하지 못한다는 의미이다.

가장 큰 모순 중의 하나는 과학주의가 과학의 한 학설이 아니라는 사실이다. 오히려 이것은 철학의 한 학설이다. 좀 더 구체적으로 말하자면, 과학주의는 실제로 철학의 인식론(지식이란 무엇이며 그것을 어떻게 얻는가를 연구하는 철학의 한 분야)의 한 학설이다.

또 다른 모순은 과학주의가 과학을 왜곡한다는 사실이다. 과학은 본질상 실재를 아는 유일한 길이라고 주장할 수 없다.

독자들이 이 책을 읽은 후에는, 과학주의가 전혀 과학이 아니며 실제로는 과학이라는 놀라운 은사에 전혀 도움이 되지 않는다는 사실을 이해하고 다른 사람들에게 말해 줄 수 있게 되기를 바란다.

이 책에서, 나는 과학주의가 우리 자녀들을 해치고, 교회를 무너뜨리며, 복음을 공정하게 들을 수 있는 능력을 훼손시키는 이유들을 제시할 것이다.

그렇지만 이 시점에서 분명히 밝혀 둘 점이 하나 있다. 나는 올바른 과학 활동을 전혀 문제로 여기지 않는다. 나는 과학을 사랑한다. 내가 문제로 여기는 것은 과학주의다. 나는 하나님께서 내게 주신 소명 가운데 일부는 과학주의에 맞서고, 과학주의의 실체를 다른 신자들에게 밝히며, 이 사상이 그릇되고 비합리적일 뿐 아니라 큰 위험이 된다는 사실을 경고하는 것이라고 믿는다. 독자의 손에 들려 있는 이 책은 그 소명을 이루려는 나의 시도이다.

그러므로 이 같은 내용을 깊이 생각하기 바란다. 그리고 과학주의에 맞서 진정한 과학을 옹호하기 바란다.

J. P. 모어랜드
철학 석좌 교수
바이올라 대학교 탈봇 신학대학

1장

과학주의란 무엇인가

2016년 4월 27일, 나는 장에 생긴 암 종양을 제거하는 수술을 받고 9일 동안 병원에 입원해 있었다. 그동안 몇 개 조의 당번 간호사 팀이 바뀌었다. 오늘은 새 간호사가 와서 나의 체온과 혈압 등의 상태를 체크했다.

　이런저런 이야기를 나누는 중에, 간호사는 나에게 직업이 뭐냐고 물었다. 철학 교수라고 대답하자, 그녀는 "어느 학교에 다니셨어요?"라고 물었다. 나는 서던 캘리포니아 대학교에서 철학 박사를, 캘리포니아 리버사이드 대학교에서 철학 석사를, 댈러스 신학대학원에서 신학 석사를, 그리고 미주리 대학교에서 물리 화학 학사를 마쳤다고 설명해 주었다.

　그녀의 얼굴에서는 약간 헷갈린다는 표정이 묻어났다. 그녀는 혼잣말로, 전혀 상관이 없고 동떨어진 두 과정을 다녔다고 중얼거렸다.

　그녀가 말을 꺼내기 전에, 나는 그녀에게 이렇게 말했다.

　"'선생님은 실재(자연의 사실)와 증명이 가능한 결론을 다루는 과학에서 시작했군요. 그런데 신학과 철학은 사적인 견해나 개인적 정서의 영역으로, 옳고 그름이 없거나 있다고 해도 아무도 알 수 없는 영역 아닌가요? 과학은 인지적이고, 신학과 철학은 개인적이고 감정적인

1장 과학주의란 무엇인가　29

데요.' 혹시 이것이 당신의 생각은 아닌가요?"

그녀는 내게 마음을 들킨 것같이 놀라는 표정을 지으면서, 정확하게 자신이 생각한 거라고 인정했다.

사실 그 간호사는 과학주의라고 불리는 관점을 정확하게 표현한 것이다. 오늘날 과학주의가 널리 퍼져 있기 때문에(이것이 우리가 마시는 지적·문화적 공기다), 그녀는 자신이 전제하고 표현하는 세계관의 이름조차도 몰랐던 것이다.

과학주의란

대략적으로 말하자면, 과학주의란 화학, 생물학, 물리학, 천문학 등의 자연 과학이 유일하게 실재에 대한 진정한 지식을 제공한다는 견해이다. 적어도 이 과학 지식은 우리가 다른 학문에서 알 수 있는 것보다 훨씬 더 뛰어나다. 윤리학과 종교는 받아들일 수 있지만, 이들이 본질적으로 주관적이며 사적인 견해의 문제라고 이해되는 한도 내에서다. 과학주의에 의하면, 윤리학과 종교의 결론도 과학처럼 사실적일 수 있으며 따라서 과학의 진리처럼 인정되어야 한다는 주장은 편견과 불관용의 표시일 수 있다.

과학주의(자연 과학만이 우리에게 실재에 대한 지식을 줄 수 있는 지적 권위를 가지고 있다는 견해)를 좀 더 깊이 살펴보기에 앞서, 과학주의의 구체적인 예와 그것이 우리의 일상 상식에 얼마나 깊이 들어와 있는지 살펴보도록 하자.

과학주의의 사례들

마이클 킨슬리

2001년 6월 25일, 「타임」(*Time*)지는 인간 배아에 관한 줄기세포 연구를 옹호하는 저널리스트 마이클 킨슬리(Michael Kinsley)의 글을 특집으로 실었다. 그는 이렇게 말했다.

"이것(배아)들은 소수의 분화된 세포들의 미세한 덩어리다. 여기에는 잠재력 외에는 인간적인 것이 전혀 없다(혹시 믿고 싶다면 영혼은 있을지 모른다)."[1]

그의 결론에 대해 주목해야 할 첫 번째 사실은, 그의 주장이 나쁜 과학이라는 점이다. 그는 인간의 배아에는 진정으로 "인간적인" 것이 전혀 없다고 주장하는데, 그 자체가 배아학의 표준이 되는 교과서들 전체와 배치되는, 과학적으로 모순되는 진술이다!

그렇지만, 이것은 내가 말하고자 하는 바가 아니다. 나는 킨슬리의 글의 한 부분에 주목하고자 한다. 그것은 독자들이 눈치채지 못했을 수도 있다. 다시 주의해서 읽고 그가 전제하고 있는 것에 주목하기 바란다.

"우리는 인간 배아에 대한 과학적 사실들을 안다. 그러나 인간의 영혼에 대한 것은 그저 믿을 뿐이다."

킨슬리에게 영혼에 대한 믿음은 지식에 속한 것이 아니다. 그의 견

---

[1] Michael Kinsley, "If You Believe Embryos Are Humans…," *Time* (June 25, 2001), 80.

해로는, 영혼에 대한 증거가 없다. 아마 그는 이것을 유니콘(뿔이 하나인 전설상의 동물)과 같은 범주에 넣을 것이다. 여러분도 원한다면 이것을 믿을 수 있다. 어쩌면 누군가가 그것이 존재한다고 말해 주었거나 그런 동물이 존재한다고 믿기 원해서 믿겠지만, 여러분이 그것을 보거나 듣거나 만져 본 적은 없다. 따라서 이것은 진정한 지식으로 간주되지 않는다.

분명 킨슬리는 이런 종류의 믿음은 판타지 문학에나 속하는 것이지, 우리가 진정으로 알 수 있어서 정당하게 믿을 수 있는 것에는 속하지 않는다고 생각한다. 그는 과학을 옹호한 것이 아니라 과학주의를 설명한 것이다.

메릴린 보스 사반트

메릴린 보스 사반트(Marilyn vos Savant, 최고의 IQ를 가진 사람으로 기네스북에 등재된 사람)는 오랫동안 「퍼레이드 매거진」(*Parade Magazine*)에 "메릴린에게 물어보세요"라는 이름의 칼럼을 써 오고 있다.

이 칼럼은 사람들이 질문하면 사반트가 답해 주는 형식이다. 한번은 어떤 사람이 자신은 부모에게서 어떤 종교로 양육을 받았다고 설명했다. 이제 성인이 되어서도 여전히 그 종교를 좋아하지만, 친구들은 이성적으로 다른 것들을 생각하라고 권했다. 그는 친구들의 주장을 고려해야 하는지, 아니면 부모의 종교를 고수해야 하는지에 대한 사반트의 생각을 물었다.

다음은 사반트의 대답이다.

"당신은 그 친구들보다 더 똑똑합니다. 종교는 지적으로는 옳다고 증명될 수 없습니다. 종교는 머리가 아니라 마음(당신의 부모)으로부터 온 것입니다. 내 의견에는 당신은 (당신 친구들의 '주장'에 귀 기울이지 않음으로써) 지혜롭게 행동했습니다."[2]

메릴린 보스 사반트는 이 사람이 자기 부모의 종교적 신념을 고수하는 것을 문제 삼지 않았다. 그녀는 "해될 것도 없고 문제 될 것도 없다"고 말할지도 모른다. 그러나 친구들이 그와 논증하려고 한 것이나, 다른 종교적 신념들이 더 매력적이거나 진실하거나 증거가 더 확실하다고 설득하려고 한 것에 대해서는 비판적이었다.

오랫동안 그녀의 칼럼을 읽어 오면서, 나는 그녀가 과학은 머리가 아니라 마음으로부터 온다거나 부모의 말에서 온다고는 말하지 않으리라고 확신했다. 과학의 주장은 진리로 입증될 수 있다. 그러나 그녀의 세계관으로 볼 때, 종교의 주장들은 그렇게 입증될 수 없다. 이것은 바로 과학이 아닌 과학주의다.

학교 안의 과학주의

과학주의는 대중 잡지에 칼럼을 쓰는 사람들에게서만 발견되는 것이 아니다. 학교에서 요구하는 독단이기도 하다. 여기서는 기독교의 주장이 하나의 지식 전통이 되는 데 대해 직접적으로 도전한다. 예를 들어, 1989년 캘리포니아 주 공립 학교의 과학 교육 과정 지침서로

---

[2] Marilyn vos Savant, "Ask Marilyn," *Parade Magazine* (October 7, 2001), 25.

발행한 "과학의 기본 틀"을 생각해 보자. 이 문서는 교사들에게 생물학적 대진화를 거부하는 학생들을 다루는 방법에 대해, 다음과 같이 조언한다.

> 때로 일부 학생들은 자신이 가지고 있는 특정 종교나 철학적 신념 때문에 과학의 특정 결론들을 진리가 아니라고 주장할 수 있다. … 이에 대해 교사가 이렇게 표현하는 것은 적절하다. "나는 네가 이 과학적 증거를 받아들이는 일을 개인적으로 거부할 수도 있다고 생각한다. 그러나 이것은 이 분야의 과학자들 사이에서 합리적 의심이 없는 과학적 지식이다. 따라서 우리가 공유하는 지적 전통의 일부이기 때문에, 이것을 가르치는 것은 나의 임무이다."[3]

이 말이 중요한 이유는, 이것이 창조론보다 진화론을 지지하기 때문이라기보다는 이것이 전제하는 지식의 그림 때문이다. 즉, 실재에 대한 지식은 오로지 과학에서만 나오며, 자연 과학에서 유래한 실증적 지식 주장만이 공적 기관이 보증할 수 있는 유일한 주장이라는 것에 있다.

이런 종류의 추론은 종교와 철학의 주장이 단순히 사적인 정서의 문제로, 이를 확대해 보면 윤리학과 정치 이론, 종교의 핵심에는 묵살해도 되는 주장이 들어 있다는 점을 의미하는 것으로 보인다. 결

---

[3] Mark Hartwig and P. A. Nelson, *Invitation to Conflict: A Retrospective Look at the California Science Framework* (Colorado Springs: Access Research Network, 1992), 20에서 재인용함.

론, 증거, 지식, 합리적 의심, 지적 전통 등과 같은 단어들은 과학과 연결되어 과학이 실재를 정의할 수 있는 '권리'를 갖게 되는 반면에, 신념, 개인적인 거부 등과 같은 단어들은 비경험적 주장(nonempirical claims)과 관련되어 종교적인 신념을 그저 근거가 없는 견해 정도로 만들어 버린다. 간단히 말해서, 캘리포니아 주는 모든 학생이 그저 과학이 아니라 과학주의의 지배 아래 있을 것을 요구하는 것이다.

과학주의의 정의

이제까지는 과학주의에 대한 다소 대중적인 차원의 표현이나 전제들을 살펴보았다. 이제는 정의를 제시한 실제 과학자들의 이야기를 들어보기로 하자. 과학 철학자 톰 소렐(Tom Sorell)은 이렇게 말했다.

"과학주의란 과학, 특히 자연 과학이…인간의 학문 중에서 가장 소중한 부분으로…이것이 가장 권위 있거나 진지하거나 유익하기 때문이라는 신념이다. 이와 관련된 다른 신념들도 과학주의적인 것으로, 과학이 인간의 학문 중에서 유일하게 소중한 부분이라는 신념으로 간주될 수 있을 것이다."[4]

소렐은 다음과 같이 지적한다. "과학주의에서 중요한 것은 무엇인가를 과학적이거나 비과학적인 것으로 식별하는 것이 아닌, 과학적인 것이 비과학적인 것보다 훨씬 더 소중하다는, 혹은 비과학적인 것

---

[4] Tom Sorell, *Scientism: Philosophy and the Infatuation with Science* (London: Routledge, 1991), 1.

은 무시해도 될 정도의 가치밖에 없다는 생각이다."5) 다른 말로 하면, 여러 가지 근원에서 나온 지식의 주장들이 서로 다툴 때는 항상 과학적인 것이 비과학적인 것을 이긴다는 것이다.

그러므로 과학주의에서 과학은 진리와 합리성의 유일한 패러다임이다. 소렐이 말한 두 가지를 자세히 살펴보면, 두 가지 형태의 과학주의가 있음을 알 수 있다. 강한 과학주의와 약한 과학주의다.

강한 과학주의는 성공적으로 검증되었고 적절한 과학적 방법에 따라 사용되고 있는 과학적 주장만이 진리이며, 합리적으로 입증된다고 암시한다. 적절히 인증된 과학적 주장, 특히 자연 과학 내의 주장 외에는 우리가 알 수 있는 진리가 없다. 로렌스 프린사이프(Lawrence Principe)는 강한 과학주의의 중심 사상에 대해 다음과 같이 올바르게 지적한다. "과학과 그 방법들은 지식을 획득하고 질문에 답하는 데 있어서 유일하며 완전히 타당한 길을 제시하며, 다른 방법들과 학문들은 배제된다."6)

약한 과학주의도 역시 과학주의지만, '자유 재량권'을 더 많이 허용한다. 약한 과학주의는 과학 밖에도 진리가 있음을 인정하여, 과학적 지지를 받지 못하더라도 최소한의 합리적 지위를 허용한다. 그럼에도 여전히 과학이 인간의 지식에서 가장 권위가 있다고 시사한다.

실제적인 면에서 볼 때, 약한 과학주의도 강한 과학주의와 거의 동

---

5) 위의 책, 9.
6) Lawrence Principe, "Scientism and the Religion of Science," in *Scientism: The New Orthodoxy*, ed. Richard M. Williams and Daniel N. Robinson (London: Bloomsbury, 2015), 42.

일하다. 물론 전문적으로 말하면 서로 다르다. 위에서 살펴본 바와 같이, 약한 과학주의는 과학(특히 자연 과학)이 실재에 대한 진리를 획득하는 유일한 길이라고 말하지는 않는다. 대신, 대부분의 사람들이 과학 분야로 분류하지 않는 일부 학문에 대해 최소한의 합리성 상태를 기꺼이 용인한다. 만일 어떤 분야가 과학적 상태가 아니거나 과학적 뒷받침을 받지 못한다면 그것은 무시해도 될 정도의 지적인 가치를 가지므로, 가능하다면 자연 과학(예로, 신경 과학)이 비과학적인 영역들(예로, 영적 가르침. 신경 과학에서 나온 새로운 통찰들이 영적 성장을 새로운 차원의 권위로 올려놓는다고 주장하는 수많은 책들을 보라)을 떠맡거나, 인문 과학(심리학, 교육학 등)에 더 많은 영향을 미쳐서 이런 분야의 신뢰성을 높이고 확고한 지식을 제공할 수 있게 해야 한다.

물론 사상은 중요하다. 실제로 우리는 대부분 우리의 사상에 의해 움직이고 있다. 그런데 과학주의를 구성하는 사상들이 우리 문화에 더욱 팽배하게 되면서, 서구 사회는 점차 세속화되었고, 문화의 권력 중추(대학, 미디어와 오락 산업, 대법원 등)가 점차 종교를 사적인 미신으로 여기게 되었다. 그러므로 우리의 자녀들이 대학교에 들어갔을 때, 점점 더 많은 아이들이 기독교를 버리게 되는 것은 전혀 놀랍지 않다.

다음 장에서는 과학주의가 문화와 교회에 미치는 영향에 대해 더 깊이 살펴볼 것이다.

2장

과학주의는
왜 문제인가

과학주의는 우리가 호흡하는 공기와 같기 때문에, 우리는 이것이 표준이고 핵심이라고 생각한다. 이것이 우리 문화와 교회에 미치는 영향을 제대로 아는 사람은 거의 없다. 이것은 기독교가 주장하는 내용을, '타당성의 구조'(plausibility structure, 사람들이 일반적으로 이성적이고 합리적이라고 여기는 것) 밖으로 몰아내게 되어, 우리 문화가 실재를 다루는 방법에 상당한 변화를 일으켰다.

그래서 과학주의의 영향 가운데 하나는, 기독교가 주장하는 진리를 조롱하는 일을 더욱 흔하고 받아들일 만하게 만드는 것이다(이는 과학주의의 목적 가운데 하나다). 심지어 교회 안에서조차 성숙한 그리스도의 제자를 만들려는 우리의 노력에 큰 해를 끼쳤다. 이런 문제들을 하나씩 살펴보자.

1. 과학주의는 기독교의 주장을 타당성의 구조 밖으로 몰아냈다

과학주의가 우리 문화에 수용되는 정도에 비례하여, 우리의 도덕적·영적 주장은 '탈인지화된다'(decognitivized). 다시 말해, 생명, 지식, 역사, 실재에 대한 우리의 깊은 믿음들이 전혀 타당성이 없는 것, 즉 그냥 진리가 아닌 게 아니라 합리적으로 고려할 가치가 없는 것으로 여기게 된다.

다음 다이어그램을 생각해 보자.

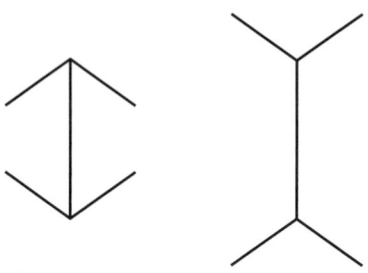

이상하게 보일지 모르지만, 그림 속 두 개의 수직선은 길이가 같다. 우리는 무의식중에 이런 그림을 3차원 물체(왼쪽은 건물의 바깥 모서리 모양이고, 오른쪽은 방의 안쪽 구석 모양)로 여기기 때문에, 무의식중에 그림의 두 차원에 적응한다.

기술이 덜 발전된 문화에 사는 사람들이 이 그림을 볼 때, 어떤 일이 일어나는지 아는가? 그들은 사각형 또는 장방형 건물에 익숙하지 않기 때문에 그런 무의식적인 습관이 없다. 그래서 그들은 두 수직선의 길이가 정확하게 같은 것으로 본다. 우리가 보는 것을 최종적으로 결론 내리기 전에, 우리의 지각과 사고 습관이 우리가 본 것을 만들어 내는 것이다.

여기서 알 수 있는 사실은, 일단의 배경 전제(즉 타당성의 구조)인 문화가 사람들이 생각하는 것에 대한 틀을 만들고, 그 틀이 사람들이 듣고, 평가하고, 느끼고, 행동하는 방법에 영향을 미친다는 것이다. 이

틀이 사람들로 하여금 무언가가 '타당성이 있다' 혹은 '없다'라고 생각하도록 만든다. 예를 들어, 지구가 평평하다는 주장은 우리의 타당성 구조 밖에 있다.

하지만 타당성의 구조는 대체로 널리 퍼져 있고 또 미묘해서, 보통 사람들은 이런 것이 작용하고 있는지도 알지 못한다. 예를 들어, 우리는 음악 같은 것이 어떤 이야기에 대한 우리의 반응에 영향을 준다는 사실을 별로 의식하지 못한다. 이것이 잘 믿어지지 않는다면, 온라인에서 영화 트레일러를 찾아서 그것이 색다른 장르를 암시하기 위해 어떤 음악으로 편집되어 있는지 살펴보라. 가령, 으스스하거나 오싹한 음악을 사용하면 마음 따뜻해 지는 로맨틱 코미디물이 사랑보다는 으시시한, 남을 따라 다니며 괴롭히는 구조를 만들어 낼 것이다. 이런 타당성의 구조는 신념이나 사상(예로, "종교인들은 단순히 미신적이고 과학자들은 지적이다"), 상징(예로, 하얀 실험복을 입은 사람), 또는 음악, 영화, 텔레비전 프로그램과 같은 요소들이 될 수 있다.

이것은 하나님을 신뢰하는 데 문제를 일으킬 수 있다. 우리는 의식하지 못하는 사이에 과학주의가 제공한 이런 문화 지도(즉 자기 대화, 기본적 신념[default beliefs: 우리가 논증 없이 자연스럽게 받아들이는 신념], 또는 우리가 믿기 주저하는 것들[예로, 우리의 문화 지도의 권위들에 배치되는 주장들]과 같은 일단의 자연적 가정들)를 가지게 된다. 그러면 이런 것들은 기독교에 대해 일단의 자연적인 의심을 가지게 만든다.

대부분의 사람들은 문화 지도(cultural map)가 자신에게 어떻게 영향을 미치고 있는지 의식조차 하지 못한다. 한 사람의 문화 지도에는 다른 신념을 형성한 중요한 사상이 들어 있어서, 그 자연적 가정들을 우리가 의식한다 해도 우리는 종종 그것과 결별하지 않는다.

오늘날 서구의 문화적 타당성 구조는 과학을 강조하고 종교를 경멸한다. 이것 때문에 기독교의 복음 전도 노력이 점차 비효과적으로 되고 있다. 종종 우리는 사람들이 복음을 듣게 하려고 전적으로 개인이 사적으로 느끼는 필요를 언급하고, 예수님이 그들의 삶을 변화시키고 도우실 거라고 약속한다. 이것이 기독교는 진리이며 확고한 증거에 기초하고 있고 또 진리로 알려질 수 있다는 깊이 있는 주장에 근거한다면 문제 될 것이 없다. 그러나 과학주의는 교회로 하여금 복음이 진리이고 또 진리로 선포할 수 있기 때문이 아니라, 단지 이것이 통하기 때문에 단순하게 복음을 전하도록 만들어 버렸다.

2. 과학주의는 지금 우리의 문화를 규정하는 몇 가지 변화를 일으켰다

과학주의를 받아들이는 것은 마치 첫 번째 도미노를 쓰러뜨리는 것과 같아서 다른 신념들을 차례로 무너지게 한다. 이런 일은 우리 문화가 지식, 진리, 의무, 가치, 자유, 관용 등을 정의하는 방법에 있어서 특히 그렇다.

첫 번째 변화는 종교와 윤리 영역으로, 지식에서 맹목적 신앙으로 변화된 것이다. 2001년 9월 11일 테러 공격 직후 오프라 윈프리(Oprah Winfrey)는 자기가 진행하는 프로그램의 1회분을 테러 공격 이후 하나님을 향한 돌이킴, 즉 그녀 자신이 발전시키기 원했던 돌이킴에 할애

했다. 문화 변화에 이미 둔감한 사람들에게는 이 프로그램이 전혀 특별하지 않았지만, 보는 눈이 있는 사람들에게는 깜짝 놀랄 만한 것이었다.

설명을 위해, 먼저 오프라 윈프리가 하지 않은 일을 언급하겠다. 그녀는 방송에서 우리가 테러리스트들의 천연두 공격 위협을 받고 있다고 경고하면서 천연두에 대한 대응책을 찾으라고 하지 않았다. "여러분이 믿는 진리로 볼 때, 천연두 대응책이 아침에 시리얼을 먹고 계란을 먹지 않는 것이라면 그렇게 하라. 만일 영화를 더 많이 봄으로써 면역 체계를 강화시키는 것이 좋게 보인다면 자신이 믿는 대로 하라. 우리는 '천연두 대응책'으로 우리가 사용하는 말에 매달릴 필요가 없다. 중요한 것은 대응책이다. 그것이 여러분에게 어떤 것이든 상관이 없다." 그녀는 이렇게 말하지 않았다.

실제로 오프라 윈프리는 천연두 대응책에 대해 말하려고 하지도 않았다. 자신이 의학 전문가가 아니기 때문이다. 대신 그녀는 의사를 방송에 초청해 그런 문제를 다루게 했다. 이것은 그녀가 우리 모두처럼 천연두 대응책 문제는 객관적 사실의 문제로서, 이 문제와 관련된 일단의 지식이 있고 또 특정인들(전문가들)이 문제를 다루는 데 필요한 지식을 가지고 있다고 전제하기 때문이다.

오프라 윈프리는 911 사태에 대하여 이렇게 반응했다. 그녀는 사람들에게 "남성이든 여성이든 하나의 사물이든 여러 개의 사물이든 그것이 여러분에게 무엇을 의미하든" 자신의 하나님을 찾으라고 했다. 그리고 남성이든 여성이든 하나의 사물이든 여러 개의 사물이든 그것을 나타내기 위해 사용하는 단어에 집착하지 말아야 한다고 그녀는 언급했다. 중요한 것은, 우리 모두가 새로운 활력으로 가지고 우리 자신의 진리를 구하는 것이다.

그러면, 오프라 윈프리와 프로그램의 편집 스태프들은 종교와 종교에 대한 청중의 이해에 대해 어떤 가정을 하고 있는가?(아마 무의식중에 그랬을 가능성이 매우 높다)

그 가정은 종교의 주장이 과학의 주장과는 달리 본질상 사실적이지도 않고 합리적 평가를 따르지도 않는다는 것이다. 종교는 사실과 지식의 영역에 있지 않으므로, 그 주제에 관해서는 전문가가 없다. 그러므로 종교의 진리 문제에 대한 토크쇼 진행자의 느낌은 다른 어느 누구의 느낌보다 더 '타당한' 것이다.

두 번째 변화는 개인의 삶의 지침 영역으로, 진리에서 욕구의 즉각적 만족으로 변화된 것이다. 과학주의는 인생의 의미와 목적, 옳고 그름이나 선과 악 사이의 차이, 사후의 삶, 그리고 당연히 하나님과 관련해서는 어떠한 진리도 없다고 말한다. 혹시 이런 영역에 진리가 있다고 해도 그 진리를 알 수 있는 사람은 없다. 따라서 진리는 삶의 최우선 순위 지침의 자리에서 내려와야 한다. 결국, 어쩌면 존재하지 않을지도 모르고 알 수도 없는 진리로 자신의 삶을 이끌어 갈 수 있는 사람이 어디 있겠는가?

그러나 사람들은 자신의 삶을 이끌어 줄 어떤 것이 필요하다. 그래서 즉각적인 만족의 절대화와 개인 소원의 만족이 진리를 대신하게 되었다. 문화가 이런 변화를 경험했다는 사실을 암시하는 일들의 목록을 스스로 만들어 보기 바란다(자유분방하고 세속적인 세상 문화, 특히 성적 쾌락주의와 그 결과를 보라).

　세 번째 변화는 윤리 분야로, 적극적인 의무와 미덕에서 아무 해도 끼치지 않는 미니멀리즘으로 변화된다. 과학주의에서는 도덕적 지식이 불가능하다. 그리고 도덕적 지식의 상실은 의무와 미덕이 도덕적인 삶의 중심이라는 견해에서 미니멀리스트의 윤리 관점으로 변화되었음을 의미한다.

　만일 윤리와 미덕이 도덕적 삶의 중심이 되는 문제라면, 어떤 의무와 미덕이 바르며, 또 어떻게 하면 의롭고 덕이 있는 사람이 되는지를 알게 해주는 도덕적 진리가 주어져야 한다. 지식 없는 도덕 규칙은 "나이프로 콩을 먹지 말라" 등과 같은 관습으로 전락하며, 관습도 삶의 기준으로 삼고 마음에 새겨야 할 용기와 노력을 이끌어 낼 수 없는 사소한 것이 된다.

　1981년, 당시 헤이스팅스 센터(1969년 뉴욕에 세워진 최초의 생명 윤리 연구소-역자 주)의 대표였던 대니얼 캘러한(Daniel Callahan)은 "미니멀리스트의 윤리"라는 제목의 글에서 현대의 미국 문화가 다음과 같은 내용을 강조하게 되었다고 주장했다.

- 모든 도덕 관점에 대한 관용
- 공동체를 넘어서는 개인의 우월성
- 최고의 선으로서 개인의 자율
- 인간관계의 모델로서 (결혼과 같은 언약 모델보다) 자발적인 혹은 고

지(告知)에 입각한 사전 동의의(informed-consent) 계약

캘러한은 이런 다양한 도덕 입장이 광범위하게 수용되는 도덕적 명제(즉, 미니멀리스트의 윤리)의 다양한 측면들을 구성한다고 말했다. 이 명제란 사람은 다른 사람들에게 해를 끼치지 않는 한, 자신이 선택하는 방식으로 도덕 행위를 할 수 있다는 문장으로 표현될 수 있다.[1]

네 번째 변화는 세 번째 변화와 연관된 것이지만, 자유의 영역에서 나타난 것으로, 고전적 모델에서 현대적 모델로 변화된 것이다. 고전적으로 자유는 해야 하는 것을 할 수 있는 능력을 의미했다.

그러므로 피아노를 연주하는 데 필요한 기술과 훈련 그리고 지식을 가진 사람은 피아노를 연주할 자유가 있다. 마찬가지로, 살아야 하는 방식대로 살 능력을 가진 사람은 삶에서 자유가 있다.

이런 맥락에서 성적인 자유는, 순결하고 거룩한 삶을 살면서 하나님이 설계하신 대로(남편과 아내의 결혼 연합으로) 성적 행위를 할 수 있는 능력을 의미한다. 고전적 자유는 자유를 주지만, 그런 자유를 가지기 위한 조건으로 그와 관련한 지식이 있어야 한다. 그런 지식이 없는 현대적 자유는 무엇이든 자신이 원하는 대로 할 수 있는 권리로 이해되었다. 이런 맥락에서 성적인 자유는 자신의 욕구를 자신이 원하는 방식으로 다른 사람에게 해를 끼치지 않는 경우에 한하여, 충족시킬 권리를 의미한다.

---

1) Daniel Callahan, "Minimalist Ethics," *The Hastings Center Report* 11 (October 1981): 19–25.

그러므로 과학주의는 도덕 지식을 훼손시킴으로써 자유에 대한 현대적 관점을 위한 맥락을 제공했고, 결과적으로는 도덕적 혼란으로 이끌었다. 예를 들어, 자유에 대한 현대적 관점은 성인이 미성년자, 심지어 아동과 성행위를 하는 것과 같은 부도덕한 행위들에 대한 반대를 입증하기 어렵게 만든다는 것이 나의 입장이다. 만일 이것이 성인이 자신의 욕구를 만족시키기 위해 원하는 것이라면 누가 정죄할 수 있겠는가?

아동은 성인과의 성행위를 동의할 수 없기 때문에, 이것은 잘못이라고 말할 수도 있다. 그러나 도덕 지식이 없는데, 누가 동의가 도덕과 관련된 것이라고 말할 수 있겠는가? 또 우리는 아동에게 동의를 받고 백신 접종을 하지 않으며, 강제로 학교에 보낸다. 이런 일이 아동에게 유익한 것이기 때문이다. 믿기지 않을 수도 있겠지만, 일부 집단에서는 성인과의 성행위가 아동에게 해가 된다는 생각이 시대에 뒤떨어진, 빅토리아 시대 기독교의 생각이며, 사실상 성인과의 성행위가 아동에게 백신 접종을 하거나 강제로 학교에 보내는 것과 같다고 주장한다. 그것은 치유하는 것이요 해방시키는 것 등으로 말한다.

핵심은 무엇인가? 과학주의는 고전적 자유에서 현대적 자유로 변화를 제공함으로써 불가피하게 도덕적인 파산으로 이끈다는 것이다.

다섯 번째, 과학주의는 관용에 대한 우리의 생각과 실천에 변화를 보장함으로써 다시 한 번 고전적 모델에서 현대적 모델로 바뀌게 한다. 관용의 원칙에 대한 고전적인 생각에 따르면, 사람은 자신의 도덕적인 관점이 진리라고 생각하면서 그것을 알릴 수 있으며 또 자기와 반대되는 관점을 가진 사람이 그릇되었다고 주장할 수 있지만, 그럼에도 반대되는 사람을 인격체로 존중하고 그가 자신의 견해를 주장할 권리를 존중한다. 그러므로 사람은 다른 도덕적 관점을 관용할 의무를 가진다. 그것이 도덕적으로 옳다고 생각해서가 아니라, 오히려 자신과 반대되는 사람을 소중히 여기고 존중하며, 정중하게 대하고, 그가 자신의 생각을 주장하고 전파할 수 있는 권리를 인정한다는 의미 때문이다.

엄밀히 말해, 고전적 관점에서는 사람을 관용하는 것이지 사람의 생각을 관용하는 것이 아니다. 이런 의미에서 다른 사람의 도덕 신념과 행위에 동의하지 않는다 해도 부당하게 그 사람을 간섭하지 않는다. 그러나 상대방의 관점이 그릇되었다고 판단하고 그 관점을 바로잡기 위해 도덕적으로 적절한 모든 일을 하는 것(예로, 논증하고 설득하는 것)은 고전적 관점과 일치한다.

고전적 관용은 도덕 지식이 실재한다는 사실을 전제한다. 그렇기 때문에 과학주의 문화에서는 생존할 수가 없다. 그러므로 현대적 관용관을 이끌어 낸 것은 과학주의이다. 일반 문화에 널리 퍼져 있는 현대적 관용은 다른 사람의 관점이 그르다고 판단조차 하지 말아야 한다고 주장한다는 면에서 고전적 관용관을 넘어섰다. 그러므로 도덕에 대해 다른 사람과 견해를 달리하는 행위 자체가 불관용이다. 불행하게도 만일 과학주의가 옳다면, 도덕 진리 혹은 지식은 존재할 수 없고, 따라서 진정한 도덕적 견해의 충돌은 있을 수 없다.

이런 현대적 관용관은 적어도 두 가지 이유에서 크게 잘못되었다.

첫째, 이것은 지속적으로 주장하거나 실천할 수 없다. 이것을 주장하는 사람은 자신의 관용관을 공유하지 않는 사람이 그릇되었음을 의미하기 때문이다. 다시 말해, 이런 새로운 형태의 관용관을 따르는 사람은 자신이 보기에 불관용한 사람을 관용할 수 없다!

둘째, 이것은 아동 성희롱, 인종차별 등과 같은 악에 대한 도덕적인 항의를 할 수 없게 한다. 왜 그런가? 어떤 것에 대해 도덕적으로 항의하기 위해서는 먼저 그것이 잘못이며 관용할 가치가 없다고 판단해야 하기 때문이다. 이것이 현재 우리가 사는 문화이다. 그리고 우리는 과학주의가 그 주된 원인이라고 생각한다.

3. 과학주의는 기독교에 대한 적대감을 키웠다

만일 과학주의가 맞다면, 기독교는 시대에 뒤떨어지고 편협한 미신이 된다.

하버드 대학교 교수요 클린턴 정부의 노동 장관이었던 로버트 라이시(Robert B. Reich)는 흔쾌하게 이 점을 밝힌다.

> 21세기의 가장 큰 갈등은…현대 문명과 반근대주의자, 개인의 중요성을 믿는 사람들과 인간이 더 높은 권위에게서 정체성을 얻고 충성해야 한다고 믿는 사람들, 이 세상의 삶에 우선순위를 두는 사람들과 인간의 삶은 사후의 삶을 위한 준비에 불과하다고 믿는 사람들, 과학과 이성과 논리를 믿는 사람들과 진리가 성경과 종교 교

리를 통해 계시되었다고 믿는 사람들 사이에서 발생할 것이다.[2]

라이시는 사상의 중요성을 이해하고 있으며, 과학주의가 기독교에 대한 우리의 확신을 무너뜨리기를 희망한다.

4. 과학주의는 교회의 제자 훈련을 훼손하고 기독교적 양육을 비효과적으로 만들었다

성경은 세상을 다음과 같이 정의한다. (1) 창조된 질서 전체(시 24:1). (2) 인류 전체(요 3:16). (3) 문화의 일부, 특히 하나님 나라와 성경과 배치되는 비기독교 문화(요일 2:15-17). 교회가 어느 문화에 존재하든, 하나님의 백성은 그 문화에 존재하는 세상의 특정 현상을 피해야 한다. 그러기 위해서는 성경을 아는 것만으로는 충분하지 않다. 우리는 그리스도인으로서 그 문화가 가지고 있는 세상적인 사상과 관행과 가치 체계를 알고, 성경적·비성경적 증거를 모두 사용해 이를 동료 그리스도인들에게 분명히 알려서, 이 경건하지 않은 체계에 대처하는 법을 설명해주어야 한다(고후 10:3-5 참조).

그리스도인들은 자기가 믿는 내용만이 아니라 믿어야 하는 이유도 알아야 한다. 여기에는 특별히 과학주의를 폭로하고 격파하며, 과학과 성경을 연관 짓는 문제를 다루는 일이 포함된다. 이 점에서 지역

---

[2] Robert B. Reich, "Bush's God," *The American Prospect Online*, July 17, 2004, 40.

교회는 극히 소수의 예외를 제외하고는 완전히 실패했다. 우리는 타조처럼 문제를 외면하려 드는 기독교인(ostrich Christianity)으로 살고 있다. 마치 타조가 머리를 모래 속에 파묻고는, 과학주의가 사라지고 그저 우리만 홀로 남게 되기를 바란다.

하지만 불행하게도, 과학주의와 이와 관련한 문제들을 우리가 제대로 다루지 못한 까닭에, 젊은이들이 교회를 떠났다.

바나 그룹 회장 데이비드 킨너만(David Kinnaman)은 「리더십 저널」(*Leadership Journal*)과의 인터뷰에서 젊은이들이 교회를 떠나는 여섯 가지 이유를 제시한다.

특히 그중 네 가지는 현재 우리가 논의하는 문제와 관련이 있다. 교회의 성경 교육과 실천 등을 포함한 교회 사고 방식의 천박성, 의문을 드러내어 답을 얻을 수 있는 안전한 곳이 아니라는 느낌, 고립주의, 주위 문화와 공정한 상호 작용의 실패, 과학의 발전과 논쟁에 보조를 맞추지 못하는 등 교회의 반과학적 태도가 그것이다.[3]

교회는 기독교 신앙에 대한 확고한 이유를 제공함으로써 교인들이 세상을 이해하고 정면으로 대응하도록 무장시키기는커녕, 이들의 '무덤을 파는 자'가 되었다. 교인 수를 증가시키고 예산을 확대하는 관행이 교회를 점차 무기력하게 하고 소외되게 한 것이다. 어떤 관행들이 있는가?

3] David Kinnaman, "Six Reasons Why Young People Leave the Church", *Leadership Journal* (Winter 2012). 다음의 온라인 사이트에서도 확인할 수 있다. https://www.christianitytoday.com/pastors/2012/winter/youngleavechurch.html

우선, 희석되고 지적으로 어리석은 지나치게 단순화된 설교를 사용하여 '교회 성장'을 시도한다. 그러나 이런 설교는 교인들의 개인적인 삶에는 적용되지만, 우리 모두가 직면하고 있는 광범위한 문화적·지적·도덕적 문제는 다루지 못한다. 또 예배와 좋은 기독교 음악을 강조하고, 교인들이 소그룹 활동을 하게 하는 방식을 사용한다.

마지막 두 가지 사례들은 잘못된 것은 아니지만, 어느 곳에든 교회의 매주 활동에서 눈에 띄게 분명하게 빠져 있는 내용은 교인들이 배우는 일, 즉 지성을 발전시키고, 신앙을 변증하며, 경건하고 지적인 그리스도의 대사가 되게 하는 일이다. 교인들은 방어적이 되지 않으면서도 매력적으로 자신의 신앙을 내세울 용기가 없는데, 그 이유는 그렇게 하는 데 꼭 필요한 지식이 없기 때문이다.

지식은 권위와 용기를 준다. 이 세상 문화에서 세상의 사고방식에 빠져드는 일을 피하려면, 과학주의에 대응하는 법을 아는 일이 이 세상 문화에서 가장 높은 우선순위에 속해야 한다.

게다가 '믿음'이라는 개념 자체가 재정의되어서 이제는 이성으로 대치되었다. 오늘날 믿음이란 증거가 없거나 혹은 선택해야 할 이유가 없는 상태에서 무엇을 믿기로 결정하는 것이다. 믿음은 자신이 아는 것에 기초한 확신 또는 신뢰를 의미했었다. 그러나 교회에 널리 퍼져 있는 현재의 정의를 따르면, 우리 기독교인들은 무의식중에 과학주의 옹호자들의 손에 놀아나고 있는 것이다. 믿음을 이렇게 생각함으로써, 우리는 기독교의 교리를 아무 증거나 이유도 없이 믿고 있음을 암시하는 셈이다.

마지막으로, 부모가 자녀들에게 기독교를 믿을 이유(특히 과학주의를 거부할 이유)를 제공하도록 돕지 못함으로써, 교회는 기독교적 양육을 망쳐 놓았다. 이것을 알려면, 위대한 영적 거장이자 기독교 운동가인 윌리엄 윌버포스(William Wilberforce, 1759-1833)의 다음 글을 생각해 보라. 그는 진정한 기독교와 참된 영정 성장에 대해 글을 쓴 사람이다. 하지만 오늘날은 자녀들의 영적인 삶과 영성 배양에 관한 책을 변증학(신앙을 옹호하는 법) 책으로 간주되지 않을 가능성이 높다. 그러나 윌버포스의 생각에는 변증이 첫자리에 있었다.

불신자들이 넘쳐나는 시대에, 우리는 부모들이 자신이 고백하는 믿음의 원리로 자녀들을 세심하게 가르치는 것을 보고 있는가? 아니면 그들이 자녀들에게 그 믿음의 옹호를 위한 논리를 심어 주는가? 그들은 자녀가 태어났을 때 그 자녀의 생애 시기에 맞는 지식이나 기술을 올바로 갖추지 못했음을 생각하고 얼굴을 붉힌다. 자녀는 부지런히 이런 기술을 익힌다. 그러나 신앙에 대해서는 자기 마음대로 하도록 내버려진다. 기독교 신앙에 대한 공부는 자녀 교육에 포함되지 않는다. 자녀가 신앙을 지키는 일은(혹시 신앙을 지킨다면) 진지한 이성과 확신에 따르지 않는 경우가 너무 많다. 오히려 기독교 신앙을 지키는 일은 단순히 어렸을 때 근거 없이 가지게 된 선입관의 결과이다. 그는 기독교 나라에 태어났기에 당연히 기독교인이 되었다. 자기 아버지가 영국 교회의 회원이었기에 그도 역시 교인이 된 것이다.

신앙이 유전적 승계에 의해 우리에게 전달되었을 경우, 사려 깊고 영적인 젊은이들이 자신이 양육을 받은 시스템의 진리에 대해 의문을 품기 시작하는 일은 놀랍지 않다. 그리고 그들이 옹호할 수 없는 입장을 버리는 일도 이상하지 않다. 그들이 기독교에 잘못 덧씌워진 난제와 불가해한 일들을 중심으로 기독교를 알게 될 경우, 불신자들의 집단으로 빠져들 가능성이 있다.[4]

분명 윌버포스는 계속 중요한 말을 한다. 특히 과학주의 문화의 타당성 구조를 생각할 때 그렇다.

"변증학을 훈련시키는 일은 어쩌면 기독교 교육의 모든 영역과 양육에서 매우 중요하다. 여기서 실패하면, 우리 자녀들이 집을 떠나게 되었을 때 기독교 신앙을 버리는 이상한 일이 많아지게 될 것이다."

좋든 싫든 우리는 우리 문화에서 과학주의가 강력하고 팽만한 사실에 대해 그저 모래 속에 머리를 박고 있을 수만은 없다. 교회의 지도자와 부모들이 제대로 무장을 갖추어서, 영화나 텔레비전 등에서 과학주의를 홍보하는 것을 바로 인식하고, 그에 대한 합리적인 대답을 제공하는 법을 알지 못한다면, 기독교에 나쁜 영향을 미칠 것이다. 이런 무장을 갖추도록 하는 것이 바로 이 책이 목적하는 바다.

과학주의가 왜 잘못인지를 살피기 전에, 한 걸음 물러서서 먼저 이것이 어디서 비롯되었는지 살펴보도록 하자. 이 문제를 완전히 분석

---

[4] William Wilberforce, *Real Christianity* (Portland, OR: Multnomah, 1982; based on the American edition of 1829), 1–2. (『진정한 기독교』, 생명의말씀사)

하려면 이 책만으로는 불가능할 것이다. 하지만 이런 변화가 일어난 핵심적인 곳은 살펴볼 수 있다. 바로 미국의 대학들이다. 이제 그곳으로 가 보자.

3장

과학주의는 대학을
어떻게 변화시켰는가

과학주의의 편만성과 문화적 권위 때문에 그리스도를 따르려는 신실한 그리스도인들은 낙심하고 믿음을 잃을 수도 있다. 과학주의가 그리스도인들을 만연한 세속주의에 물들게 하기 때문이다.

이런 상황을 가장 잘 설명한 사람이 달라스 윌라드(Dallas Willard)이다. 나의 멘토이자 철학 교수로서, 서던 캘리포니아 대학교에서 1965년부터 2013년까지 철학을 가르친 그는 미국의 학교에 대해 이렇게 썼다.

엄청난 무게의 세속적인 관점이…오늘날 우리가 가진 모든 생각에 침투하거나 압박을 가한다. 때로는 이것은 자신의 정체성을 기독교 교사로 여기는 사람들로 하여금 실재와 하나님 나라의 완전한 타당성에 대한 예수님의 명백한 말씀을 제쳐두고 이를 철학적인 추측으로 대치하게 하는데, 철학적 추측을 하는 사람들이 유일하게 권장하는 것은 '현대적'(즉, 현시대의) 사고방식과 일치되는 것이다. 이 강력하지만 모호하고 실체가 없는 전제는, 중요한 어떤 것이 발견되어서 예수님의 방식으로 실재를 이해하는 것은 '그것을 아는 지식이 있는' 사람들에게는 어리석은 일이 되게 한다는

것이다.[1]

미국 대학의 상황이 늘 이랬던 것은 아니다. 1884년 하버드 대학교는 공식 인장을 변경하여 베리타스(진리)와 크리스토 에트 에클레시아(그리스도와 교회)라는 두 문구가 들어가게 했다. 현재 하버드 대학교에서 미국 교육사 교수로 일하는 줄리 루벤(Julie A. Reuben)은 『근대 대학의 형성』(The Making of the Modern University)이라는 책에서 이 인장의 의미를 이렇게 설명한다.

> 1884년, 하버드 대학교 임원들은 그들의 새 인장에 있는 두 문구가 양립 가능한 것으로 생각했다. 그들은 진리와 종교를 강력하게 연관 짓는 세계관을 이어받고 있었다. 진리는 모든 '바른' 지식을 포함하는 말이었다. 종교 교리와 상식적인 신념과 과학 이론들이 모두 동일한 인지 기준에 의해 판단받았던 것이다.[2]

이 견해는 당시 가장 많은 교육을 받은 미국인들의 견해를 나타낸다. 루벤에 의하면, 종교, 특히 기독교의 주장과 상식적인 생각은 과학 이론과 함께 지식의 근원으로서 동일한 선상에 놓여 있었다! 지금 이 글을 쓰는 때는 그로부터 133년밖에 지나지 않았다. 도대체 무슨

---

1) Dallas Willard, *The Divine Conspiracy* (San Francisco: Harper, 1998), 92, cf. 75, 79, 134, 184–185. (『하나님의 모략』, 복 있는 사람)
2) Julie A. Reuben, *The Making of the Modern University* (Chicago: University of Chicago Press, 1996), 2. 필자는 이번 장의 나머지 부분을 루벤의 통찰력 있는 분석에 많이 의존했다.

일이 일어난 것인가?

상황이 어떻게 변했는가

루벤은 1880년부터 1930년 사이에 미국의 인문 과학 대학이 현대적인 연구 대학으로 변화된 과정을 상세히 설명한다. 우리의 문화가 어떻게 해서 현재의 상황에 이르게 되었는지에 대해 관심을 가진 그리스도인들은 그녀의 책을 반드시 읽어야 한다.

루벤은 이 과정을 종교 단계(1880-1910), 과학 단계(1900-1920), 인문학과 교과 밖 단계(1915-1930) 등 세 개의 중복이 있는 기간으로 구분한다.

종교 단계 동안에는 대학들이 두 가지 임무를 수행하는데, (1) 지혜와 지식의 전달 그리고 둘 사이를 구별하는 기술을 가르치며, (2) 학생들을 영적·도덕적·정치적으로 계발하여 하나님과 국가 및 교회를 섬기게 한다. 다시 말해, 대학의 목적은 규범적인 것으로, 이를 위해서는 특정 형식의 교육 내용을 가질 것이 요구되었다. 즉, 학생들이 잘 사는 법을 배워야 하며 또 그것이 어떤 것인지 내용을 알려 주는 지식에 접근할 수 있어야 했다. 기독교의 하나님(유일하고 통합된 지성이며 모든 진리의 근원)은 통합된 교육 과정을 위해 영감을 주었다. 그리하여 모든 학문은 빛을 비추었고 다른 모든 학문들과도 조화를 이루었다. 영적, 윤리적, 심미적, 정치적 진리와 지식은 과학을 포함한 모든 다른 학문의 진리 및 지식과 함께 실제적인 것으로 여겨졌다. 가장 중요한 것은 풍부한 지식을 얻기 위해 연구하고 가르치며, 영적·도덕적 미덕을 배양하는 일이었다.

대학교육 과정의 지식 추구방식을 변화시킨 요인은 많다. 예를 들어, 산업과 군사 방어를 위한 기술 개발은 과학이 점차 전문화된다는 것을 의미했다. 그러는 사이에 사실과 가치의 구별이 이루어져서, 이 구별에 의해 진리와 사실(또는 과학에서의 실증적 지식)이 유일한 지식이 되었다.

사실/가치 구별

가치	사적 주관적(개인의 견해 문제) 문화와 연관됨
사실	공적 객관적(개인의 견해와 상관없음) 모든 사람이 의무적으로 받아들여야 함

종교와 윤리의 주장은 곧 단순한 사적인 정서와 개인의 견해로 이해되었다. 종교와 가치는 지식을 제공할 수 없다. 사실 그것들은 참도 거짓도 아니다. 인식이 가능한 일단의 안정된 사물이 있다는 사상은 진리가 언제나 변화한다는 사상으로 바뀌었다. 이제는 지혜가 아니라 그런 진보가 가장 중요하다. 따라서 대학은 특히 실증적 과학 밖에 있는 지식과 지혜를 전수하기보다는 '생각하는 법을 배우기를'

강조해야 한다.

기독교의 유일신론이 인지적 영역에서 추방되었기 때문에, 이제는 통합된 교육 과정을 정당화할 수 없게 되었다. 지식을 통합할 합리적인 한 분 하나님이 없으므로, 한 학문이 다른 학문과 연관을 가지는 이유를 정당화하기도 불가능하게 되었다. 그리하여 유니-버시티(uni-versity: 통합 대학)가 멀티-버시티(multi-versity: 복합 대학)가 되었고, 1930년대 이후로는 이런 파편화된 삶을 살고 있다. 일단의 지식을 가졌다는 것이 대학 졸업생과 비졸업생을 구분 지을 수 없다. 대학 교육의 혜택은 직장을 얻는 데 도움이 되는 것 외에, '과학적 태도', '스스로 생각하는 일', 개방적 탐구, 관용하는 태도 등을 누리게 되는 것이다.

자연 신학과 계시 신학은 '믿음의 문제'가 되었다. 하나님 및 이와 관련된 문제에 대한 지식은 그 지지자들이 실제로 지식이라고 주장하지 않는 한 관용의 대상이 되었다! 사실과 가치의 구별이 성행함에 따라, 과학주의가 시대를 장악했다. 종교와 윤리의 영역에도 진리가 있을 수 있다고 인정하지만(그러나 누구도 그 진리가 무엇인지 알 수 없다), 비실증적 지식을 부정하는 일은 실증 과학 밖의 진리를 부정하는 일이 되었다.

이런 변화, 즉 하나님께 근거를 둔 통합된 교육 과정에서 오직 실증적 과학에만 기초한 파편화된 교육 과정으로, 신학적·윤리적 주장이 참 혹은 거짓으로 판단할 수 있다는 인지론적 관점에서, 그런 주장은 참도 거짓도 아니며 다만 의미가 없거나 아니면, 단순한 감정의 표현일 뿐이라는 비인지론적(실증주의적) 관점으로의 변화 속에서, 대학 총장들과 운영자들은 그들의 길을 헤쳐 나가야 했다. 그래서 그들은 신학과 윤리학을 지식의 영역에서 제거하려고 했다.

대학 교육의 원래 목적이 무엇인지 기억해 보자. 첫째 목적은 지식을 얻고 또 지식을 얻는 기술을 습득하는 것이었다. 이 목적은 변형된 형태로 유지되고 있다. 즉, 새로운 목적은 진리의 발견을 목표로 하지는 않지만, 변화하는 진리의 틀 안에서 유용한 연구를 촉진하는 것이다. 과학에서는 이 목적을 달성하기가 쉽지만, 인문학은 실재에 대해 발전하는 모델이 없다(예로, 언어의 실재 및 그것이 영어 문학에서 작동하는 방법). 대신, 그들의 임무는 그 분야의 명사들에 의해 진보된 다양한 이론을 배우고 비교해서 어느 편을 선택하는 것이 되었다. 그런데 이런 일은 어떤 것도 인문학 분야의 연구자들이 실재와 접하도록 해주지 않는다. 결국, 과학이 실재에 대한 지식을 줄 수 있다면 인문학은 덜 중요한 것에 포함되어야 했다.

둘째 목적은 학생들을 영적, 도덕적, 정치적으로 계발하여 하나님과 국가 및 교회를 잘 섬기게 하는 것이었다. 하지만 이것은 수정될 수 없고, 완전히 없어져야 했다. 과학을 넘어서는 지식이 없기에, 이 목적은 불가능하게 되었다. (논증을 위해 영성, 하나님, 교회에 대해서는 잠시 잊기로 하자.) 심지어 자신이 속한 문화에 기여할 수 있는 도덕적·정치적 미덕을 갖춘 졸업생을 배출하는 일에도 실제적인 도덕적 진리에 대한 지식이 필요했지만, 근대 대학들은 이를 더 이상 믿지 않았다.

어쩌면 대학들은 사실과 가치의 구별의 틀과 종교와 도덕에 관한 비인지론적인 입장 안에서 그들이 할 수 있는 최선을 다했을 수도 있다. 그렇다 해도 그들의 대응은 상당히 유약해 보인다. 모든 분야의 학문이 일단 종교와 도덕 지식과 교육에 참여하면, 반드시 이 둘째 목적이 모든 대학교의 교육 과정에 포함되어야 하기 때문이다. 그러나 그동안 과학주의자들은 종교와 윤리 사상 분야를 제거해 버렸다. 그 결과, 학생들에게 잘 사는 법에 대해 가르칠 필요가 없게 되었다. 그리하여 도덕적·종교적 계발 임무는 오로지 인문학의 부담이 되었다. 문학, 예술, 역사, 언어, 철학 교수들은 대학 생활을 위해, 특히 교육 과정을 위해 학생들의 삶의 의미를 통합하고 가치를 가르치는 일을 맡아야 했다.

그러나 인문학 교수들도 역시 비실증적 영역에 대해 비인지주의적인 태도를 수용했다. 그래서 그들도 가치에 대한 확고한 지식 없이 이 파도 속을 항해해야 했다. 그러므로 인격을 가르치려는 시도는 대학이 새로 발견한 가치들(관용, 학문의 자유, 비교조적인 정신과 자유로운 탐구 등)과 일치하지 않았다. 인문학 교수들 사이에서도 비실증적 지식에 대한 공통된 관점이 없어졌다. 그리하여 모든 윤리와 종교 교육은 교과 외 활동에 넘겨졌다.

그리하여 대학들이 학생의 인격 계발을 위해 개발한 것은 다음과 같은 공동체 의식과 영적·도덕적 가치관을 배양하는 교과 외 구조였다. (1) 교수의 자문은 학문적인 도움을 넘어서 개인적인 멘토링까지 포함한다. (2) 학생의 기숙사 생활 참여를 증가시켜 공동체 의식을 배양함으로써 이를 통해 학생들이 영적·도덕적으로 풍요롭도록 서로

돕게 한다. (3) 영적·윤리적 공동체를 촉진하는 시스템을 만든다(예로, 1919년 예일 대학교에 학생처장 직책이 만들어졌다). (4) 대학은 신입생 오리엔테이션을 제도화하여 신입생들이 대학 공동체와 사귐을 갖게 하고 중요한 영적·도덕적 가치들을 지도한다.

그러나 이러한 시도는 실패했는데, 이런 프로그램이 육성해야 할 영적·도덕적 가치들이 무엇인지에 대해 합의에 이를 수 없었기 때문이었다. 나아가 영적·도덕적 교육이 교실에서 교과 외 활동으로 이전됨으로써, 종교와 윤리는 비인지적이고 비사실적이며, 순전히 사적인 성격을 지닌다는 생각이 강해졌다.

그러므로 영적·도덕적 지식을 전수한다는 대학의 두 번째 목적은 학생의 풍성한 삶을 계발한다는 어정쩡한 목적이 되었다. 과학주의가 분위기를 장악한다는 것은 도덕이 사기가 됨을 의미했다.

그래서 대학에서의 경험은 운동 팀과 학교 정신을 중심으로 이루어졌다. 이렇게 둘째 목적은 분해되었다. 플라톤, 아리스토텔레스, 모세, 솔로몬, 예수님을 향한 사랑은 곧 응원가와 축구 경기로 대치되었다.

여기에서 배워야 할 중요한 교훈이 있다. 앎의 방식은 몇 가지가 있으며, 신학과 과학 및 기타 분야는 우리에게 진정한 지식을 제공한다는 사상에서 (오직 과학만 진정한 지식을 제공한다는) 과학주의를 수용하는 쪽으로 이동하는 일이 비전문가들이 알지 못했던 논리나 사실 혹은 발견을 기초로 이루어지지 않았다는 점이다. 오히려 그것은 단순히 실용주의적인 사회학적 변화였다.

이제까지 문화의 변화와 그에 따른 대학의 역할 변화를 아주 간단히 살펴보았다. 이제는 과학주의를 옹호하는 실제적인 주장들을 살펴보고, 이런 주장들이 얼마나 어처구니없는지 살펴볼 차례다.

4장

과학주의는 자기 부정적이다

수년 전, 어떤 복음 전도 행사에 강의 초청을 받았을 때, 한 동료 그리스도인이 자기 상사를 모시고 온다는 연락을 받았다. 그 상사는 수십 년 동안 수석 엔지니어로 일한 사람으로, 뒤늦게 존스 홉킨스 대학교에서 물리학 박사 학위를 끝내 가는 중이었다. 그는 그리스도인들의 지적 둔감함을 지나치게 조롱했다.

그 사람은 디저트 테이블에서 나를 소개받자마자, 즉시 자신이 견해를 밝히면서 생색을 냈다. "저는 선생님이 철학자이시면서 신학자로 알고 있습니다"라고 다소 조롱하는 투로 그는 말했다. 그리고 내가 대답하기도 전에 이렇게 덧붙였다.

"십대 시절에는 저도 그런 것들에 관심을 가졌었지요. 그러나 이젠 이런데 관심을 가질 수준이 아니죠. 현재 저는 실재에 대한 유일한 지식이 실험실에서 실험할 수 있고 정량화하고 또 그렇게 할 수 있는 것이라고 알고 있습니다. 과학적으로 측정하고 시험할 수 있는 것이라면 알 수 있지요. 그렇지 못하다면 그것은 개인적인 의견과 한가로운 사변에 불과하지요."

이번 장의 끝부분에서, 내가 그에게 어떻게 대답했는지 말할 것이다. 지금은 이 신사가 표현한 것이 바로 강한 과학주의(실재에 대해 알 수 있는 유일한 지식 혹은 합리적으로 정당화된 믿음은 [특별히] 자연 과학에 의해 입증되어 온 것들이라는 견해)라고 불리는 것이라는 점만 지적하겠다.

나는 강한 과학주의(진정한 지식은 오직 과학 안에서만 발견된다는 관점)는 스스로 자기 부정적이라고 믿는다. 그것은 스스로 앞뒤가 맞지 않는다. 자기 스스로를 반박하는 것이다. 이를 설명하기 전에 자기 부정에 대해 설명하겠다.

자기 부정적 진술이란

그리스도인들은 때때로 이런 잘못된 논증의 본질을 오해하여 잘못 사용한다. 예를 들어, 어떤 사람이 "도덕적으로 절대적인 것은 없다"고 말할 수 있다. 그러면 어떤 그리스도인이 "그것을 절대적이라고 확신하십니까?"라고 수사적인 질문을 함으로써 그 주장을 반박할 수 있을 거라고 잘못 생각할 수 있다.

잠시 후에, 이것이 왜 그릇된 반박인지 이유를 설명하기로 하고, 먼저 자기 부정적 혹은 자멸적인 진술의 요소를 살펴보자.

이런 진술은 세 가지 특징이 있다. (1) 이런 주장은 주장이 수용되기 위해 몇 가지 조건을 필요로 한다(예로, 실증적으로 입증이 가능해야 한다). (2) 이런 주장 자체가 그 조건들에 종속된다. (3) 하지만 이런 주장은 그 주장이 스스로 규정하는 수용 조건을 만족시키기 못한다. 다시 말해, 어떤 진술이 그 자체의 주제에 포함되지만(즉, 자체를 기준으로 삼지만) 그 자체의 수용성의 기준을 만족시키지 못할 때, 이것은 자기 부정적이다.

자기 부정적 진술은 여러 가지 형태를 가질 수 있다. 다음 예들을 살펴보자.

"모든 문장은 정확하게 세 단어 길이이다."
"나는 영어 단어를 하나도 말할 수 없다"(영어로 말함).
"나는 존재하지 않는다."
"이 문장은 거짓이다."
"진리는 오직 오관이나 과학에 의해서만 증명될 수 있다."

이 문장들을 면밀히 살펴보면, 어떻게 해서 각각의 문장이 자기 부정의 기준에 해당하는지 알 수 있을 것이다.

먼저 주의해서 문장이 자체를 기준으로 삼고 있다는 점을 확인해야 한다. 진술이 그 자체의 주제의 일부여야 한다. 예를 들어, "나는 영어 단어를 하나도 말할 수 없다"라는 말을 프랑스어로 했다면 자기 부정적이 아니다. 더 중요한 것은, "도덕적으로 절대적인 것은 없다"라는 진술은 거짓이기는 하지만, 자기 부정적이지 않다. 이것은 도덕에 관한 철학적 주장이지 도덕의 주장("간음하지 말라", "살인은 잘못이다", "다른 사람을 관용해야 한다" 등과 같은 것)이 아니기 때문이다. "도덕적으로 절대적인 것은 없다"라는 말 자체는 도덕적으로 절대적인 것이 아니다. 도덕적으로 절대적인 것이 존재한다는 것을 부정하는 말일 뿐이다. 모든 프랑스어 진술에 대해 영어로 한 진술처럼(예로, "프랑스어 진술

가운데 세 단어 이상으로 된 것은 없다"), "도덕적으로 절대적인 것은 없다"라는 진술은 단순히 거짓이지 자기 부정적인 것은 아니다.

6+3=17과 같은 진술은 참이 될 수 없다. 이것은 필연적인 거짓으로, 하나님도 이를 참으로 만들 수 없다. "고양이는 없다"와 같은 다른 진술들은 단순한 거짓일 뿐 참일 수 없다.

명심해야 할 요점은 이것이다. 자기 부정적 진술은 단순한 거짓이 아니라 필연적 거짓이다. 아무리 많이 연구한다 해도 이런 진술이 참일 수 없다.

강한 과학주의가 자기 부정적인 이유

위에서 살펴본 바에 따르면, "진리는 없다"는 진술이 참일 수 없다.
이제 당신의 이해력을 점검해 보자. 다음의 강한 과학주의의 진술은 자기 부정적인가?

"오직 과학에 의해 검증될 수 있는 것만 참일 수 있다."

이 진술을 자기 부정적 진술의 세 가지 기준에 비추어 보자.

1. 이 진술은 수용 조건을 가지는가?
그렇다. 검증이 가능한 것만이 참이라고 말한다.

2. 이 진술은 그 자체가 그 조건에 종속되는가?

그렇다. 이 진술은 진리를 전달한다고 주장한다.

3. 이 진술은 자신의 수용 조건을 충족시키지 못하는가?

그렇다. 이것은 과학에 관한 철학적 진술로서 과학에 의해 검증될 수 없다.

그러므로 강한 과학주의는 거짓일 뿐만 아니라 자기 부정적이다. 나아가 이것을 변화시킬 어떤 것도 발견할 수 없다. 앞으로 아무리 연구하거나 수많은 발견이 이루어진다 해도, 자기 부정적 진술은 참이라고 입증될 수 없다.

"과학에 의해 검증될 수 있는 것만 참일 수 있다"는 진술은 과학에 의해 검증될 수 없는 주장이므로, 회의론자가 "이 진리에 대해서 지금은 증거가 없을 수 있지만 언젠가 과학이 발전하여 이것이 참임을 입증할 시점이 올 것이다"라며 반박할 수 없다. 다시 말해, 이것은 거짓이요 자기 부정일 뿐 아니라 필연적으로 그렇다. 앞으로 어떤 과학적 발견이 이루어진다 해도 이 진술을 참으로 만들 수 없다.

그러므로 앞에서 이야기 했던 회의론자의 반응은 이 진술과 이와 비슷한 진술들이 필연적으로 거짓이라는 점을 이해하지 못하고 있음을 보여준다.

과학주의는 철학이지 과학이 아니다

모순적인 것은, 과학주의가 과학에 대한 실증적인 관점을 표현한 철학적 진술이라는 것이다. 이것은 "물은 H_2O이다"나 "고양이는 포유동물이다"와 같은 과학의 진술이 아니다. 강한 과학주의는 철학적인 주장으로서, 철학적 주장은 참이 아니거나 혹은 진리로 알려질 수 없다. 오직 과학주의의 주장만 참일 수 있고 참으로 알려질 수 있다는 주장은 자기모순적이다.

그러므로 그리스도인들은 대단한 학위를 가지고 권위의 자리에 앉아 있는 매우 똑똑한 사람들이 자기 부정적인 진술을 할 때 지적으로 겁먹을 필요가 없다.

1869년 찰스 엘리어트(Charles Eliot)가 하버드 대학교 총장으로 선출되었을 때, 다음과 같은 취임 연설을 했다.

"철학적 주제는 결코 권위를 가지고 가르쳐서는 안 된다. 그것은 확립된 과학이 아니다. 거기에는 논쟁의 대상이 되는 문제들이 가득하며, 의문의 여지가 있고, 근거가 없는 사변이다."[1]

이번 장에서 제시하는 정보를 가진 당신은 이제 엘리어트 총장의 주장이 과학이 아니라 철학인 이유와, 또 이것이 자기 부정적인 이유를 이해하고 증명할 수 있어야 할 것이다.

---

1) Julie A. Reuben, *The Making of the Modern University* (Chicago: University of Chicago Press, 1996), 77.

과학주의를 믿고 기독교를 조롱하는 사람과 나눈 대화

이번 장의 서두에서, 나는 존스 홉킨스 대학에서 물리학 박사 학위를 마쳐 가는 사람에 대해 이야기했다. 그는 자신이 어리고 미성숙했을 때는 철학책을 읽는 것과 같은 일에 관심을 두었지만, 이제는 그런 수준이 아니며, 실재에 대한 유일한 지식은 실험실에서 과학적으로 정량화되고 검증될 수 있는 것임을 안다고 했다.

나는 이 이야기의 나머지 부분을 말하지 않았다. 나는 그 신사가 2, 3분 동안 말하도록 기다렸다. 그리고 그 후에 놀라는 표현을 하며 끼어들었다.

"선생님, 선생님은 몇 분 사이에 30개 내지 40개의 주장을 하셨네요. 제가 아는 한, 그중 하나도 실험실에서 정량화되거나 측정되거나 과학적으로 검증될 수 없습니다. 그러나 이 때문에 저는 곤란한 입장이 되었습니다. 선생님 자신의 기준에 의하면, 지금 대화에서 선생님이 하고 계신 말 전체가 선생님의 사적인 견해이며 한가로운 사변입니다. 그러기에, 저나 혹은 다른 사람이 선생님께 하루의 일부를 내어 드리거나, 선생님이 하신 말 중에 하나라도 참임을 알 수 있으리라고 생각해야 하는지 궁금해집니다."

그 신사의 얼굴이 붉어졌다. 분명 아무도 이런 지적을 해준 사람이 없었을 것이다. 그러고는 얼른 화제를 바꾸었다! 누가 당신이 막 한 말을 반박한다면 불편할 것이다. 그렇지만 이것이야말로 과학주의를 믿는 사람들이 맞이해야 하는 곤혹스러운 처지이다.

5장

과학주의는
과학의 적이다

어느 형태의 과학주의도(강한 과학주의든 약한 과학주의든) 과학 실천을 정당화하는 데 필요한 전제들을 적절히 진술하고 변증하도록 허용하지 않는다. 앞 장에서, 나는 이 논의의 근본적인 모순들 가운데 하나, 즉 과학주의는 과학이 아니라 철학이라는 사실을 밝혔다. 이제는 한 걸음 더 나아가서, 과학주의는 과학이 아닐 뿐만 아니라, 과학의 친구가 아닌 적이라고 말할 수 있다.

과학의 결론은 그 전제만큼만 강할 수 있다

과학은 희박한 공기 가운데서는 실천할 수 없다. 과학은 수많은 가정들에 기초하고 있고, 각각의 가정은 그 나름의 문제를 지니고 있다. 이 가정들을 진술하고 비평하고 옹호하는 일은 과학이 아니라 철학에 해당한다.

건물의 구조가 그 기반이 되는 기초 이상으로 견고할 수 없듯, 과학의 결론들도 과학의 전제들(그 토대) 이상으로 확실할 수 없다. 그러나 강한 과학주의는 이런 전제들을 모두 배제한다. 그 이유는 그 전제들을 변증하는 일도 과학이 아니라 철학인 것처럼, 전제들의 본질이 철학적이기 때문이다. 이렇게 해서 과학주의는 과학 자체의 토대를 허술하게 함으로써 그 건물 전체를 위험하게 만든다.

약 40년 전에 철학자 존 케케스(John Kekes)는 합리성을 놓고 경쟁하는 패러다임으로서 과학과 철학에 대해 이 점을 매우 전문적으로 지적했다. 긴 문단으로 쓰인 글이지만, 그의 논지를 쉽게 이해할 수 있도록 분리해서 번호를 매겨 보았다.

1. 과학은 합리성을 가진 패러다임이라는 주장을 성공적으로 논증하려면, 과학의 전제가 다른 전제들보다 더 낫다는 입증에 기초해야 한다.
2. 그 입증은 이런 전제들을 의존하는 과학이 어떤 문제를 해결하고 목적을 성취하는 데 있어서 그와 경쟁하는 것들보다 나음을 보여주어야 한다.
3. 그러나 그것을 보여주는 일은 과학의 과업일 수 없다.
4. 사실 그것은 철학의 한 과업이다.
5. 그러므로 과학은 어떤 문제를 해결하고 이상을 성취하는 최선의 방법이라는 것을 보여줌으로써 과학의 전제들을 입증하는 일은 과학을 입증하는 데 필수적인 전제 조건이다.
6. 그러므로 과학이 아니라 철학이 합리성을 가진 패러다임이 되기 위한 더 강력한 후보이다.[1]

---

1) John Kekes, *The Nature of Philosophy* (Totowa, NJ: Rowman & Littlefield, 1980), 158을 보라.

잠시 후에, 나는 이 전제들의 일부 목록을 제시하고 논의할 것이다. 우선 모든 과학자나 과학 철학자들이 이 목록 전체에 대해 동의하는 것은 아니며, 또 일부는 과학이 전제들을 의존한다고 생각하지 않는다는 점을 밝힌다(그러나 후자의 범주에 드는 사람은 극소수일 것이다).

과학주의를 옹호하는 사람들 대부분은 과학이 이런 가정들 거의 모두를(전부는 아니지만) 의존하고 있다는 내용이 담긴 과학적 입장을 견지한다.

이런 가정들 일부에 대한 나 자신의 견해를 제시하겠지만, 우리 앞에 있는 문제는 가정에 대한 어떤 이해가 바른지에 대한 논의(즉, 과학은 어떤 진리관을 전제하는가?)가 아님을 밝힌다.

우리 앞에 있는 문제는 이런 것이다. (1) 전제들의 본질과 내용은 과학적이 아니라 철학적이다. 그러므로 각 가정을 진술하고 명료화하는 일은 과학이 아니라 철학의 일이다. (2) 각 전제들을 변증하고 비판하고 대안을 제시하는 일은 철학적인 것으로, 과학의 능력 안에 있지 않다. (3) 과학이 가정들 혹은 특정 가정에 의존하는지를 논하는 일도 과학적인 일이 아니라 철학적인 일이다.

과학 철학자 델 라치(Del Ratzsch)는 "과학은 과학적 방법 자체도, 그 방법의 전제들도 입증할 수 없다"고 쓴 적이 있다. 그는 자연의 균일성의 원리(대략적으로 말하자면, 미래는 과거를 닮고, 또는 어떤 현상의 검증되지 않은 사례는 검증된 사례를 닮는다는 개념)를 예로 든다. 라치는 "이 원리는 과학의 결과로 볼 수 없는데, 그 이유는 단순히 이것이 결과를 만드는 데 사용된 전제이기 때문이다"라고 했다. 그는 계속해서 "이와 유사한 말을 과학의 다른 근본적인 전제들에 대해서도 할 수 있다"[2]고 했다.

라치의 말은 옳을까? 이제 과학의 이런 전제들의 일부를 살펴보기로 하자. 각 전제는 상식처럼 보이지만 여러 학자들에 의해 거부되어 왔다는 점을 명심하라. 그러므로 이런 전제들을 변증하는 문제(거듭 말하지만, 이는 과학적 활동이 아니라 철학적 활동이다)는 단순히 이론적인 일이 아니다.

과학 자체가 정당화할 수 없는 과학의 전제들

1. 세상은 생각과 언어 혹은 이론과는 별개로 '존재한다'

특정 형태의 힌두교, 불교 및 기타 동양 종교를 추종하는 큰 무리의 인간은 '외부 세계'를 단순한 환상으로 여긴다. 하지만 서양의 많은 지성인들은 형이상학적 실재에 대한 가정(인간이 생각하고 말하고 언급하고 이론화하는 것과는 전혀 별개로, 실제로 존재하는 외적이고 객관적인 세상이 있다는 견해)을 거부한다.

한 예로, 지금은 고인이 된 하버드의 철학자 힐러리 퍼트넘(Hilary Putnam)은 형이상학적 영역을 내부 실재론('존재' 혹은 '비존재'의 개념은 이론 안에서만 적용되고 이론과 별개인 '실제' 세상에는 합법적으로 적용되지 않는다는 견해)

---

[2] Del Ratzsch, *Science and Its Limits*, 2nd ed. (Downers Grove, IL: InterVarsity Press, 2000), 93.

으로 대치해야 한다고 주장했다.[3]

이 주장은 대체로 이렇게 전개된다.

첫째, 실재 자체에 대해 말하는 것은 금지된다(어쩌면 '전자'와 같은 것들을 지칭하는 데 사용되는 말들이 모호하게 사용되기 때문일 것이다). 그러므로 대신 실재에 대한 단언, 즉 존재에 관한 주장이나 실재에 관한 대화에 대해 말해야 한다.

둘째, 존재에 관한 주장은 오직 배경 이론이나 '언어 공동체'와 관련해서만 참이다. "전자가 존재한다"는 진술은 광범위한 원자와 양자 등의 이론의 맥락 안에서 이루어질 수 있다. 이 진술은 원자 이론 안에서 가지고 있는 역할에 의해 의미를 가진다. 한 예로, 전자는 양자를 끌어당기면서 핵 주위를 도는 음전하를 가진 것이다. "예수는 하나님의 아들이다"라는 진술도 기독교의 이야기와 관련하여 이루어지는 이와 유사한 주장이다.

셋째, 대안적인 공동체들은 공통적인 기반이 없는 비교 불가능한 이야기들을 하고 있어서, 대응적인 담론들(narratives)은 비교가 불가능해 보인다. 담론과 이론들은 제국주의적이다. 그래서 모든 것은 이론에 종속된다. 이런 점에서 우리는 존재 주장이 단순히 자신들의 담론과 관련된 주장일 뿐임을 추론할 수 있다.

객관적 실재가 드러나는 이야기인 거대 담론은 존재하지 않는다.

---

[3] 특별히 Hillary Putnam, *Reason, Truth, and History* (Cambridge: Cambridge University Press, 1981)를 보라. 퍼트넘은 하버드에서 가르쳤고, 또 거의 동시에 하버드 교수 넬슨 굿맨(Nelson Goodman)은 *Ways of Worldmaking* (Indianapolis: Hackett, 1978)에서 다양한 이유로 인해 이와 매우 유사한 형태의 내부 실재론을 주장했다.

그러므로 이런 다른 개념적 구조를 옹호하는 사람들은 다른 세계에 살고 있다. 전자는 원자 이론과 관련해 존재할 수 있지만, 일부 다른 대안 이론과는 연관되지 않는다. 전자의 존재와 비존재 사이의 구분은 어떤 이론 안에서만 의미가 있다. 그러므로 우리가 전자에 대해 말할 때는, 원자 이론 안에서만 원자가 존재하는 것처럼 말한다.

그래서 어떤 것이 공동체의 담론 밖에 실제로 존재하는지 물을 경우, 내부 실재론자는 "실제"라는 말이 매우 불분명하고, 임의적이며, 모더니즘적으로 사용되고 있다고 말할 것이다. 그러므로 이 질문은 허용되어서는 안 된다. 부적절한 것이다. '하나님의 눈' 관점(God's eye point of view, 오직 하나님만 아는 지식을 가졌다고 가정하는 사람들의 관점 – 역자 주) 같은 것은 없으므로, 실제로 실재하는 것에 대해 말한다는 것은 난센스다.

2. 세계의 본질은 질서 정연하며, 일상적인 지각에서 드러난 현시적 세계 아래와 그 너머에 있는 '심층 구조'는 더욱 그렇다

과학도 질서 정연한 우주를 전제로 해야 한다. 우주가 과학과 관련해서 질서 정연함을 보여주는 방법은 최소한 세 가지가 있는 것 같다. (1) 육안으로 볼 수 있는 커다란 객체를 포함하는 나무, 동물, 위성 등의 일반 세계(때로 이것은 현시적 이미지 [다른 도움 없이 오관에 드러나는 일상생활 세계]라고 불린다). (2) 세계의 심층 구조. 원자나 분자 등 드러난 일반 세계 뒤 혹은 아래에 있으며, 일반 세계의 이유와 설명은 이에 호소함으로써 이루어진다. (3) 수학이 질서 정연하게 이런 세계에 적용된다는 놀라운 사실. 이제 이것들을 하나씩 살펴보자.

우선 일반 세계의 현상은 법칙을 적용할 수 있는 정도의 질서를 아주 잘 보여준다. 그래서 우리는 일정한 부피 안에 있는 기체의 온도가 상승하면 압력 역시 상승한다는 사실을 안다. 이것은 이상적인 기체 법칙(PV=nRT)으로 나타낼 수 있다. 여기서 P, V, R은 각각 압력, 부피, (켈빈) 온도이고, n은 용기 안에 있는 기체를 분자량으로 표시한 것이다. 그리고 R은 상수이다. 또 태양의 주위를 도는 위성들의 운동도 질서 정연해서 뉴턴의 운동 법칙에 포함시킬 수 있다. 그런 법칙들은 현상의 균일성을 진술한 것이다(예로, "위성은 항상 이런저런 방식으로 움직인다").

과학 철학자 롬 해레(Rom Harre)의 책 『과학의 철학들』(*The Philosophies of Science*)의 표지에는 천체 같은 경계선 밖으로 머리를 내밀고 있는 천문학자의 그림이 있다.[4] 경계선 안에는 나무와 언덕 등과 같은 현시적 세계가 있다. 그러나 천문학자는 머리를 그 세계 밖으로 내밀어서 질서 정연하게 움직이는 심층 구조 세계(이것은 현시적 세계의 원인이다)를 들여다본다. 심층 구조의 측면에서 볼 때, 이 과학적 질서의 예는 원자와 분자가 엄격한 화학 변화의 법칙에 맞추어 결합한 것이다.

마지막으로, 세상과 상관없이 종이 위에서 수학 연구를 함으로써 수학 공식과 방정식을 만들어 현시적 또는 심층적 세계의 여러 현상들에 적용할 수 있는 가정이 있다. 그런데 놀랍게도 이것이 실제로

---

4) Rom Harré, *The Philosophies of Science*, 2nd ed. (Oxford: Oxford University Press, 1985).

작동하는 것 같다.

과학자 유진 위그너(Eugene Wigner)는 이렇게 감탄했다.

"물리학 법칙을 만드는 데 있어서 수학 언어가 적합하다는 기적은 우리가 이해할 수도, 감히 주장할 수도 없는 놀라운 선물이다. 우리는 이에 대해 감사해야 하고, 또 이것이 미래의 연구에도 계속 유효하기를 희망해야 한다."[5]

서양 사상사에서는 이런 가정들을 늘 수용하지는 않았다. 기독교 신관, 특히 프로테스탄트 종교 개혁에 기술된 기독교 신관이 세계가 질서 정연하다는 가정에 대한 지적인 근거를 제공했다는 것은 당연한 사실로 널리 인정된다. 저명한 과학 역사가 존 히들리 부룩(John Hedley Brooke)은 이에 대해 다음과 같이 썼다.

> 자연에 대한 합리적 과학의 가능성은 대체로 인과 법칙과 관련한 균일성(즉, 질서)에 의존하는 것으로 여겨진다. 과거에는 종교적 신념들이 그 균일성에 동의하는 한, 과학 활동의 전제 역할을 했다. 17세기의 자연 철학자들은 자신들이 하는 일이 지적 창조주에 의해 통제되는 우주 안에서 질서를 찾는 것임을 보여주었다. 창조된 우주는 늘 존재해 온 우주와는 달리, 창조주가 자유롭게 자신의 뜻을 행사하여 자연이 복종해야 하는 법칙을 만드는 그런 우주였다. 창

---

[5] Eugene Wigner, "The Unreasonable Effectiveness of Mathematics in the Natural Sciences," repr. in *The World of Physics, Vol. 3: The Evolutionary Cosmos and the Limits of Science*, ed. Jefferson Hane Weaver (New York: Simon & Schuster, 1987), 96.

조 교리는 그것이 자연의 흐름 뒤에 있는 확실한 질서를 의미하는 한 과학 행위와 일치할 수 있었다.[6]

수 세기 동안 사람들은 세계를 질서 정연한 곳으로 보지 않았다. 때로는 세계를 마술로 강제할 수 있는, 일종의 변덕스러운 생명체로 보기도 했다. 하지만 우리의 목적과 관련해서 가장 중요한 것은, 현대의 많은 학자들을 포함한 많은 사람들에게는 질서 정연한 심층 구조의 존재가 분명하지 않다는 사실이다.

일례로, 위대한 철학자 임마누엘 칸트(Immanuel Kant, 1724-1804)는 우리가 경험하는 세계의 질서가 실제와는 상관없이 우리의 오관과 생각이 질서를 부과하기 때문이라고 믿었다. 우리는 본체의 세계(그 자체로 존재하는 세계)에 대해서는 아무것도 알 수 없다. 우리는 현상적 세계(우리에게 나타난 세계)만 알 수 있다. 질서 정연한 성격을 포함해 이 세계의 많은 특징들은 생각이 만들어 낸 것이다. 오늘날 신(新)칸트파의 힐러리 퍼트넘과 같은 상당수의 학자들은 '세계'의 실재뿐만 아니라 질서 정연함과 같은 특징들도 (실제이며 참인) 실재의 특징이 아니라, 인지 주체(어쩌면 그 사람이 속한 공동체)가 만들어 낸 것이라고 주장한다.

오늘날에는 일종의 언어적 상대성, 즉 세계와 그 질서를 다르게 분할하거나 조립하는 것은 언어를 공유하는 집단이나 문화 또는 사람들이라는 관점을 주장하는 이들이 대부분이다. 이처럼 다른 문화는

---

[6] John Hedley Brooke, *Science and Religion: Some Historical Perspectives* (Cambridge: Cambridge University Press, 1991), 19.

문자 그대로 다른 질서의 원칙을 가지고 다른 세계에 산다. 언어학자 벤저민 리 워프(Benjamin Lee Whorf, 1897-1941)는 (현재 그의 사상이 되살아나고 있다.) 이를 다음과 같이 표현했다.

> 우리는 세계를 우리의 모국어에 의해 설정된 선을 따라 해부한다. 우리가 현상 세계에서 추출하는 범주와 유형들을 우리가 찾을 수 없는 것은 그것들이 관찰자를 정면으로 응시하기 때문이다. 오히려 세계는 밀려오는 만화경의 이미지들로 제시되고, 우리는 그것을 생각으로 조직해야 한다. 이것을 우리 생각의 언어 시스템이라고 할 수 있다. 우리는 자연을 자르고 조직화해서 개념을 만들고 거기에 의미를 부여한다. 그 이유는 우리가 이렇게 조직화하는 협약(우리의 언어 공동체 전체에 유효하고 또 우리의 언어 방식에 성문화되어 있는 협약)의 당사자이기 때문이다.[7]

최근 들어, 포스트모던 사상가 조세프 나톨리(Joseph Natoli)는 이런 의견을 피력했다.

"문화는 우리가 살고 있는 실재의 틀을 만들어 내기는 하지만, 항상 실재에 대해 여러 가지의 서로 반대되는 이야기들을 만들어 내기 때문에, 모든 것에 적용할 수 있는 하나의 실재의 틀은 없다."[8]

만일 실재가 다양한 문화들에 의해 다양한 방식으로 만들어진다

---

[7] Benjamin Lee Whorf, "Science and Linguistics," *MIT Technology Review* 42 (1940): 229–231.
[8] Joseph Natoli, *A Primer to Postmodernity* (Oxford: Blackwell, 1997), 13.

면, 하나의 "실재"로 만들어진 질서는 또 다른 "실재"로 제시되지 않을 가능성이 높다. 어쨌든 이 견해에 의하면, 질서는 실제로 존재하는 외부 세계의 모습이 아니다.

다시 말하지만, 여기서 나의 목적은 이 갈등을 해결하거나 어느 편을 드는 것이 아니다. 나는 학문 공동체의 상당수가 과학의 이 가정을 거부한다는 점을 보여주려고 노력하고 있다. 과학의 이 가정의 내용의 본질은 찬반 주장들과 함께 철학적인 것이지 과학적인 것은 아니다.

3. 객관적인 진리가 존재한다

객관적인 진리란 우리가 꾸며 내거나 만들어 낸 것이 아니라 발견하는 진리를 말한다. 외부 세계처럼 객관적 진리가 '존재한다.' 그리고 세계를 정확하게 설명한다. 분명 이것은 과학주의를 옹호하는 대부분의 과학자와 과학 철학자들이 가진 가정이다. 만일 "전자는 음전하를 가진다"라는 진술을 객관적인 진리로 받아들인다면, 우선 그 사람은 분명히 진리 같은 것이 존재함을 가정해야 한다.

객관적 진리는 과학의 전제일 뿐 아니라(대부분의 과학주의자들에게도), 이 실재는 진리에 대한 특정한 이해, 즉 진리 대응론(眞理對應論)을 전제로 한다. 이것은 상식에 불과한 것으로, 아리스토텔레스가 최초로 상세하게 정리한 것이다. 또한 이것은 서구 역사 전체의 지배적인 관점이었다. 진리 대응론을 간단히 설명하면, 어떤 전제가 그것이 실재와 대응할 경우에만 참이라는 것이다. 어떤 전제가 주장하는 내용이 참이 되기 위해서는 그 내용이 실제여야 한다. 좀 더 보편적으로 말하면, 진리 전달자(즉, 전제, 진술, 신념처럼 세계가 어떻다는 주장을 지지하는 어떤 것)가 진리 창조자(즉, 실제로 실재하는 것)와 관련하여 적절하게 대응할 때 진리가 성립한다.

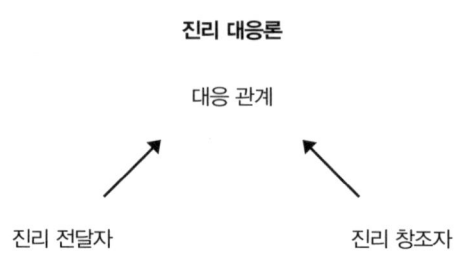

대부분의 사람들은 이 다이어그램에서 진리 전달자는 전제이지 언어의 한 문장이나 절(일례로, 독일어와 영어로 "비가 온다"고 하는 말은 동일한 전제를 표현하는 전혀 다른 문장이다)이라고 이해하지 않는다. 전제는 의도성, 즉 어떤 객체의 사상, 객체에 대한 사상, 객체를 지향하는 사상을 가지고 있다. "눈은 희다"라고 표현된 전제는 눈을 그 의도의 객체로 삼고, 그 객체에 희다는 성격을 부여한다. 진리 "창조자"는 전제의 의도적 객체인 실재의 일부이다. 즉, 눈이 흰 상태는 "눈은 희다"는 전제에 대해 진리 창조자가 된다. 이 '진리 대응론'에 의하면 진리 자체는 전제와 그 의도적 객체 사이에 부응 혹은 대응하는 관계이다.

또 진리의 대안적인 형태들도 있다(예로, 어떤 전제가 다른 전제들과 잘 부합하는 경우만 참이라는 전제 [정합설, the coherence theory], 혹은 어떤 전제가 '작동' 하는 경우만 참이라는 전제 [실용설, the pragmatic theory] 등). 그리고 일부에서는 절대적인 진리의 실재를 전적으로 부정하고 대신 상대주의 형태를 선호한다.

예를 들어, 기독교 사상가 필립 케니슨(Philip D. Kenneson)은 진리 대응론을 비롯하여 진리를 거부하는 글을 썼다(매우 놀라운 일이다). 그 글의 제목은 "객관적인 진리 같은 것은 없으며, 그것도 역시 좋은 일이다"[9]였다. 철학자 리처드 로티(Richard Rorty, 1931-2007)도 이렇게 주장했다.

> 진리가 존재하지 않는다고 말하는 것은, 명제가 없는 곳에는 진리가 없으며, 명제는 인간 언어의 요소이고, 인간 언어는 인간이 만든 것이라고 말하는 것이다. 진리는 존재할 수 없으며, 인간의 생각과 별개로 존재할 수 없다. 그것은 명제는 그렇게 존재할 수 없기 때문이다. … 오직 서술만이 … 참과 거짓일 수 있다.[10]

요컨대, 객관적 진리의 존재와 본질은 뜨거운 논쟁거리가 되어 왔다. 그러나 그 논쟁은 과학이 아니라 철학에 속한다. 어떤 종류의 과

---

[9] Philip D. Kenneson, "There's No Such Thing as Objective Truth, and It's a Good Thing, Too," in *Christian Apologetics in the Postmodern World*, ed. Timothy Philips and Dennis Okholm (Downers Grove, IL: InterVarsity Press, 1995), 155-172.

[10] Richard Rorty, *Contingency, Irony, and Solidarity* (New York: Cambridge University Press, 1989), 4-5. 로티의 논증은 성립하지 못하는데, 그 이유는 그것이 진정한 진리 전달자인 말이나 명제가 아니라 개념과 전제이기 때문이다.

학 실험이 이 논쟁을 해결할 수 있을 거라고 생각하기는 어렵다. 특히 그런 실험은, 우선 그 실험을 하는 과학자가 어떤 진리관을 전제로 사용해야 하는 까닭에 이 과업을 달성하지 못한다고 할 경우 더욱 그렇다. 그러므로 이것은 과학주의와 충돌하는 또 하나의 가정이다 (과학주의는 과학으로 입증되거나 정당화되지 못하는 진리를 배제한다).

4. 우리의 오관 및 인지 능력은 세계의 진리와 지식을 얻는 수단으로 신뢰할 만하다. 그리고 이것들은 오관이 인지할 수 있는 세계 너머에 있는 세계의 심층 구조를 파악할 수 있다

역사가 존 히들리 부룩은 17세기 과학 혁명에 대한 기독교(특히 개신교)의 기여에 대해 글을 쓰면서 이렇게 지적했다.

"창조 교리는 과학 활동을 강조할 수 있었다. … 인간의 지성이 자연을 이해할 수 있는 가능성에 부합하도록 창조되었다면, 과학 지식을 획득할 가능성도 긍정될 수 있다."[11]

기독교 철학자 빅토 리퍼트(Victor Reppert)도 "합리성을 위한 필연적인 조건은 (과학주의의) 자연주의적 우주에는 존재할 수 없다"[12]고 동의한다. 계속해서 리퍼트는 인간 이성의 존재는 과학주의적 자연주의에게 문제로서 유신론에 의해 설명될 수 있다고 말한다. 자연주의자 토머스 네이글(Thomas Nagel)은 이렇게 말한다.

---

11) Brooke, *Science and Religion*, 19.
12) Victor Reppert, *C. S. Lewis's Dangerous Idea* (Downers Grove, IL: InterVarsity Press, 2003), 70.

그러므로 문제는 우리가 이성을 사용할 경우 어떻게 이성이 타당할 수 있는가가 아니라, 이성이 우주적으로 타당할 경우 이성을 어떻게 사용할 수 있는가 하는 것이다.

이 질문에 답이 될 수 있는 것은 별로 많지 않다. 아마 현재 가장 대중적인 비주관론적 대답은 진화론적 자연주의일 것이다. 이런 방식으로 추론할 수 있는 것은, 이것이 인간의 뇌가 진화하는 기간에 생존가(生存價: 생체의 특질이 생존 혹은 번식에 기여하는 유용성 – 역자 주)를 지녔던, 보다 원초적인 신념 형성 능력의 결과이기 때문이다. 이 설명은 나에게는 늘 웃음이 나올 정도로 부적절하다. …

그 외에 잘 알려진 대답은 종교적인 대답으로, 우리가 우주를 알 수 있는 것은 우주와 우리 지성이 서로 협조하도록 만들어졌기 때문이라는 것이다.[13]

현재 논의 중인 내용의 일부를 이해하도록 간단한 예화를 들어 보겠다. 당신이 기차를 타고 가다가 절벽을 보았는데, 암벽에 이런 글이 새겨져 있다고 하자.

그랜드 뷰–10킬로미터 전

아마 당신은 이 글이 전하는 정보를 그대로 믿을 것이다. 그것은

---

13) Thomas Nagel, *The Last Word* (New York: Oxford University Press, 1997), 75.

다음 기차역을 알려주기 원하는 지적인 사람이 설계해서 붙여 놓은 것이라고 당신이 (올바르게) 가정할 것이기 때문이다.

그러나 그 글이 실제로 오랜 세월의 침식을 통해 만들어진 것임을 알아냈다고 해보자. 이런 새 정보를 가지고 있는데 당신이 그 글을 믿겠는가? 물론 믿지 않을 것이다. 왜? 글로 전달된 그 정보가 자연이라는 지도받지 않은 힘에 의해 이루어졌기 때문이다.

같은 이유로, 우리의 오관과 인지 능력을 통해 얻은 정보가 어떤 지적인 인격이 자신이 창조한 세상에 대한 지식을 우리에게 주기 위해서 만든 것이라면, 우리는 그것을 믿을 충분한 이유가 있다. 그러나 맹목적이고 물리적인 과정이 우리의 오관과 인지 능력에 준 것이라고 믿는다면, 우리는 문제 있는 자연주의적 이야기를 가지게 될 것이고 이것은 우리의 능력을 신뢰하지 못하게 할 것이다.

우리의 오관과 인지 능력을 신뢰할 수 있다는 가정을 입증하는 문제는, 과학주의와 그것이 만든 신화인 진화론적 자연주의의 결합을 고려할 때 특별히 심각해진다.[14] 근본적인 문제는 이런 것이다. 자연주의 진화론에 의하면, 어떤 유기체의 부분들은 그 오관 및 인지 능력(그런 능력이 있다면)을 포함해 모두가 한 가지 이유 때문에(먹고, 재생산하고, 싸우고, 도망하는 데 도움이 되기 때문에) 현재의 상태에 있다. 그러나 여기서 문제는 어떤 유기체는 생존을 위해 정확한 지각이나 진정한

---

[14] 이 논증을 다양하고 강력하게 전개하는 책은 다음과 같다. C. S. Lewis, *Miracles* (New York: HarperCollins, 1947), 2-4장; Reppert, *C. S. Lewis' Dangerous Idea*; Alvin Plantinga, *Warrant and Proper Function* (New York: Oxford University Press, 1993), 12장.

신념을 필요로 하지 않는다는 점이다.

인간이 가진 지각이나 신념은 그것이 일관적이거나 생존을 위한 투쟁에 도움이 되는 한 문제가 되지 않는다. 진화론의 관점에서 볼 때 유기체들은 블랙박스다. 즉, 그 유기체 안에서 어떤 일이 진행되든, 특정한 투입이 있어서 몸에서 나오는 산출이 그 유기체의 몸을 적당한 때에 적당한 곳에 있게 하여 먹고 도망하게 하는 일을 하는 한 상관이 없다.

예를 들어, 어떤 유기체가 자기를 잡아먹는 커다란 포식자를 작다고 지각해도, 이 그릇된 지각이 그 유기체로 하여금 어떤 이유로든 도망하게 한다면(반대로, 작은 유기체를 큰 것으로 보고 그로 인해 도망하지 않음으로써 에너지를 보존할 수 있게 된다면), 이런 지각은 비록 정확하지는 않아도 진화론적으로 유익하다.

마찬가지로, 조라는 사람이 호랑이를 볼 때마다 껴안고 싶은 욕구와, 이를 위한 최선의 방법이 도망하여 가까운 동굴에 숨은 것이라는 신념이 생긴다면, 이 신념과 욕구의 결합은 유익한 것이다. 호랑이에게서 벗어나려는 욕구와 동굴에 숨는 것이 최선의 방법이라는 신념을 만들어 주기 때문이다. 적절한 산출만 이루어진다면, 진화는 조 안에 있는 다른 것들은 몰라도 된다. 진리는 생존에(진화를 촉진하는 일에) 필요하지 않다. 일관된 오류도 문제가 없다.

이처럼 과학주의가 보증하는 진화론적 자연주의는 우리의 오관과 인지 능력에 대한 신뢰를 약화시킨다.

그러나 진화론적 자연주의를 인정하면서 또한 우리의 인지 능력의 신뢰성을 인정하는 일의 문제점은 앞에서 이미 살펴본 것보다 더욱 심각하다. 이 난제는 자연주의자 토머스 네이글이 명확하게 인정했다.[15] 우리의 능력이 우리의 생존을 돕기 위해서는 그것이 드러난 감각적·현시적 세계와 상호 작용하는 데 적합해야 한다. 그런데 인류를 제외한 모든 유기체들은 이 세상을 지각하고 인지하는 데 제약이 있다고 네이글은 말한다. 그러나 과학을 비롯한 지적 학문들이 가능하기 위해서는 우리 인간들이 우리의 이성을 사용하여 우리의 오관을 넘어 세계의 심층 구조에 이르러, 그 심층 구조에 대해 우리가 형성하는 이론들을 파악하고 구성하고 입증해야 한다.

불행히도, 이런 행위와 연관된 이성적 기능들은 먹고 재생산하고 싸우고 도망하는 데 필요한 것을 훨씬 넘어선다. 그래서 원칙적으로, 이에 대한 진화론적 자연주의의 설명은 없다.[16]

그러므로 우리가 과학주의자들이 주장하는 것처럼 진화론적 자연주의에 국한된다면, 과학 행위에 우리의 이성을 사용하는 일을 불신해야 하는 강력한 근거를 가지게 된다. 이것은 과학주의자들을 곤경에 빠지게 한다.

다시 말하지만, 나는 과학주의와 진화론적 자연주의에 대한 이런

---

15) Thomas Nagel, *Mind and Cosmos* (Oxford: Oxford University Press, 2012), 71–96.
16) 기독교 철학자 로버트 쿤스(Robert Koons)는 세계의 감추어진 심층 구조는 과학에 널리 퍼져 있는 법칙들이 적절하게 묘사하고 설명하고 있으며, 또 단순성이라는 합리적 가치(그리고 심미적 아름다움)는 이런 법칙들과 이론들을 너무도 잘 묘사한다고 주장했다. 그런 일은 우연일 수가 없으며, 사실상 가치가 깃든 질서가 있는 세상을 창조하여 우리가 발견할 수 있게 한 하나님에 대한 증거를 보여준다. Robert C. Koons, "Epistemological Objections to Materialism," in *The Waning of Materialism*, ed. Robert C. Koons and George Bealer (Oxford: Oxford University Press, 2010), 281–306을 보라.

논박에 동의하기는 하지만, 이것이 지금 내가 말하려는 바는 아니다. 요지는 이런 것들이 모두 철학적인 주장이며, 이에 대한 찬반 주장들도 과학이 아니라 철학이라는 것이다. 그러므로 과학은 자기 자신의 가정을 입증할 수 없으며, 따라서 과학주의는 거짓이다.

5. 다양한 유형의 가치와 '당위'가 존재한다

대부분의 과학자들이 자신의 연구에서 전제하는 가치에는 최소한 세 가지 유형이 있다. (1) 도덕적 가치(예로, 마땅히 자신들의 연구 데이터를 정직하게 기록하고 보고하며, 자신의 실험에 대한 진실을 말해야 한다). 이를 어기면 부도덕한 일을 한 것이 된다. (2) 합리적 가치(예로, 보다 단순하고 보다 실증적으로 정확하며, 보다 성공적으로 예측하고, 보다 폭넓게 설명되는 이론을 선호해야 한다). 이를 어기면 비합리적인 일을 한 것이 된다. (3) 심미적 가치(예로, 다른 것보다 더 아름답고 품격 있는 이론이나 방정식을 선호해야 한다). 이를 어기면 비합리적이고 추한 일을 한 것이 된다.[17] 아무리 해도 과학은 사실을 말해 주지만 당위는 말해 줄 수 없다. 기술(description)은 하지만 처방(prescription)을 할 수 없는 것이다. 이 세 가지 유형의 가치들은 처방하는 당위를 포함하고 있기 때문에, 과학이 입증할 수 없는 가정들이다.

---

[17] 과학에서 심미적 가치가 하는 역할에 관해서는 Judith Wechsler, ed., *On Aesthetics in Science* (Cambridge, MA: MIT Press, 1981)를 보라.

6. 논리와 수학의 법칙이 존재한다

과학은 논리와 수학 법칙에 호소하고 그것을 전제로 하지만, 그것을 입증하지는 못한다. 왜 그럴까? 우선 논리와 수학이 '아 프리오리'(a priori, 선험적) 영역이기 때문이다. 즉, 이와 관련한 법칙은 오관의 경험에 호소하지 않고 직접 이성의 인식에 의해 보증되기 때문이다. 그러나 과학은 '아 포스테리오리'(a posteriori, 후험적) 학문으로, 그 법칙과 이론들을 실증적 관찰에 호소함으로 입증해야 한다.

또 하나는, 과학의 진리가 우연적(contingent)이기 때문이다. 이 말은 과학의 진리가 참일 수 있지만, 거짓일 수도 있다는 것이다. 하나님은 중력 등과 같이 아주 다양한 자연법칙들을 가진 세상을 창조하실 수 있다. 심지어 "물은 필연적으로 H_2O이다"라는 명제도 필연적 진리가 아니다. 하나님이 물이 없는 세상을 창조하셨을 수도 있기 때문이다.

이런 세상에서는 "만일 그 세상에 물이 없다면, H_2O도 없다"라는 명제는 참이다. 그러나 "물은 H_2O이다"라는 명제는 거짓이다. 그 세상에는 물이 없기 때문이다. 그러나 논리와 수학의 진리들은 필연적 진리이다(예로, 필연적으로 2+2=4이고, 필연적으로 만일 P가 Q이면, 그러므로 P는 Q다). 하나님이라 해도 이런 명제가 거짓인 세상을 창조할 수 없을 것이다.

결론

나무를 보고 숲을 보지 못하는 일을 해서는 안 된다. 과학의 결론은 과학의 전제들보다 더 강할 수 없다. 과학이 전제하는 것들이 많이 있다. 그러나 과학 자체는 이런 전제들을 입증할 수 없다. 그러기 위해서는 철학이 필요하다. 그러므로 과학주의의 철학은(그 자체는 과학이 아니다) 결국 과학의 대적이 된다.

6장

약한 과학주의가
강한 과학주의와
다를 바 없는 이유

요즈음 어떤 인정된 과학의 주장이 다른 학문(예로, 신학)의 인정된 비과학적 주장과 충돌할 경우 어떤 주장이 배제될 것 같은가? 우리 문화에서는 과학의 주장이 언제나 이긴다.

왜 그럴까? 단순히 그것이 과학이기 때문이다. 사람들에게는 과학주의가 너무도 명백하고 보편적이어서 그것을 옹호할 필요조차도 없다. 자신의 주장을 과학에 호소하는 일이 문제를 해결하는 방법이 된 것이다.

약한 과학주의는 권위만 바라보고 실제 주장은 검토하지 못하게 한다

1장에서 설명한 것처럼, 약한 과학주의는 과학을 벗어난 진리를 용인하며, 과학적인 지지를 받지 못해도 최소한의 합리적 위치를 인정한다. 그러나 약한 과학주의도 여전히 과학이 인간 지식의 가장 권위 있는 영역이라고 암시한다.

예를 들어, 칼 기버슨(Karl Giberson, 유신론적 진화론자와 물리학자 그리고 유신론적 진화론을 대변하는 바이오로고스[BioLogos]의 회원)은 과학에 대해 이렇게 말했다. "나는 이것이 우리가 가진 것 가운데 인식론적으로 가장 안전한 관점이라고 주장한다."[1]

분명히, 약한 과학주의는 교회에도 침투했다. 기버슨도 그리스도인이다. 그러나 교회 안에는 그런 인식론(지식관)을 주장하는 과학자만 있다고 생각해서는 안 된다. 신학자 아서 피코크(Arthur Peacocke)의 견해를 들어 보자. 그는 신학이 과학에 종속되어야 한다고 분명히 말한다.

> 기독교 신학에서 주장하는 인지적 내용을 과학에서 나온 새로운 지식에 비추어 재검토하는 일은 언뜻 보아도 매우 타당성이 있다. … 그런 활동이 지속적으로 이루어지지 않으면, 신학은 서구 문화에 속한 대부분의 사람들과 단절된 문화적 게토에 머물 것이다. 하지만 그들은 올바른 근거를 가지고 과학이 세계에서 이루어지는 모든 차원의 일을 설명한다고 생각하는 사람들이다. 과학과 신학 사이의 격동의 역사는 신학이 평화로운 안식처를 추구하는 일이 신뢰를 얻기 위해서 당시의 과학으로부터 보호를 받는 일이 불가능함을 증거한다.[2]

약한 과학주의를 믿고 실천하게 되면, 과학주의의 정치적 올바름 (정치적 유불리의 관점에 의한 판단 - 역자 주)의 압력을 받게 되어 교회가 오

---

1) Karl Giberson, "Intelligent Design on Trial—A Review Essay," *Christian Scholar's Review* (May 1995): 469. 바이오로고스 재단은 유신론적 진화론을 옹호하는 일에 앞장서는 단체이다.
2) Arthur Peacocke, *Theology for a Scientific Age* (Minneapolis: Fortress, 1993), 6-7.

랫동안 유지해 온 교리들을 끝없이 수정하게 된다. 최근에 한 저명한 기독교 철학자는, 과학주의자들이 성경의 가르침 또는 바른 신학과 충돌하는 주장을 할 경우, 신학자와 성경학자들은 (극소수를 제외하고) 참호 안으로 들어가 항복의 백기를 들어 올리며, 누가 먼저 나서서 성경의 가르침을 수정하여 과학자들을 달랠 것인지 서로 눈치를 본다고 지적했다.

그래서 과학과 신학 또는 성경 주석 사이의 '대화'는 실제로 독백이다. 신학자가 과학자에게 자신들이 가르쳐야 할 최신의 발견이 무엇인지 묻는 식이다.

문: 동성애는 우리의 DNA가 원인이 아닌가요?
답: 그럼요. 성경은 동성애의 부도덕성을 전혀 가르치지 않습니다. 우린 2천 년 동안 잘못 해석해 왔습니다.

문: 신경 과학은 영혼이 없다고 하는데요?
답: 그럼요. 이원론과 영혼은 헬라 사상으로, 히브리적이고 통합적인 성경에는 없습니다.

문: 완전 자연주의적 진화론이 생명체의 기원과 발전을 설명하는 데 적합하지 않나요?
답: 그럼요. 성경은 과학 교과서가 아닌 걸요.

문: 인간 게놈의 연구 결과는 인간의 생명이 아담과 하와에게서 시작되지 않았다고 하는데요?
답: 그럼요. 역사 이야기를 재해석하면 됩니다.

대화는 이런 식으로 이어진다.

요컨대, 약한 과학주의의 첫째 문제는, 이것이 다른 중요한 분야들, 특히 성경 연구와 신학의 지적 권위를 약화시키는 데 있다. 논리가 더 낫기 때문이 아니라, 과학이 정의상 더 타당성이 있고 내재적인 권위가 있다고 가정하기 때문이다.

톰 소렐은 "(과학주의에 따르면) 과학에 속하지 않은 주제들은 과학에 기반을 두는 것이 좋다"라고 지적한다. 과학은 비과학 분야에 들어갈 의무가 있다. 그것은 "과학적인 것이 비과학적인 것보다 훨씬 더 가치 있거나, 비과학적인 생각은 그 가치를 무시해도 될 정도"[3]이기 때문이다. 그러므로 이 관점에서 보면, 과학이 다른 분야로 확장될 때 우월한 인지 권위를 가졌다는 것은, 과학이 비과학적 관점과 발견들을 교정해야 하거나, 최소한 그들의 분야에 과학 없이는 볼 수 없는 새롭고 중요한 빛을 비추어야 함을 의미한다.

이런 점을 염두에 두고, 이번 장에서는 과학의 가정들을 약한 과학주의에 비추어 보고 약한 과학주의도 거부해야 하는 이유를 제시할 것이다. 그리고 다음 두 장에서는 비과학적 분야의 주장들 가운데 과

---

3) Tom Sorell, *Scientism* (London: Routledge, 1991), 3, 9.

학의 주장들보다 더 분명한 것들의 예를 제시할 것이다. 그다음에는 이 모든 것들의 실제 모습을 보여주면서, 과학과 과학주의의 태도를 가진 사람들이 왜곡시킨 중요한 연구 분야들을 검토할 것이다.

약한 과학주의를 거부해야 하는 이유

앞에서 지적한 대로, 과학은 모르게 실행될 수 없다. (1) 과학은 수많은 가정들에 의존한다. (2) 각 가정(전제)은 도전을 받아 왔다. (3) 이 가정들을 진술하고 비판하고 변증하는 일은 철학의 일이다.

강한 과학주의는 이런 전제들을 모두 배제한다. 이 전제들의 본질적이며 의미적인 내용 자체는 물론 이를 옹호하거나 거부하는 일까지도 과학이 하는 일이 아니기 때문이다.

그러나 약한 과학주의 역시 이런 곤경에서 벗어나지 못한다. 비과학적 주장을 최소한으로 인정하면서 동시에 과학의 주장이 우월하다는 입장을 유지하기 때문이다. 왜 그럴까?

앞 장에서 설명했듯이, 과학의 결론들은 그 결론이 의지하고 있는 전제 이상으로 확실할 수 없다. 예를 들어, 많은 사람들이 "전자는 음전하를 가진다"라는 명제는 실제와 부합하기 때문에 진정으로 참이라고 주장한다. 그러나 분명히 이 가정은 진리, 즉 이에 대한 특정한 진리 이론(일종의 대응 이론)을 전제하고 있다. 그러므로 진리의 대응 이론을 의심할 이유를 가진 것만큼, 전자에 대한 명제를 의심할 이유를 가지는 것이 분명하다.

이런 관찰에서, 우리는 약한 과학주의에서 발생하는 첫째 교훈, 즉 약한 과학주의 옹호자들은 어떤 가정의 상대적인 힘과 그 가정에 기초한 주장을 혼동하고 있다는 사실을 얻을 수 있다. 약한 과학주의는 어떤 가정에 기초한 주장이 그 가정 자체보다 더 확실하다고 믿는다. 그러나 실제로 그 주장은 그것이 기초로 하는 가정만큼만 확실하다. 그리고 그 가정은 과학적 가정이 아니라 철학적 가정이므로, 철학이 과학보다 우위에 있다. 그러므로 약한 과학주의의 주장, 즉 과학은 언제나 다른 학문보다 우월하다는 주장은 거짓이다.

둘째 교훈은, 약한 과학주의 옹호자들은 대부분의 과학 전제들이 가진 합리적 힘을 저평가하며, 그 결과 그 전제들에 합당한 인지 권위를 부여하지 않는다. 다음과 같은 과학의 가정들을 명심하라. (1) 실재와 부합하는 내용을 가진 객관적인 진리의 존재. (2) 우리의 오관과 인지 능력에 대한 전반적인 신뢰. (3) 논리와 수학의 기본 법칙들. 이 가정들 각각은 사실상 부합하지 않는 인지 권위를 가진 것으로 보인다.

사실, 이 가정들 가운데 어느 하나라도 부정하는 일은 자기 부정적으로 보인다(단, 수학의 기본 법칙의 진실성의 경우, 부정은 거짓이지만 자기 부정은 아니므로 제외된다). 다른 두 가지 과학의 가정들에 대한 부정의 자기 부정성에 대해서는 독자들의 판단에 맡긴다. 이 가정들 가운데 하나를 부정하는 이유를 제시하기 위해서는, 부정의 대상이 되는 그것을 이용하여 그 이유를 입증해야 한다는 사실을 기억해야 한다.

어떤 관점이 실재를 더 잘 인식하는가?

과학의 전제들의 본질은 성경의 하나님 같은 하나님이 존재한다는 것을 입증하지 않는다. 그러나 내가 보기에는, 과학적 자연주의보다는 유신론을 선택해야 할 이유는 제공한다. 이 가정들은 유신론적 세계관에 적합하다. 아주 자연스럽게 어울린다. 하나님은 합리적인 존재이시며, 이는 그가 합리적이고 질서 정연한 우주를 창조할 이유를 제공한다. 그는 우리를 창조하셨다. 따라서 우리는 당연히 '하나님을 따라 하나님의 생각을 함으로써' 그의 세계의 내적 움직임을 알고 음미하기에 적합한 능력이 주어졌다고 생각할 수 있다. 객관적인 법 수여자가 존재할 때가 존재하지 않을 때보다 더 객관적인 가치가 존재할 가능성이 높은 것이다.

우리가 "태초에 말씀(로고스)이 계시니라"로 시작한다면, 이 가정들에 대한 합리적인 설명도 존재한다. 그러나 "태초에 입자(또는 플라스마 나 끈 등)가 계시니라"로 시작한다면, 이런 가정들을 확보한 방법을 찾기 힘들다. 위에서 본 것처럼, 특정한 자연주의적 자세(예를 들면, 자연주의적 진화론)는 우리가 세계의 심층 구조에 대한 진리를 얻을 수 있는 능력의 신뢰성 같은 중요한 과학의 가정을 실제로 훼손시킨다.

그래서 합리적인 사람이라면 적어도 세 가지 이유 때문에 약한 과학주의를 거부해야 한다고 생각한다.

7장

비과학적 지식의
유용성

과학주의는 자신이 다른 모든 분야의 지식과 학문보다 인지적으로 우월하다고 주장한다. 그러나 다른 방법으로, 자연 과학의 주장보다 더 분명하게 알 수 있는 것이 있다면 어떻게 할 것인가?

이번 장에서는 논리와 수학, 우리의 의식 상태, 도덕법을 간단히 살피면서 과학주의가 왜 벌거벗은 임금님인지 보여줄 것이다.

논리와 수학

앞에서 이미 논리와 기본적인 수학 법칙의 중요성을 언급했다. 그러나 무엇이 이 지식 영역들로 하여금 과학보다 우위에 있게 하는가? 이들에게는 주목할 만한 두 가지 특징이 있다.

첫째, 논리와 기본적인 수학 법칙은 오관의 경험에 호소하지 않고 직접적이고 이성적인 직관 또는 인식에 의해 '아 프리오리'(선험적) 방식으로 알려진다. 우리는 논리와 수학의 기본 법칙이 참이라는 사실을 그냥 '합리적으로 안다.' 그리고 훈련된 논리학자나 수학자는 의사와 마찬가지로, 논리적 또는 수학적 추론의 고리를 볼 때 훈련받지 않는 보통 사람들보다 더 '합리적으로 알 수 있다.' 이들의 직관적인 인식은 훈련받지 않은 사람들의 인식을 넘어선다.

반면에, 과학의 이론과 법칙들은 '아 포스테리오리'(후험적) 방식으로 알려지며, 결과적으로 관찰과 오관의 경험에 호소할 것을 요구한다. 그리고 모든 종류의 관찰 데이터에는 반드시 그 데이터와 일치하는 하나 이상의 법칙이나 이론이 존재한다. 이런 경우, 이들의 경쟁 상대보다 우월한 법칙이나 이론이 없다는 것은 아니다. 다만, 이 주장은 단순성, 경험의 정확성, 예측 성공, 설명력의 범위 등의 인지적 가치에 호소하여 이루어져야 한다.

그리고 두 가지 이론이 경쟁할 경우, 한 이론의 옹호자는 어떤 가치(예로, 단순성)를 내세우고 다른 이론의 옹호자는 다른 가치(예로, 설명력의 범위)를 내세우게 된다. 이렇게 되면 어떤 이론이 나은지 판단하기가 어려워진다. 그러나 일반적으로(보편적인 것은 아니지만) '아 포스테리오리'(후험적) 진리보다 '아 프리오리'(선험적) 진리에 더 큰 합리적 정확성이 주어진 것으로 간주된다.

논리와 수학 법칙의 두 번째 특징은, 그 진리가 참일 경우 필연적 진리라는 것이다. 그것은 거짓일 수가 없다. 그래서 하나님이라도 $2+2=57.68$이 되는 세계를 만들 수 없다. 하나님은 어떤 것이 동시에 같은 방식으로 참과 거짓이 되는 것을 만들 수 없다(예로, 특정한 장소와 시간에 비가 오기도 하고 오지 않기도 할 수 없다).

반대로, 과학의 진리는 불확정적이다. 한 과학의 진리는 참이지만 거짓이었을 수도 있다. 예를 들어, 다른 중력 법칙을 가진 세계나 중력이 전혀 없는 세계, 다른 형태의 물질을 가진 세계나 물질이 전혀 없는 세계(예로, 천사만 있는 세계)처럼, 다른 자연법칙을 가진 세계를 상상할 수가 있다.

어떤 사람은 그것에 반대하면서 "물은 H_2O다"라는 법칙이 필연적 진리라고 주장할 수도 있다. 그러나 이는 전혀 옳지 않다. 우리 세계의 물에 해당하는 것을 가진 세계가 있다면, 그 세계는 필연적으로 H_2O를 가지고 있다. 그러나 논리와 수학의 진리와는 달리, 물이 전혀 없는 세계가 있을 수 있다. 그 세계에서 "물은 H_2O다"라는 명제는 거짓이다. 그런 세계에는 우리 세계에 있는 물과 같은 것이 없기 때문이다. "만일 이 세계에 물이 있다면, H_2O가 있을 것이다"라는 조건적 명제는 참일 수 있지만, 그 세계에서 "물은 H_2O다"라는 기본적 주장은 거짓일 수 있다.

우리 개인의 의식 상태

논리와 수학의 법칙 외에도, 우리 자신의 의식 생활 안에서 일어나는 일에 대해서 우리는 다른 사람들보다 더 큰 합리적 권위를 가지고 있다. 우리 자신의 의식 상태를 어떻게 알 수 있는가? 과학적이고 실증적인 수단이 아닌 직접적인 내성(內省, introspection: 자기 관찰)을 통해서 안다.

의식 및 영혼과 관련한 문제들은 강한/약한 과학주의에 비추어 볼 때 매우 중요하다. 그래서 다음 장에서 과학주의와 의식에 대해 보다 자세히 살펴볼 것이다. 여기서는 우리 각 사람이 자신의 의식 상태에 대해 가지는 인식론적 권위(즉, 합리적 인지 권위)에 집중하기로 한다.

잠시 동안, 내가 백일몽이 아니라 나의 내면의 삶에 집중하고 있다고 가정해 보자. 이 상태에서 나는 나 자신의 정신생활 안에서 일어나는 일을 다른 사람들보다 더 정확하게 알 수 있다. 신경 과학자는 나의 두뇌에서 일어나는 일을 매우 정확하게 알 수 있을 것이다. 그러나 나 자신의 정신 속에서 이루어지는 일은 더 정확하게 알 수 없다.

언젠가 과학자가 정신과 뇌의 상태를 정확하게 연결시키게 되어, 과학자가 나의 뇌를 해독함으로써 내 정신생활 속에서 이루어지고 있는 것을 나보다 더 잘 알게 될 날이 올 것이라고 생각할 수 있다. 그러나 이것은 참이 아니다.

왜 그럴까? 과학자가 특정한 정신적 상태와 신체적 상태를 연관 짓는 상세한 표를 만들기 위해서는, 뇌의 모니터를 읽으면서 피실험자에게 그의 내면에서 이루어지는 일에 대해 물어보아야 한다. 예를 들어, 잠을 자고 있는 피실험자의 눈동자가 빨리 움직이는 것을 관찰할 경우, 그는 피실험자를 깨워서 그의 의식 속에서 어떤 일이 일어나고 있는지 물어보아야 한다. 이처럼, 어떤 상관관계표도 인식론적으로 피실험자 자신의 내성적 지식을 의존해야 하며 그의 지식보다 약할 수밖에 없다. 그 표는 피실험자의 보고의 정확성에 의존해야 하기 때문이다.

이처럼 의식은 사적 접근을 보여준다. 어떤 물리적 실체(예로, 바위나 유기 화학물)나 뇌의 상태를 보자. 어떻게든 당신이 그 물리적 실체에 대해 아는 것(크기, 모양, 질량 등)은 나도 안다. 만일 당신이 그 길이를 알기 위해 재야 한다면, 나도 그 일을 할 수 있다. 그러나 나 자신의 의식 상태에 대해 아는 방법(직접 내성)은 당신이 알 수 없다.

토머스 네이글 등이 지적했듯이, 우리는 야구 방망이의 물리적인 면에 대해 알아야 할 것은 무엇이든 알 수 있지만, 야구 방망이가 된다는 것이 어떤 의미인지는 알 수 없다. 이런 것은 오직 야구 방망이만 사적 접근을 할 수 있다.[1]

그렇다면 나는 나 자신의 의식 상태에 관한 지식에 있어서는 자연과 과학의 법칙에 대해 가진 것보다 더 큰 인식론적 권위를 가지고 있다.

도덕 지식

(1장에서 말했듯이) 내가 대장암 수술을 하고 9일 동안 입원했을 때, 부지중에 약한 과학주의에 빠져 있는 간호사와 대화를 하면서, 그녀에게 하나님의 존재에 대한 증거가 전자가 존재한다는 증거보다 더 많다는 이야기를 했었다. 이 이야기를 다시 하겠다고 했는데, 이제 그때가 되었다.

하나님의 존재 증거에 대한 글의 능력과 본질에 대해서는 여기서 논할 여유가 없다. 그것은 다른 곳에서 이미 다루어져 왔다.[2]

---

[1] Thomas Nagel, "What It Is Like to Be a Bat," *The Philosophical Review* 83, no. 4 (October 1974): 435–450.

[2] J. P. Moreland, *The God Question* (Eugene, OR: Harvest, 2009); William Lane Craig, *Reasonable Faith: Christian Truth and Apologetics*, 3rd ed. (Wheaton, IL: Crossway, 2008). 이런 주

지금의 요점은, 하나님의 존재에 대한 가장 강력한 논증이 우주의 명백한 특징(아름다움, 질서, 복합성, 시작과 그 원인이 있다는 사실, 객관적인 도덕법의 존재 등)에 근거한다는 점이다. 또한 이 주장들은 상식적이면서 동시에 매우 정교하고 치밀하게 진술될 수 있는 (이 특징들에 기초한) 철학적 논증으로 뒷받침된다.

현시점에서 볼 때, 50년이나 100년이 지나면 서구 사람들 대부분이 하나님의 존재를 믿지 않는 모습을 쉽게 상상할 수 있다. 그러나 50년이나 100년 후에 하나님의 존재에 대한 믿음을 비합리적으로 만드는 것에서 무엇을 배울 수 있을지, 하나님의 존재에 대해 이처럼 오래되고 확고한 주장을 뒤엎어 버릴 증거를 찾을 수 있을지는 쉽게 상상이 되지 않는다.

다음의 도덕적 지식을 생각해 보자.

재미 삼아 아기를 고문하는 것은 잘못이다.

이것이 참인지 모르겠다고 주장하는 사람이 있다면, 그는 논증이 아니라 치료가 필요한 사람이다. 이는 자명하고 직관적으로 명백한 명제다. 사실 이런 것이 참인지 확인하는 방법은 몰라도 참이라는 사실은 알 수 있다.

50년이나 100년이 지나면 서구 사람들 대부분이 이 진리를 믿지

장에 대해 깊이 있게 다룬 책을 보려면 William Lane Craig and J. P. Moreland, eds., *The Blackwell Companion to Natural Theology* (Malden, MA: Blackwell, 2009)를 보라.

않는 모습을 상상할 수 있다. 그러나 그때에 어떤 증거나 논증 혹은 고려가 그것을 완전히 비합리적인 믿음이 되게 하는 틀이 될 것인지는 알기 어렵다.

전자에 대한 믿음에 대해서도 마찬가지일까? 전혀 그렇지 않다. 전자에 대한 이해의 역사가 보여주기 때문이다.[3]

J. J. 톰슨(Thomson, 1856-1940), 닐스 보어(Niels Bohr, 1885-1962) 및 현대의 양자 물리학자들이 전자에 대해 가진 견해를 살펴보라.

톰슨은 노벨 물리학상을 받은, 전자를 발견하고 확인한 사람으로 인정받는 영국의 물리학자다. 그는 전자가 궤도를 돌지 않으며, 음전하를 가진 입자로서 마치 자두 푸딩에 건포도가 박혀 있듯이 원자에 박혀 있다고 주장했다. 그는 전자가 다른 물체에 끼치는 힘은 대기 속에 있는 일종의 유체(流體)와 같다고 보았다(절대 공간과 시간을 전제하는 관점). 톰슨에 의하면, 원자의 총질량은 전자 때문이다(즉, 그는 산소 원자 하나에 1,836개의 전자가 들어있다고 생각했다).

보어도 역시 노벨 물리학상을 받았고 양자 이론과 원자 구조에 대해 중요한 발견을 했다. 그는 톰슨의 견해에 동의하지 않았다. 그는 전자가 궤도를 돌지 않는다고 보지 않고, 단지 특정한 에너지 차원에서 특정한 궤도를 돌고 있다고 보았다. 보어에 의하면, 전자는 한 에너지 차원에서 다른 에너지 차원으로 도약할 수 있다. 다만, 그런 도약에 포함되는 궤도들 사이의 공간 속에서 위치(또는 최소한 확인 가능한

---

[3] 다른 자료와 함께 이 역사를 다룬 내용을 보려면 J. P. Moreland, *Christianity and the Nature of Science* (Grand Rapids, MI: Baker, 1989), 162-165를 보라.

위치)를 가지고 있지 않다.

현대의 전자 모델은 현재 양자 이론에 속한 모델이다. 현대 양자 이론의 흥미로운 특징 가운데 하나는, 우주가 전자를 포함해 어떤 내용으로 구성되었든 물리적 또는 비물리적으로 간주되어야 한다는 것이다. 이는 형이상학적 유심론에 따른 것이다.

내가 간호사에게 전자를 믿느냐고 물었는데, 그 질문은 의도적으로 모호한 것이었다. 내가 묻는 전자가 어떤 전자인지 구체적으로 밝혀야 했다.

이제 우리는 '톰슨의 전자'가 존재한다고 믿지 않는다. '보어의 전자'는 현재의 이론에 포함되기는 하지만, 현재 우리가 가진 전자 이론을 고려한다면 보어의 전자 같은 것이 존재하기나 했는지 의문을 가지는 것이 당연하다. 그러면 현재의 이론이 보어의 이론을 정립하거나 대치한 것일까? 현재로서는 말하기 어렵다.

왜 이처럼 전자의 역사에 대해 집중 강의를 하고 있는 줄 아는가? 다음과 같은 요점을 보여주기 위함이다.

오랜 시간에 걸쳐 특정 영역의 과학이 진행되어 오는 과정에서 어떤 형태의 오래된 관점은 폐기되며, 과학자들은 현재의 이론에 근거하여 그런 것이 있었다는 것조차도 믿지 않는다.

전자의 역사와 이론도 특별히 예외적이라고 할 수 없다. 위키피디아는 "대치된 과학 이론들"에 한 페이지 전체를 할애하고 있다. 여기에는 생물학, 화학, 물리학, 천문학과 우주론, 지리학과 기상학, 지질학, 심리학 등이 포함되어 있다. 그러나 지금부터 50년이나 100년 후에는 전자에 대해 최근에 묘사된 바를 믿는 것이 합리적이지 않다고 생각할 날을 상상하는 건 어려울까? 이전의 이론들과 당시 존재한다고 주장되던 물질들을 폐기해 온 과학의 역사 기록을 고려한다면, 그런 상황을 상상하는 일은 전혀 어렵지 않다. 그러므로 양자 전자에 대한 믿음의 강도는 적절히 축소되어야 한다.

전자에 대한 믿음이 잠정적이라고 할 수 있는 두 번째 이유는 과학적 실재론과 반실재론 사이의 논쟁에서 비롯된다.[4] 아주 간단히 말하자면, 우리에게 성공적 이론들을 존재하게 한 실체들(예로, 현재의 물질과 전자관에서의 전자)은 실재하며, 또 그 실체들에 대한 이론들의 설명은 참이거나 참에 가깝다는 것이 과학적 실재론의 주장이다.

"성공적"이라는 말은 그 이론들이 (1) 실증적으로 정확하며(그 이론과 관련된 관찰과 일치한다), (2) 예측이 성공했으며, (3) 관련된 현상을 일관성 있게 설명할 수 있다는 의미이다. 실재론자들에게 이론이 성공적인 첫째 이유는 이것이 이론과 독립적인 세계를 정확하게 파악하고 있기 때문이다. 실재론자들에게 있어서 성공적인 이론은 존재론적인 의미가 있다. 즉, 전자와 같은 것이 실제로 존재하며, 우리는 현재 최소한 개략적으로라도 그것을 바르게 설명할 수 있다.

이와 반대로, 다양한 형태의 반실재론은 성공적 이론이 그저 성공

---

4) J. P. Moreland, *Christianity and the Nature of Science* 4, 5장은 이 주제에 대해 여전히 적절하고 상당히 상세한 설명을 제공한다.

적일 뿐이며, 이론의 성공은 관찰이 불가능한 실체의 존재론(실재)에 대해서는 아무 의미가 없다고 주장한다. 그러므로 전자 이론이 아무리 성공적이라 해도, 이것이 전자가 실제로 존재한다는 의미는 아니다.[5]

반실재론자들은 그들의 견해에 대한 증거로, 과학 역사에서 오랫동안 성공적이었지만 지금은 거짓으로 믿고 있는 몇몇 이론을 든다. 또 과학적 실재론자들이 지금은 참인 것으로 믿고 있지만, 불행히도 오랜 기간 동안 경쟁적인 이론에 비해 매우 비성공적이었던 이론들도 제시한다. 다시 말해, "성공적"이라는 말은 그 이론의 존재론적 의미를 믿기 위한 필요충분조건이 되지 못한다.

그렇지만 어떤 이론이 실재의 일부 측면을 파악한 것도 아닌데 어떻게 성공적이라고 할 수 있는가? 반실재론자들은 과학 이론의 성공은 그냥 과학자들이 행하는 것이라고 말한다. 그들은 이론을 계속 수정하고 만져서, 결국 관찰과 일치하게 하여 바른 예측이 되게 한다.

지금 내가 말하려는 내용에 있어서는 실재론자이든 비실재론자이든 상관이 없다. 그 내용이란 (1) 실재론자와 비실재론자 사이에 이러한 논쟁이 있다. (2) 양측에는 지적인 옹호자들이 있다. (3) 어떤 사람이 실재론을 선호한다 해도, 정교하고 치밀한 형태의 반실재론이 있다는 사실만으로도 실재론자가 그 객체(예로, 전자)의 실존에 대한 자신의 확신을 약화시켜야 할 조건이 된다는 점을 보통 사람들은 알아야

---

[5] 이 주제에 대한 최신의 다소 전문적인 논의는 Bastiaan C. van Fraassen, "Naturalism in Epistemology," in *Scientism: The New Orthodoxy*, ed. Richard M. Williams and Daniel N. Robinson (London: Bloomsbury, 2015), 63-95를 보라.

한다는 것이다.

이 두 가지 이유((1) 과학에서 이론의 폐기와 대치와 변경의 역사 (2) 강력한 형태의 반실재론의 존재) 때문에 과학의 실재 주장은 종종(비록 항상 그렇지는 않지만) 대중과, 특히 과학주의자들이 생각하는 것보다 훨씬 덜 확실하다.

반대로, 하나님의 존재에 대한 주장과 일부 윤리적인 주장은 실제로 강력하다. 그러므로 과학주의자들의 주장에도 불구하고, 하나님에 대한 믿음과 일부 윤리적 주장에 대한 우리의 정당하고 이성적인 증거가 과학의 주장들보다 더 낫다고 생각하는 것은 어리석지 않다.

결론

이제까지 살펴본 것을 요약하겠다.

첫째, 논리와 수학의 법칙은 과학의 주장들보다 더 합리적인 정확성이 있다. 그것은 전자는 '아 프리오리', 즉 필연적 진리인 반면에, 후자는 '아 포스테리오리', 즉 불확정적 진리이기 때문이다.

둘째, 미래에 어떠한 신경학적 진보와 기술이 만들어지든, 우리의 의식 상태에 대한 지식의 인식론적 권위는 자연과 과학의 법칙에 대해 가질 수 있는 권위보다 우월하다.

셋째, 자명한 도덕적 주장은 전자와 같은 것의 존재에 대한 주장보다 인식론적 중량이 크다. 이런 점들은 개별적으로, 또한 특히 집합적으로 과학주의의 주장이 거짓에 불과함을 보여준다.

8장

과학의 한계:
사례 연구

인간의 의식에 대한 연구는 자연 과학이 자신이 속하지 않은 다른 분야에 침투했을 때, 어떤 일이 일어나는지를 보여주는 좋은 예이다.

의식(그리고 자아)의 본질을 연구하는 데 적합한 학문 분야는 성경 연구, 신학, 심리 철학이다. 의식의 기원 문제는 현재 폭풍의 중심에 있지만, 의식의 본질은 실제로 매우 상식적이다. 먼저 이 주제를 간단히 살핀 후에 과학주의가 이를 어떻게 왜곡하는지 보도록 하겠다.

의식이란 무엇인가

당신이 수술을 막 마치고 회복실에 있다고 가정해 보자. 당신은 아직 깊은 마취 상태에 있다. 갑자기 희미하게 소리가 들린다. 머잖아 당신은 두 가지 다른 목소리를 분별할 수 있게 된다. 발목에서 흐릿한 통증이 느껴지기 시작한다. 알코올을 문지르는 냄새가 코에 스친다. 그 냄새를 맡으면서 어렸을 때 당했던 사고를 기억하게 된다. 역겨운 느낌이 든다. 갈증이 느껴져 물을 마시고 싶어진다. 눈을 뜨고 하얀 천장을 보면서 퇴원에 대해 생각하기 시작한다. 무슨 일이 일어나고 있는가? 대답은 간단하다. 당신은 지금 의식을 회복하고 있는 것이다.

이 예에서 두 가지를 살펴보자.

첫째, 물리적 객체에 대한 묘사(상태, 과정, 성질, 관계 등)는 상식적인 언어(견고하다, 크다, 문 가까이 있다, 쉬다 등)나 자연 과학의 언어(음전하를 가진다, 질량을 가진다, 신경이다, 시냅스다, 칼슘 이온이다 등)를 사용해서 전적으로 제3자의 관점으로 전달된다. 반면에, 의식 상태에 대한 묘사는 당사자의 관점에서 접근할 것을 요구하며, 이 상태의 본질은 물리적인 언어를 사용하여 설명할 수 없다. 의식이 무엇이며, 의식의 여러 상태가 어떤 것인지 어떻게 아는가? 그런 상태를 가져 봄으로써(즉, 고통을 겪어 봄으로써), 그리고 당사자 내성, 즉 자기 관찰로 그것을 살펴봄으로써 안다.

물리적인 객체는 모든 사람이 공적으로 동등하게 접근할 수 있다. 그래서 제3자적인 묘사를 사용해서 그런 것의 본질을 설명해야 한다. 그러나 의식의 상태는 사적이기 때문에, 그 상태를 가진 사람만 직접적이고 사적으로 접근할 수 있다.

둘째, 의식의 상태는 특정한 예를 들거나 인용함으로써 잘 설명할 수 있다. "의식이란 당신이 당사자 내성으로 참여하고 있을 때 당신이 아는 것이다"라는 말은 의식의 특징을 아주 잘 설명한다. 이 두 가지 관찰은 정확히 의식에 대한 이원론적 접근법이 예측하는 것이다(이원론자들은 영혼이 신체와 뇌와는 달리 비물질적인 것이라고 믿는다).

의식의 상태에는 최소한 다섯 가지가 있다.

감각은 인식 또는 감지 상태로, 소리나 고통을 인식하는 것이다.

일부 감각은 우리 밖에 있는 것(나무나 빨간색 등)에 대한 경험이다. 그 외의 감각은 우리 내면의 상태(고통 등)에 대한 인식이다. 감정은 감각의 일부로서 사물에 대한 인식의 형식이다. 즉, 나는 분노함으로써 어떤 것을 인식할 수 있다.

생각은 온전한 문장으로 표현할 수 있는 정신적이고 의미적인 내용이다. "비가 온다"는 의미의 독일어와 영어 표현은 동일한 생각 또는 의미적·명제적 내용을 표현하는 전혀 다른 문장이다. 어떤 생각은 다른 생각을 논리적으로 시사한다.

예를 들어, "모든 개는 포유류이다"라는 진술은 "이 개는 포유류이다"를 의미한다. 전자가 참이면 후자는 반드시 참이다. 어떤 생각은 또 다른 생각을 의미하지 않고 그에 대한 증거만 제시한다. 예를 들어, 법정에서 증거에 대한 어떤 생각은 그 사람이 유죄라는 생각에 대한 근거를 제공한다. 생각은 참 또는 거짓, 합리적 또는 비합리적일 수 있는 종류의 것이다.

신념은 개인의 견해로서, 어떤 것의 상태가 실제로 어떠한지에 대한 의미적인 내용(예로, 비가 온다.)으로 구성되며, 다양한 수준의 강도로 받아들여진다.

욕구는 어떤 것을 하거나 가지거나 경험하거나 회피하고 싶다고 느끼는 의향이다.

의지 행위는 보통 어떤 목적을 위한 선택, 힘의 행사, 행하려는 노력이다.

다섯 가지 종류의 의식 상태

감각	인식 또는 감응의 상태
생각	명제로 표현할 수 있는 정신적이고 의미적인 내용
신념	어떤 것의 실제 상태에 대한 개인의 견해(다양한 수준의 강도로 받아들여진다)
욕구	어떤 것을 하거나 가지거나 경험하거나 회피하고 싶다고 느끼는 의향
의지 행위	보통 어떤 목적을 위한 선택, 힘의 행사, 행하려는 노력

속성 이원론과 의식의 비물질적 본성에 대한 설명

고통을 겪거나 생각을 하는 속성과 그것들로 구성된 상태 혹은 사건(특정한 고통이나 생각하는 사건)의 속성은 진정으로 정신적인 것인가 아니면 물리적인 것인가? 이들의 진정한 본질은 무엇인가? 속성 이원론은 의식의 속성과 사건이 정신적이지 물리적이 아니라는 견해다.

이야기를 전개하기에 앞서, 동일률(同一律, the Law of Identity)을 살펴보자.

만일 x가 y와 동일하다면(같은 것이라면),
x에 대해 참인 것은 y에 대해서도 참이며,
y에 대해 참인 것은 x에 대해서도 참이다.

다음의 짝을 보자.

X	Y
베리 코리는	2018년 바이올라 대학교의 총장이다.
하늘색은	내 아내가 좋아하는 색이다.
정오에 난로에 액체를 데우는 일은	나의 손녀가 정오에 차를 끓이는 사건이다.

두 단 중 어느 한쪽 단에 참인 것은 다른 단에도 참이다. 그 이유는 두 가지가 아니라 한 가지를 제시한 것으로, 그 한 가지를 언급하기 위해 두 가지의 다른 단어 또는 어구를 사용하고 있기 때문이다. 만일 x단에서 한 가지가 참이거나 참일 가능성이 있는데 y단에서는 참이 아니거나 참이 아닐 가능성이 있다면, 이 둘은 동일한 것이 아니다. 비록 둘 중 하나는 다른 하나를 의지하여 기능한다 해도 그렇다.

특정한 의식의 상태는 무엇인가?
그것의 속성은 어떤 것인가?

라고 묻는 것과

특정한 의식 상태의 원인은 무엇인가?

그 사람의 삶과 행위에서 그 상태가 이루어지기 위해서는 어떤 일이 있어야 하는가?

라고 묻는 것은 전혀 별개이다.

앞으로 살펴보겠지만, 신경 과학은 앞의 두 질문에 대해서는 제대로 답하지 못하지만, 뒤의 두 질문에 답하는 데는 매우 유익하다.

심리 상태가 물리적인 것이 아닌 다섯 가지 이유

속성 이원론자들은 심리 상태가 물리적인 상태가 아님을 나타내는 다섯 가지 특징을 가졌기 때문에 전혀 물리적인 것이 아니라고 주장한다.

(1) 고통, 욕구, 생각과 같은 심리 상태를 가지기 위해서는 "이런 것 같다"는 원초적이며 질적인 감정이 있다. 그러나 질량이나 음전하 혹은 전자가 되는 것은 "이런 것 같다"는 느낌이 없다.

(2) 적어도 많은 정신 상태는 어떤 대상을 향해 의도성('…의' 또는 '…에 대한')을 가진다. 즉, 감각은 램프에 대한 감각이고, 신념은 런던에 대한 신념이며, 욕구는 아이스크림을 향한 욕구이다. 그러나 함께 자극받는 한 집단의 신경 같은 뇌의 상태는 자극을 받음으로써 그저 발생할 뿐이다. 여기에는 의도성이 없다. 그냥 일어날 뿐이다.

(3) 심리 상태는 그것을 가진 주체에 대해 내적이고 사적이며 직접적이다. 의식 주체는 (내성을 통해) 자신의 심리 상태를 아는 방법을 가지고 있다. 다른 사람은 그럴 수 없다. 그래서 이 상태에 대해 합리적인 권위를 가진다.

그러나 물리적인 객체(즉, 뇌)나 물리적 객체의 물리적인 상태(즉, 뇌의 특정 자극 방식)는 그렇지 않다. 이것은 내적(공간적인 면 외에는)이거나 사적(뇌 전문 의사는 당신의 뇌의 상태에 대해 알 수 있을 뿐이다)인 것이 아니며, 그 주체는 자신의 뇌 상태에 대해 합리적인 권위를 가지고 있지 않다 (그러나 과학자는 의식 주체보다 더 많이 알 수도 있다).

(4) 심리 상태는 주관적인 존재를 요구한다(즉, 필연적으로 심리 상태는 그 심리 상태를 가진 당사자 감응 주체의 소유가 된다). 생각하는 사람이 없는 생각은 있을 수 없다. 그러나 물리적인 상태(예로, 뇌의 상태)는 이런 의미의 소유주가 없다. 예를 들어, 하나님이 전혀 의식이 없는 좀비들을 그 소유주도 없고 의식도 없이 만드신 것을 쉽게 생각해 볼 수 있다. 그러나 그들의 뇌는 정확히 우리의 뇌와 똑같이 작용한다. 이것은 우리의 뇌 안에서 늘 진행되는 정신 상태가 자기 혹은 자아에게 소속된 이런 상태 없이 일어날 수 있다는 증거가 된다. 이런 뇌 상태는 좀비 세계에서 전혀 의식이 없이 일어날 수 있다. 일반적으로, 어떤 것이 일관성이 있다고 생각된다면(예로, 우리는 이런 일이 모순 없이 일어난다고 생각할 수 있다), 이것은 우리가 가능하다고 생각하는 것이 실제로 가능하다는 좋은 증거다.

내 견해에는, 논리적으로 일관성이 있는 가능성(coherent conceivability)은 어떤 것이 가능하다는 최고의 증거다. 그러나 뇌의 상태는 반드시 그 소유주를 가지지 않을 수도 있다고 주장할 증거가 있으며(나는 실제로 그런 일이 한 주체 안에서 일어날 수 있으리라고 생각하지는 않는다), 또 뇌의 상태는 의식 상태와 상관없이 일어날 수 있다. 그러나 심리 상태는 필연적으로 그것을 가진 소유주 혹은 자아를 가진다. 어떤 것이 물리적 상태에 대해서는 참이 아니지만 심리 상태에 대해서는 참이라면, 이것들은 동일한 것이 아니다.

(5) 심리 상태는 물리적 상태를 특징짓는 중요한 특징(즉, 신경의 상태와 같은 공간적 크기와 위치 그리고 부분들로 구성된 구조적 속성)이 없으며, 또 일반적으로 심리 상태는 물리적인 언어를 사용해서 설명할 수 없다. 어떤 사람이 점심 식사에 대해 생각할 경우, 지리적인 속성(크기, 형태 혹은 공간적인 위치)을 전혀 가지지 않는다. 고통은 상처에 대한 단순한 질적 느낌이다.

이것은 뇌의 속성이 뇌와 연결되어 있는 C-신경 섬유의 반응인 것처럼, 우뇌에서 작동하는 수백만 개의 뉴런에서 만들어지는 구조적인 속성이 아니다.

신경 과학의 침입

심리 또는 의식 상태와 심리의 속성에 대해 우리가 아는 이 다섯 가지는 신경 과학과는 전혀 무관하다는 사실을 깊이 주의해야 한다. 사람들은 이것들을 오랫동안 알고 있었고, 또 이것들은 실증적인 검사나 측정을 통해서가 아니라 간단한 내성을 통해서 안다. 성경적, 신학적, 철학적 성찰과 결합된 간단한 내성은 심리적 속성과 심리 혹은 의식 상태의 비물리적 속성에 관한 사실을 아는 데 가장 합리적이며 가장 좋은 방법이다.

그러나 내 생각에는, 심리와 상식적인 성찰의 철학에 신경 과학이 침입하여 심리의 상태와 속성을 물리적 상태와 속성으로 바꾸어 버림으로써, 이들에 대한 우리의 관점의 본질을 왜곡시켜 놓았다.

철학적 행동주의는 과학주의에 자극을 받아서 의식 상태를 몸의 움직임과 동일시했다. 이것이 어처구니없는 관점인 이유는, 무엇보다도 고통은 우리 안에 있으며 몸의 움직임에 원인을 제공하기 때문이다. 고통은 몸의 움직임 자체가 아니다. 그런데도 행동주의자들은 고통을 겪는 것이 얼굴을 찡그리며 "악!" 하고 소리치는 몸의 움직임과 동일하다고 본다.

예를 하나 더 들어 보자. 유형 동일론(심신 동일론)에서는 심리적 속성(고통을 겪는 것 등)이 물리적 속성(C-신경 섬유가 반응하는 것)과 동일하다고 본다.

그러나 이것도 어처구니가 없다. 고통은 당사자 내성을 통해서만 알 수 있는 단순한 질이다. C-신경 섬유의 반응은 뉴런이라고 불리는 수십억 개의 세포들로 이루어진 구조적이고 양적인 속성으로, 특정 장소와 시간, 즉 시냅스라 불리는 부위에서 일어나는 전기 스파크이다.

또 고통이 C-신경 섬유의 반응과 동일한 것이라면, 인간과 같은

C-신경 섬유의 반응이 없는 유기체는 고통을 경험할 수 없게 된다. 그러나 하나님이 만드실 수 있었지만(예로, 탄소계가 아니라 실리콘계여서 C-신경 섬유 반응을 할 수 없으며, 따라서 고통을 겪을 수 없는 생명체), 만들지 않은 생명체들(예로, 화성인)도 그런 C-신경 섬유의 반응 없이도 고통을 경험할 수 있다.

오늘날 가장 대중적인 물리주의 이론은 기능주의(functionalism)로, 여기서는 의식이란 뇌(또는 영혼)가 가지는 것이라기보다는 뇌가 행동하는 것이라고 말한다. 고통을 생각해 보자. 내 견해로는, 고통의 본질은 상처받는 느낌이 일어나는 것이다. 고통이 우리의 삶에서 하는 역할은 핀에 찔리거나 책상에 무릎을 부딪힌 것에 기인하고, "악!" 하고 소리를 지르거나 무릎을 문지르며 위로를 바라도록 원인을 제공하는 것이다.

그런데, 고통이란 것(상처에 대한 느낌)은 고통이 하는 일이나 고통의 원인과는 다르다. 그리고 전자는 후자보다 훨씬 더 고통의 정체성에 중요하다. 그러나 기능주의자들은 만약 어떤 사람이 핀에 찔려서 "악!" 하고 소리치며 위로를 바라고 있다면, 고통이 있을 때 그 사람이 경험하는 것은(심지어 그가 전혀 경험이 없다 하더라도) 그가 고통 가운데 있는 것과는 상관이 없다고 주장한다.

고통과 같은 심리 상태에 대한 상식적 이원론자의 관점은 이런 상태의 핵심적인 본질이 심리 상태의 내재적 속성(예로, 상처를 주는 것)이라는 것이다. 심리 상태는 비물질적이다. 그러나 기능주의자의 관점은 고통과 같은 심리 상태의 내재적 속성을 무시하고, 그 핵심적인 본질이 신체적 투입의 복합체(예로, 핀에 찔리는 것이나 손가락을 베이는 것), 이것들이 원인을 제공하는 뇌의 상태(예로, 특정한 신경의 반응), 이런 뇌의 상태가 원인을 제공하는 산출(예로, 위로받고 싶은 욕구나 "악" 하고 소리치는 것)이라고 주장한다.

어떤 사람이 아이스크림을 먹는 즐거운 상태에서 핀에 찔렸다고 해보자. 그러면 이것은 위로받고 싶은 욕구와 "악"하는 외침과 함께 얼굴을 찡그리도록 할 것이다. 이원론자는 이 사람이 아이스크림을 먹는 즐거운 정신 상태에 있지만, 그 상태의 투입 및 산출과 이상하게 연결되어 있다고 말할 것이다. 반면에 기능주의자는 (아이스크림 맛을 보는) 그 상태가 어떤지는 완전히 무시하고 그 사람은 고통의 상태에 있다고 말할 것이다. 그 사람이 고통의 역할(예로, 핀에 찔리고, 위로받기 원하고, "악" 하고 외치며 얼굴을 찡그리는 것)을 보여주었기 때문이라는 것이다.

실로, 기능주의자의 관점은 의식을 인식 이상으로 왜곡시켰다. 의식은 우리가 경험하는 일련의 내적 상태이다. 의식 상태에는 "어떤 것과 같다"라는 것이 있다. 의식 상태는 신체적인 투입에 의해 원인을 제공받을 수도 있지만, 의식이란 의식이 하는 일과는 다르다. 그러나 기능주의를 주장하는 물리주의자들은 의식을 뇌가 하는 일과 동일시하기 원했다. 그러면 의식이 물리적인 것이 되어 뇌가 원인이 되는 신체의 움직임(예로, 무릎을 문지르며 "악" 하고 소리치는 것)을 측정할 수 있기 때문이다.

이렇게 해서 기능주의는 철학적 행동주의와 유형 동일론과 마찬가지로 의식의 본질을 심각하게 왜곡시켰다. 이것은 의식을 물리적으로 만들거나, 이것이 존재하기 위해서는 반드시 뇌의 기능에 의존해야 한다고 시사한다. 무엇보다도 이것은 사후에 몸이 없는 삶을 배제한다. 이것은 많은 물리주의자들이 제거하기 원하는 것이기도 하다. 그러나 임사 체험 과학은 의식하는 자아가 뇌의 기능에 의지하지 않는다는 사실을 합리적인 의심이 불가능할 정도로 보여주고 있다. 즉 의식은 죽은 후에도 살아 있으며, 천국이나 지옥을 체험할 수도 있다는 것이다.[1]

그러므로 의식 상태는 물리적인 상태가 아니므로 신경 과학은 이런 본질을 발견하는 데 부적합하다. 반대로, 신경 과학은 어떤 뇌의 상태가 어떤 의식 상태의 원인이 되는지(또는 그 역)를 밝히는 데는 적합하다. 만일 의식 상태가 뇌와 어떻게 연관되고 의존하는지(그리고 일부 뇌 상태는 의식 상태에 의해 좌우된다. 예를 들어, 당신이 생각의 습관을 바꾸면 당신의 뇌 고랑도 바뀔 것이다.)[2] 알기 원한다면, 뇌 과학이 중요하며 큰 도움이 될 것이다. 그러나 심리 상태 자체를 발견하는 데는 거의 혹은

---

[1] 임사 체험의 실재에 대한 탁월한 변증은 다음 글을 참고하라. Paul Perry, *Evidence of the Afterlife*, (New York: HarperOne, 2010); Long and Perry, *God and the Afterlife* (New York: HarperCollins, 2016); J. Steve Miller, *Near-Death Experiences as Evidence for the Existence of God and Heaven* (Acworth, GA: Wisdom Creek, 2012); John Burke, *Imagine Heaven* (Grand Rapids, MI: Baker, 2015). 필자는 임사 체험을 바탕으로 신학적으로 믿어야야 하는 것이 무엇인지에 대한 해석 전체를 받아들이지는 않지만, 비록 사람들이 이전부터 가지고 있던 왜곡된 신념들 때문에 임사 체험 때의 경험과 그 의미를 보고한다 해도 이 사건들은 실제적인 것으로 보인다. 또한 버크가 지적하는 것처럼, 임사 체험 때의 '생애 회고'는 성경의 두 심판(그리스도의 심판과 백 보좌 심판)이 아니며, 따라서 생애 회고는 이런 심판 이전에 있는 것이다. 어쩌면 이는 하나님이 임사 체험을 하는 사람들에게 사랑과 자비하심을 보여주는 것일 수 있다. 그러나 흥미롭게도 지옥을 경험하는 임사 체험도 있어서, 이것은 하나님이 심판하시는 분도 되심을 보여준다.

[2] Jeffrey Schwartz, *The Mind and the Brain* (New York: HarperCollins, 2002)를 보라.

전혀 도움이 되지 않을 것이다.

약한 과학주의에 영향을 받아 온 사람들은 이에 동의하지 않고, 이 원론은 가능할 수 있겠지만 신경 과학의 증거가 이를 전혀 가능성 없게 만든다고 생각할 것이다. 한 가지 예를 들겠다.

기독교 신학자 낸시 머피(Nancey Murphy)는 물리주의는 원론적으로 철학적인 주제가 아니라 과학적인 주제라고, 즉 물리주의가 과학 행위를 위한 지침 원리가 되어야 하며, 신체적인 투입이 물리적인 상태의 원인이 되고 또 물리적인 상태는 신체적인 산출의 원인이 될 것을 기대해야 한다고 주장한다.

그녀는 이에 대한 증거가 "생물학, 신경 과학, 인지 과학이 한때 영혼에 의존하는 것으로 여겨지던 특정한 능력이 물리적인 과정에 의존하고 있음을 설명한다"[3]라는 사실에 있다고 했다. 머피는 분명 이원론이 거짓이라고 증명할 수 없음을 인정한다(이원론자들은 언제나 영혼과 뇌 혹은 몸 사이의 관계 혹은 기능적 관계에 호소할 수 있다).

그러나 머피는 과학의 진보가 이원론을 입증이 어려운 관점으로 만든다고 믿는다. 머피에 의하면, "과학은 우리가 생명과 의식을 설명하기 위해 영혼이나 정신과 같은 것의 존재를 가정할 필요가 없음을 보여주는 증거들을 대량으로 제공했다."[4]

내가 보기에 이 반론에는 두 가지 잘못이 있다. 첫째, 사람들은 자

---

3) Nancey Murphy, "Human Nature: Historical, Scientific, and Religious Issues," in *Whatever Happened to the Soul?* ed. Warren S. Brown, Nancey Murphy, and H. Newton Malony (Minneapolis: Fortress, 1998), 17. 그녀의 강조점을 알려면 13, 27, 139-143을 보라.

4) 위의 책, 18.

신의 행위를 설명하기 위해 의식 상태를 전제하지 않는다(더 나은 [물리주의자의] 전제가 주어지면 거부될 수 있는 전제). 오히려 사람들은 자신의 의식 상태의 본질을 직접적으로 인식하고, 그들이 내성적으로 안 것을 다른 사람들에게 보고할 뿐이다.

나아가, 어떤 심리 상태가 뇌의 특정 부위에 의존한다면(그리고 다른 방향에도 의존한다는 증거가 있다), 이원론자는 이 의존을 일종의 일치 관계라기보다는 연관 관계 또는 인과 관계의 한 형태라고 설명할 수 있다. (그리고 육체 가운데 있을 때 의식 상태가 뇌의 상태에 의존하는 것은, 임사 체험 때와 같이 육체 가운데 있지 않을 때 뇌 없는 의식 상태의 가능성이나 실재에 대해서는 아무것도 입증하지 못한다.)

심리에 관한 핵심적인 문제(예로, 생각, 감정, 신념이란 무엇인가? 나의 자아와 동일한 것은 무엇인가?)는 기본적으로 상식적이고 철학적인 문제로서 과학의 발견과는 거의 상관이 없다. 과학은 뇌와 몸의 어떤 요인들이 일반적으로 심리 상태에 방해가 되거나 원인이 되는가에 대해 대답하는 데 도움이 되지만, 심리의 속성 혹은 상태의 본질에 대해서는 거의 침묵한다.

이를 더 살펴보기 위해 다음 사항을 생각해 보자. 우리는 어떤 유형의 신경 세포(거울 신경 세포)가 손상을 입으면, 그 사람은 다른 사람에 대해 공감할 수 없다는 사실을 발견했다. 이것을 어떻게 이해해야 할까?

이 질문에 답하기 위해서는, 먼저 '실증적으로 동등한 이론들'이라는 개념을 생각해야 한다. 만일 두 개 이상의 이론이 실증적으로 동등하다면, 이들은 모두 일치하는 것이며, 따라서 일단의 동일한 실증적 관찰에 불과하다. 그러므로 어떤 데이터를 사용하는 일은 한 이론을 다른 이론들보다 더 선호하기 때문에 이루어져서는 안 된다.

거울 신경 세포의 기능에 대한 발견에 관해서는 실증적으로 동등한 이론이 세 가지가 있다. 각각의 이론은 "공감이란 무엇인가?"에 대해 각기 다른 대답을 한다.

거울 신경 세포에 대해 실증적으로 동등한 세 가지 이론

엄격한 물리주의	공감은 물리적인 것과 동일하다(예로, 거울 신경 세포의 반응).
단순한 속성 이원론	공감은 뇌 안에서 이루어지는 환원 불가능한 의식 상태로, 거울 신경 세포의 반응에 의존한다.
실체 이원론	공감은 영혼 안에서 이루어지는 환원 불가능한 의식 상태로, (신체 가운데서) 거울 신경 세포의 반응에 의존한다.

이 세 가지 이론들 가운데서 어느 것이 옳은지를 보여주거나, 인식론적인 단순성이 돋보이게 하는 실증적인 데이터는 없다. 그러나 인식론적 단순성은 어느 것이 나은지를 결정하게 한다. 그래서 실체 이원론자들은 실체 이원론이 그 논거와 증거에 있어서 다른 두 개의 이론들보다 낫다고 주장한다.[5]

---

[5] 의식의 비물질적인 본성에 대한 좋은 자료를 보려면, J. P. Moreland, *The Soul: How We Know It's Real and Why It Matters* (Chicago: Moody, 2014)를 보라.

결론

신경 과학은 탁월한 도구이다. 그러므로 모든 진리가 하나님의 진리라고 인정하는 모든 그리스도인은 이를 흔쾌히 받아들여야 한다. 그러나 신경 과학은 자신이 할 수 있는 것은 무엇이며 그 한계는 무엇인지를 인식하고, 자기 고유의 영역에 머물러야 한다.

전체를 아우르는 이론처럼 행세해서 다른 지식의 영역(철학이나 신학 등)에 침입한다면, 그릇된 결과를 내 궁극적으로는 과학 자체의 본질을 훼손할 것이다. 또 한 번 우리는 어떻게 해서 과학주의가 진정한 지식을 왜곡하고 과학의 활동을 저해하는지에 대한 예를 보았다.

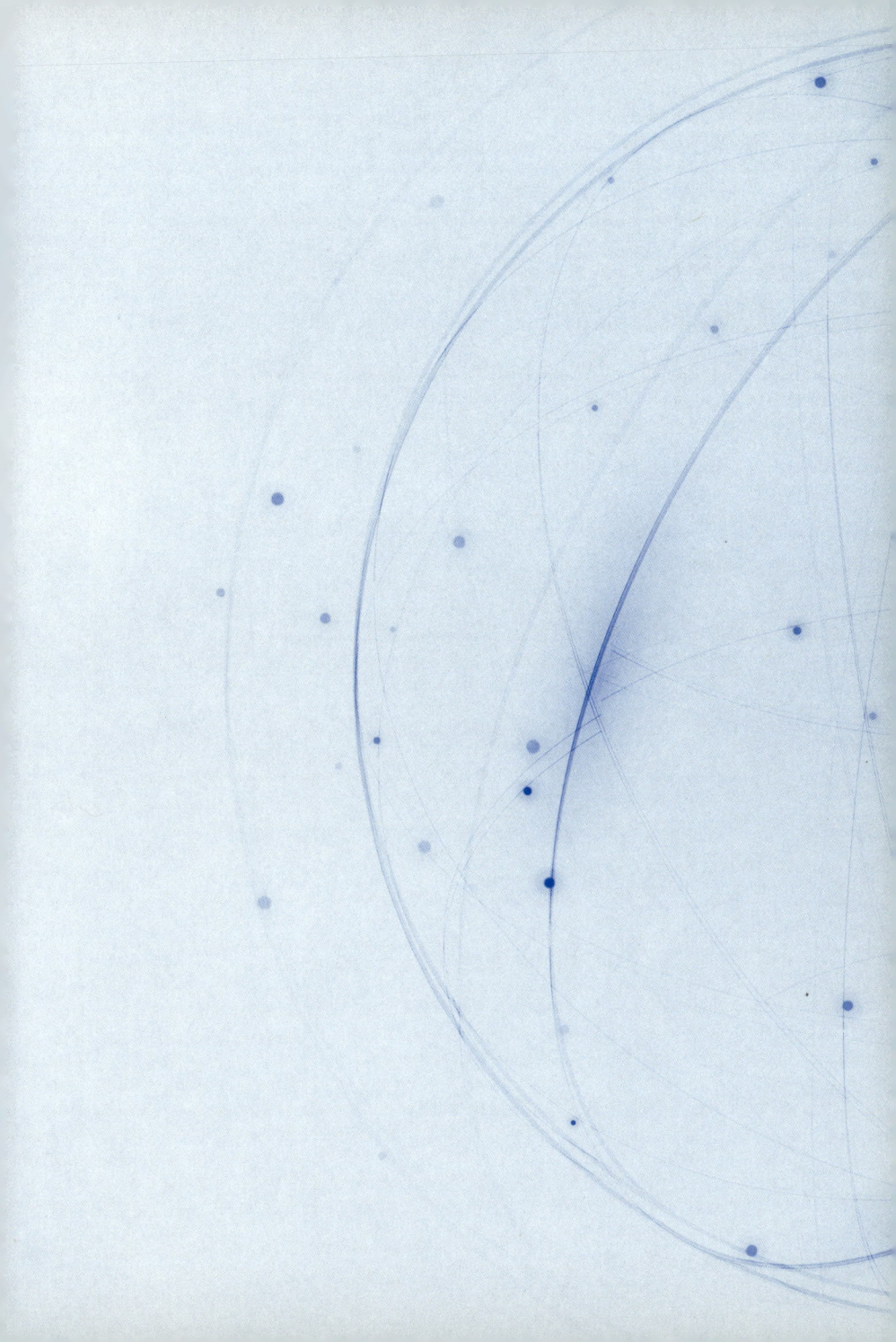

9장

과학주의와 제일 철학

페테르 파울 루벤스(Peter Paul Rubens)는 『자연, 철학, 과학에 대한 신앙의 승리』(The Triumph of Faith over Nature, Philosophy, and Science)라는 자신의 17세기 예술 작품에서, 널리 지지되고 있던 신앙과 이성관을 그리려고 시도했다. 그는 그림에서 종교를 천사가 끄는 마차의 개선 의자에 앉아 있는 사람으로 묘사했다. 마차의 옆과 뒤에는 다양한 인물들이 있다. 이 인물들 가운데는 과학과 철학을 나타내는 젊은 사람과 늙은 사람이 있다. 이 그림은 통합된 세계관 개념을 나타내는 것으로, 여기서는 신앙과 이성이 조화를 이루고, 신학은 학문(과학)의 여왕이며, 철학은 신학의 지혜롭고 나이 많으며 오래된 친구이다.

만일 현재의 상태를 묘사하는 그림을 그린다면, 죽어 가는 한 늙은이(신학)가 경기장에 들어오려고 애를 쓰고 있고, 한 건장한 러닝백(과학)은 공을 들고 있으며, 라인맨(철학)은 과학을 막아서고 있는 미식축구 경기를 생각해 볼 수 있을 것이다.

이런 관점의 변화는 기독교와 인간의 삶에 일반적으로 재앙과 같은 의미를 지닌다.[1]

---

[1] 이에 대해 자세히 알려면 J. P. Moreland, *The Kingdom Triangle* (Grand Rapids, MI: Zondervan, 2007)을 보라.

앞의 몇 장에서, 나는 이런 의미의 일부를 정리했다. 그리고 지금까지 강한/약한 과학주의를 비판해 왔다. 그러면서 실재에 대한 지식을 얻는 대안적 접근법에 대해 몇 가지 긍정적인 주장을 제시했다. 그러나 이번 장에서는 다시 과학주의로 돌아가 이 긍정적 접근법을 변증하고 설명하려고 한다.

프랑스 철학자요 역사 철학자인 에티엔 질송(Étienne Gilson)은 이 긍정적 접근법을 다음과 같이 멋지게 설명했다. "철학은 과학과 자연을 판단할 수 있는 유일한 합리적 지식이다. … 인간은 철학을 순수 과학으로 환원함으로써…자연을 판단할 권리를 박탈했다."[2]

이번 장에서는, 이 통찰을 바탕으로 성경 연구와 신학이 고전적인 제일 철학관과 힘을 합쳐야 한다고 주장할 것이다. 안타깝게도 오늘날에는 과학자도 신학자도 철학을 잘 알지 못한다. 그 결과, 그들의 견해와 결론은 종종 천박하고 미숙하다. 이 '제일 철학'을 회복하는 목적은 (1) 과학주의보다 더 넓고 깊은 실재관을 확보하고, (2) 과학주의와 과학 자체가 철학적, 신학적 요소를 무시함으로써 그릇된 결론을 내릴 때, 이에 대한 설득력 있는 비판을 제공하는 데 유리한 지적 위치를 확보하려는 것이다.

이제부터는 먼저 제일 철학을 정의하고 명백히 하고 변증할 것이며, 다음으로는 과학주의를 무너뜨리고 실재에 대한 대안적인 접근을 강조하는 제일 철학의 예들을 제시할 것이다.

---

2) Étienne Gilson, *The Unity of Philosophical Experience* (New York: Charles Scribner's Sons, 1937), 223.

제일 철학과 맞서는 전쟁

제일 철학이란 정확하게 무엇을 말하는가? 간단히 말해, (1) 철학의 고유 영역이고, (2) 과학과는 별개이고, 과학보다 더 기초적이고 근본적이며(즉, 과학은 제일 철학의 결과의 토대 위에 세워진다), (3) 실재에 대한 지식을 포함해 그 영역에서 연구되는 주제들에 대한 지식을 제공하는 합리적인 탐구 영역이 있다는 개념이다.

제일 철학이라는 사상은 플라톤 이래로 철학이라는 학문의 중심이 되어 왔다. 하지만 20세기 중반 과학주의의 등장과 함께(그리고 우리의 교육 체제 속에서 대중이 전반적으로 철학에 노출되지 않음으로써) 냉대를 당하게 되었다. 제일 철학의 옹호자인 철학자 조지 빌러(George Bealer)는 제일 철학을 다음의 두 논문으로 풀었다. 그는 첫째 논문을 "철학의 자주성"이라고 불렀다.

한두 가지 이론적인 수단을 이용하여 대답이 가능한 철학의 중심적 질문들 대부분은 원칙적으로 사실상 과학을 의지하지 않고 철학의 탐구와 논증을 통해 대답할 수 있다.

두 번째 논문은 "철학의 권위"라고 불렀다.

과학과 철학이 동일한 철학의 중심적 질문에 답하려고 할 때, 거의 모든 경우 과학이 그 대답에 대해 제공할 수 있는 근거는 철학이 그 대답에 대해 제시하는 근거만큼 강하지 못하다. 그러므로 갈등이 생겼을 때는 대부분의 경우 철학이 원칙적으로 더 낫다.[3]

다음의 표는 이 두 원리를 정리한 것이다.

철학의 자주성과 권위

철학의 자주성	완전히 과학의 역량 밖에 있는 철학적인 탐구 영역	• 추상적인 대상에 대해 논한다(예로, 시공간 밖에 존재하는 수나 상황 등이 있는가?). • 양상 논리학의 다양한 해석 • 공리주의 대 도덕 윤리의 상대적인 강점
철학의 권위	과학과 철학이 모두 탐구하는 영역 중에서 철학의 요인이 과학의 요인보다 더 무게가 있고 우월한 영역	• 시간의 본질 • 과학의 이론상 관찰이 불가능한 실체는 존재하는가 아니면 단순히 유용한 허구인가 하는 질문

제일 철학과 철학의 자주성 및 권위에 관한 논문을 간단히 살펴보면, 질송이 왜 철학을 "과학과 자연을 판단할 수 있는 유일한 합리적 지식"이라고 했는지 이해할 것이다.

제일 철학을 버렸을 때 일어난 일

제일 철학을 과학으로 대치한 일(다시 말해, 과학주의의 출현)은 서구의

---

3) George Bealer, "On the Possibility of Philosophical Knowledge," in *Philosophical Perspectives 10: Metaphysics*, 1996, ed. James E. Tomberlin (Cambridge, MA: Blackwell, 1996), 1.

기본적인 세계관을 근본적으로 바꾸어서, 기독교 유신론이 자연주의 유물론으로 바뀌었다. 과학주의의 옹호자 퍼트리샤 처치랜드(Patricia Churchland)는 이를 제대로 설명한다. "'제일 철학은 없다'는 이해의 발꿈치를 자연주의가 바짝 뒤따랐다."[4]

만일 철학이 실재를 아는 독립적이고 근본적인 방법이 아니라면, 처치랜드에게는 그런 지식을 알 수 있는 방법이 자연 과학 외에는 없었다. 그래서 제일 철학의 폐기에 뒤이어 곧장 과학주의가 따라왔다. 그리고 자연 과학이 실재에 대한 자신의 주장에 기여하거나 수정할 수 있는 다른 영역을 가지고 있지 않기에, 과학주의는 자연주의(자연 세계가 모든 것이다)뿐만 아니라 '엄격한 물리주의'라고 불리는 특정한 형태의 자연주의(실재는 물리학과 화학으로 완전히 설명되므로 모든 것이 물리적이다)를 정당화한다.[5]

제일 철학을 버린 일은 서구의 주요 세계관을 변화시켰지만, 그 외에도 철학이 무엇인가에 대한 철학자들의 철학 개념에 많은 (아마도 가장 많은) 변화를 가져왔다. 2,500년 동안 철학자들은 실재, 지식, 가치 등에 대한 지식과 진리를 제공해 왔다는 것은 주지의 사실이다. 그러나 이제는 그러지 못하게 된 것이다. 현재의 주도적인 견해는, 오직

---

4) Patricia Churchland, *Neurophilosophy: Toward a Unified Science of the Mind/Brain* (Cambridge, MA: MIT Press, 1986), 277.
5) 일부 자연주의자들은 그들의 견해가 다만 존재하는 모든 것이 물리적이거나 물리적인 것에서 나오거나 물리적인 것에 전적으로 의존함을 의미할 뿐이라고 주장한다. 나는 이 견해('창발론' [emergentism]이라고 함)를 다음 글에서 비판했다. J. P. Moreland, "Why Top-Down Causation Does Not Provide Adequate Support for Mental Causation," in *Neuroscience and the Soul*, ed. Thomas M. Crisp, Steven Porter, and Gregg A. Ten Elshof (Grand Rapids, MI: Eerdmans, 2016), 51-73.

과학만이 실재에 대한 지식을 준다는 것이다. 철학이 아닌 것이다. 그러면 철학은 어떤 일을 하는가?

과학주의 옹호자 데이비드 파피뇨(David Papineau)에 의하면, "철학의 임무는 우리(과학)가 실증 세계를 설명하기 위해 사용하는 가정 전체에 일관성과 질서를 제공하는 일이다."[6] 달리 말하자면, 철학은 실재를 연구하지 않는다. 다만, 과학의 가정들을 연구하여 과학자들이 그 가정들이 서로 잘 조화되고 질서를 갖게 하는 데 도움을 주는 것이다.

자연주의 과학 철학자 롬 해레는 같은 맥락에서 형이상학에 대해 구체적으로 이렇게 말한다. "현대의 형이상학은 과학과 일상생활에 사용되는 대부분의 개념들을 탐구한다. … 현대의 형이상학은 개념에 대한 엄밀한 연구를 통해 사상의 명확성을 추구한다."[7] 해레는 철학 행위의 주목적이 과학의 개념임을 분명히 하고 있는 것이다. 그러므로 철학은 실재를 연구하지 않는다. 실재에 대해 말하는 법, 또는 실재에 대해 생각할 때 사용하는 개념들, 특히 과학의 대화와 개념들을 연구한다.

제일 철학을 과학주의로 대치한 일이 서구의 세계관 및 철학의 목적에 대한 생각에 미친 영향의 심각성을 바로 알기 위해, 다음에 나오는 상식적인 신념들을 살펴보자. 철학자 대니얼 스톨잘(Daniel Stoljar)은 이 신념들이 과학주의에서 발견되는 물리주의 세계관과 불일치

---

[6] David Papineau, *Philosophical Naturalism* (Oxford: Blackwell, 1993), 3.

[7] Rom Harre, *The Philosophies of Science*, 2nd ed. (Oxford: Oxford University Press, 1985), 8–9.

하거나 상충된다고 제대로 주장한다.[8]

물리주의와 일치하지 않는 상식적인 신념들

상식적인 신념들	물리주의와 일치하지 않는 이유
"사람들은 사물을 지각하고 다양한 종류의 신체 감각(맛, 가려움, 경련 등)을 가진다."	이런 것들은 물리적인 것으로 환원될 수 없다.
"사람들은 세상에 대해 그리고 서로에 대해 말하고 생각한다."	이런 행위는 의미론적 의미, 지향성(생각이나 말의 대상의 주체성과 객체성), 목표/목적(누구에게 무엇을 위해 말하는가 하는 것)을 요구하며, 따라서 이런 것들은 물리적인 것으로 환원될 수 없다.
"적어도 일부 단어들은 의미를 가진다."	의미론적 의미나 명제적 내용은 물리적인 것이 아니다.
"사람들의 몸을 비롯한 물리적인 객체는 일반적으로 색, 질감, 맛이 있으며 소리와 냄새를 낸다."	소위 2차적 성질(색, 냄새, 맛, 소리, 질감 등)은 빛의 파장과 같이 색, 향, 맛, 소리, 질감 등이 없는 물리적인 것으로 환원될 수 없다.
"사람들의 생각과 행동에는 이유가 있으며…그 이유들은 도덕을 포함한 규범적 고찰 대상이 될 수 있다."	물리주의자들은 "이성은 물리적인 것이 아니다", "이성이 아니라 뇌의 상태가 몸을 움직이게 한다", "완전한 물리 세계에는 진정한 규범성이 존재하지 않는다"라고 주장한다.
"수학적인 혹은 논리적인 진리가 있으며(5+7=12와 같은)…사람들은 이런 수학적, 논리적 진리를 알 수 있다."	만일 그런 수학적, 논리적 명제가 참이라면 물리적이 아니며, 시공간 속에 존재하지 않는 수와 논리의 법칙이 존재할 가능성이 있다. 그리고 지성은 이를 파악할 수 있다.

---

[8] Daniel Stoljar, *Physicalism*, New Problems in Philosophy (New York: Routledge, 2010), 14. 왼쪽 칸의 글은 스톨자가 쓴 것이고 오른쪽 칸의 글은 필자가 쓴 것이다.

과학주의자들은 이처럼 우리가 분명히 알고 있는 것들을 다소 황당할 정도로 거부한다. 그런데 과학주의가 어떻게 철학의 목적을 바꾸었을까? 여기서도 스톨잘의 말은 정확히 맞다. 첫째, 그는 자신이 "표준 그림"이라고 부르는 것의 일부, 즉 위의 표에서 원편에 있는 것들로 나타나는 상식적 세계관을 말한다. 둘째, 많은 철학자들에게 있어서 그들의 임무는 자연 과학에 의해 인증된 물리주의적 세계관으로 이 상식적인 견해를 환원하거나 대치하는 것이라고 바르게 지적한다.[9]

물리주의적 세계관

물리주의는 참이다.	기초적 논제
물리주의는 자연 과학에 암시된 세계의 그림을 요약한다.	해석적 논제
자연 과학에 암시된 세계의 그림은, 그것이 어떠하든지 간에 믿는 것이 매우 합리적이다.	인식론적 논제
물리주의는 언뜻 보기에, 일상생활의 많은 전제들과 충돌한다.	갈등 논제
이런 갈등을 해결하는 방법은 일상생활의 전제들을 해석하는 관점(수정 혹은 거부)을 제시해서 물리주의와 양립하게 하는 것이다.	해결 논제

이 책에서 지금까지 살펴본 대로, (앞으로도 보게 되겠지만) 철학의 목

---

9) Stoljar, *Physicalism*, 26.

적이 철저한 물리 세계에 있을 수 없는 것들을 환원하거나 제거하는 것이라는 사상은 재앙이다.

무엇보다도 이것은 앞의 표에서 스톨잘이 말한 상식적 세계관이 거부될 것임을 시사한다. 그러므로 이것은 과학주의를 견지하기 위해 치러야 하는 엄청난 대가이다.

제일 철학이 거부당한 이유

우선 제일 철학을 거부하는 이유는 무엇인가? 과학을 감사하게 여기면서도 실재에 대한 지식을 알려주는 또 다른 방법이 있음을 기쁘게 인정하면서, 철학이 근본적이라고 주장하면 안 되는가?

내가 이런 의문에 관한 문헌을 조사한 결과에 의하면, 제일 철학을 반대하는 대부분의 '논증들'은 과학주의의 논점 절취적 가정(question begging assumption)에서 출발한다. 예를 들어 파피노에 따르면, 우리가 인간 마음과 심리의 본질을 연구하려면 가정에서 출발할 수밖에 없다(정말 그럴까? 나는 가정에서 출발한다고 생각하지 않는다. 반대로, 우리는 우리의 의식 상태에 대한 직접적이고 내성적인 인식에서 출발한다. 고통의 본질에 대한 우리의 지식이 가정일까? 아니다. 이것은 우리가 당사자 경험으로 직접적으로 아는 것이다).

파피노는 이렇게 쓴다.

"분명한 전략은 경험적으로 입증된 마음과 마음의 실재의 연관성에서 시작하는 것이며, 자연주의자들은 이것을 철학적 난제들을 제기하고 해결하는 틀로 사용하는 것이라고 주장할 것이다."[10] 하지만 내가 읽어 본 파피뇨의 글에서는, 이런 과학주의적 출발점을 논증 방식으로 거의 사용하지 않는다.

그러나 철학자들이 어떤 것에 대해서도 동의할 수 없기 때문에 철학적인 지식은 거부되어야 한다는 주장을 근거로, 제일 철학을 반대하는 최소한 하나의 암묵적인 논증이 있다. 과학자들이 대부분의 사람들이 생각하는 것 이상으로 반대한다는 사실 외에, 이 말 자체도 철학적인 주장이지 과학적인 주장은 아니다(이것은 하나의 인식론적 관점, 즉 지식은 전문가의 동의를 받아야 한다는 관점을 가정하고 있다). 그러므로 이것이 만일 강한 과학주의 옹호자들이 말한 것이라면, 이는 자기 부정적이다(과학적 명제만이 [철학적 명제가 아니라] 참일 수 있고 또 그렇게 알려질 수 있다는 주장은 철학적인 명제이다).

그러나 이 주장보다 더 심각한 문제가 있다. 그것은 강한 과학주의 옹호자가 아니면 강력하게 제기할 수도 없는 것이다. 이런 주장은 명제 자체의 내용 때문에 자기 부정적이기 때문이다. 왜 그럴까? 부동의의 인식론을 연구하는 전문가들은, 지식이 있다는 주장은 동등한 자격을 갖춘 전문가가 그 주장에 반대할 경우 거부되어야 한다는 주장에 동의하지 않기 때문이다. 따라서 이 주장은 그 자체가 가진 지적 수용 가능성의 기준을 만족시키기 못한다. 따라서 자기 부정적이다.

그러나 내가 보기에, 제일 철학에 대해 가장 널리 언급되는 주장은

---

10) Papineau, *Philosophical Naturalism*, 3.

이를 받아들이는 사람들이 데카르트식 토대주의(Cartesian foundationalism, 또는 정초주의)라고 알려진 것을 지지하기 때문에 그렇게 한다는 것이다. 사람들은 데카르트의 프로젝트가 실패한 것을, 모든 토대주의 또는 모든 종류의 제일 철학이 실패한 것으로 잘못 생각한다.

퍼트리샤 처치랜드가 주장한 것처럼, "이런 의미에서 제일 철학은 없다. 과학과 인식론에 관한 철학적인 이론 가운데서 모든 과학이 반드시 따라야 하는 참 진리라고 확신할 수 있는 그런 이론은 없다. 우리가 과학 이론의 수용 가능성에 대해 말할 수 있는 아르키메데스 점(Archimedean point, 추론의 기초가 되는 출발점)은 과학 외부에 있지 않다."[11]

파피뇨도 거의 같은 이야기를 한다. 그는 철학이 과학의 지지를 받기 위해서는 과학보다 견고한 기초가 필요하다는 사상에 대해 말하는 가운데 이런 언급을 했다.

"이 주장은 지식이 필연적으로 진리를 전달하는 방법으로부터 나와야 한다는 의미에서 지식은 확실해야 한다는 가정에 의존한다.… 만일 당신이 지식은 확실성을 요구한다고 주장한다면, 철학이 과학 앞에 와야 한다고 주장할 것이다."[12]

불행하게도, 처치랜드와 파피뇨 등 이런 논리를 사용하는 사람에게 이것은 완전히 틀린 생각이며 50년 이상 뒤떨어진 것이다. 이를 바로 알고 데카르트식 토대주의를 분명히 알기 위해서는, 인식론(지식과 합리적 신념의 본질과 한계에 대한 연구)의 배경이 되는 몇 가지 문제를 살

---

11) Churchland, *Neurophilosophy*, 265.
12) Papineau, *Philosophical Naturalism*, 4.

펴보아야 한다. 이는 본론에서 약간 빗나가는 것이지만 충분히 가치가 있을 것이다.

토대주의(정초주의 또는 기본주의)

우선 "것, 철학적, 지식은, 좋은, 이다" 등의 단어를 생각해 보자. 분명 이것은 문장이 아니다. 무엇이 빠졌는가? 한 문장을 이루는 데 필요한 단어들이 모두 있다. 부족한 것은 제대로 된 문장("철학적 지식은 좋은 것이다")이 되는 데 필요한 적절한 구조이다.

개인이 가진 신념들에 대해서도 이와 같이 말할 수 있다. 이 신념들은 서로 아무 상관이 없는 고립된 상태로 무질서하게 마음속에 흩어져 있는 것이 아니다. 실제로 이들은 하나의 구조 속에 들어 있어서, 일부 신념들은 또 다른 신념의 기초가 된다.

예를 들어, "낙태는 나쁜 일이다"라는 개인의 신념은 "태 속에 있는 배아도 인간이며, 인간은 하나님의 형상으로 만들어졌기 때문에 죽여서는 안 된다"라는 신념에 기초한다. 또 피고가 유죄라는 어떤 사람의 신념은 증인이 진실을 말하고 있다는 신념에 기초한 것이다.

여기서 "가장 좋은 구조는 무엇인가?"라는 질문이 생긴다. 다시 말해, 한두 신념이 아니라 모든 신념과 연결되어 있어서, 그 구조에 근거하면 다른 구조에 근거하는 것보다 더 합리적이거나 진실한 신념이 되는 구조는 어떤 것인가? 어떤 신념 구조가 가장 합리적이고 진리 전달에 유익한가?

이런 질문에 대해 다양한 대답이 제시되어 왔지만, 한 가지 대답이 가장 오랫동안 널리 지지를 받아 왔고, 가장 상식적이며, 또한 실제로 다른 신념과 경험 등에 기초한 합리적 신념을 지지하는 방식에 잘 맞는 것 같이 보인다. 그 구조를 토대주의라고 한다.

우리는 모두 다른 신념들에 기초해서 어떤 신념을 받아들인다. 나는 나뭇잎의 움직임 때문에 생기는 바스락거리는 소리를 듣는다. 그러면 나는 바람이 불고 있음을 알게 된다. 바람이 분다는 나의 신념은 나뭇잎이 바스락거린다는 나의 신념에 근거하고 이에 의해 정당화된다. 첫째 신념(바람이 분다)은 간접적이다. 즉, 두 번째 신념(나뭇잎이 바스락거린다)을 매개로 하여, 다시 말해 수단으로 하여 정당화된다. 그러면 우리는 나뭇잎이 바스락거린다는 신념을 정당화하는 것은 무엇인지 물을 수 있다. 또 다른 신념이 있는가? 아니면 소리를 듣는 감각적 경험인가?

일반적으로, 어떤 사람들이 받아들이는 세 가지의 신념 P, Q, R이 있는데, P는 Q에 기초하고, Q는 R에 기초한다고 가정하자. 이런 신념들의 사슬을 인식의 사슬이라고 하자.

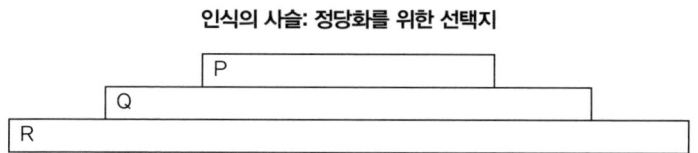

인식의 사슬: 정당화를 위한 선택지

그런데 R은 무엇에 기초할 것인가? 이에 대해서는 네 가지 선택지가 있다.

첫째, 계속해서 기초의 단계가 내려갈 수 있다. 즉, R에 대한 신념은 S에 대한 신념에 기초하고, S는 T에 기초한다는 등으로 이어 갈 수 있다.

그런데 문제는, 이렇게 시작하기는 하지만 어디서 멈추는가 하는 것이다. 이런 이유 때문에 대부분의 철학자들은 이 선택지를 거부한다. 무한 소급(또는 무한 퇴행)으로 여기는 것이다.

둘째, 인식의 사슬을 R에서 멈추고 "R은 정당화되지 않는 원초적인 믿음의 가정이다"라고 선언하는 것이다. 다시 말해, 기초나 정당화가 필요하지 않은 것이다. 그러나 대부분의 철학자들은 이 선택지도 거부한다. 만일 P와 Q가 R의 정당화에 의존한다면, R이 순전히 '정당화된 것이 없는' 원초적 가정일 경우 P와 Q를 입증할 수 없다.

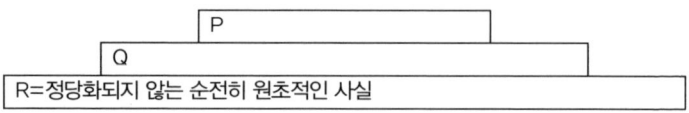

셋째, R에서 멈추고 R 자체는 정당화되지만 다른 신념에 기초한 것

은 아니라고 말할 수 있다. 어쩌면 R은 자명하거나, 지각된 신념이 아니라 감각된 경험에 근거하거나, 신뢰할 만한 방법으로 만들어졌을 수도 있는 것이다.

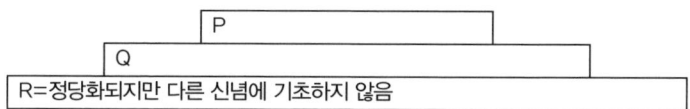

이것이 토대주의자들이 채택한 전략이다.

넷째, R은 P에 의해 정당화된다고 주장함으로써 정당화의 원을 만들 수 있다. 아니면 P, Q, R은 서로가 서로를 정당화한다고 주장함으로써 정당화의 그물을 만들 수도 있다.

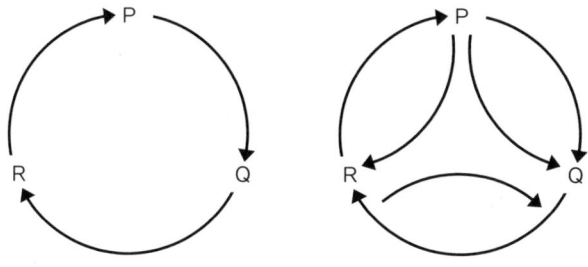

이 마지막 설명(원과 그물)은 정합론자(coherentist perspective)들의 관점이다.

토대론자들에게 정당화의 인지 사슬은 다른 신념에 의해 정당화되지 않는 신념에서 끝이 난다. 좀 더 구체적으로 말하면, 토대론자들은 다른 신념의 증거를 기초로 정당화하여 받아들이는 신념들(즉, 나뭇잎이 바스락거린다는 신념에 기초한 바람이 분다는 신념)과 기본적으로 받아들이는 신념, 즉 다른 신념의 지지를 근거로 받아들이지 않는 신념(나뭇잎이 바스락거린다는 신념) 사이에 근본적(토대적) 간격이 있음을 주목한다.

토대주의자들이 볼 때, 모든 신념은 기초적이거나(본래적으로 기초적인 신념은 우리가 기초로 받아들여야만 하는 기초적 신념이다) 비기초적이다. 기초적 신념은 다른 신념들과 연결하여 정당화되지는 않지만, 이것이 어떤 것에 의해 정당화되지 않음을 의미하는 것은 아니다. 대부분의 토대론자들은 본래적으로 기초적인 신념은 경험으로 입증되거나 관련된 능력(예로, 시각 능력)에 의해 본래적으로 신념이 형성되는 방식으로 입증된다고 주장한다. 예를 들어, 바람이 불고 있다는 나의 신념은 나뭇잎이 바스락거리고 있다는 나의 신념에 의하여 정당화된다. 후자의 신념은 내가 나뭇잎이 바스락거리는 소리를 듣는다는 신념에 의하여 정당화된다. 이 마지막 신념은 본래적으로 토대적이다. 다른 신념에 의해 정당화되지 않는 것이다. 그러나 경험에 의해 정당화된다. 즉, 나는 바스락거리는 나뭇잎 소리를 듣고 있다는 것이다.

다른 모든 비기초적 신념들은 그것이 기초적 신념들과 가지는 관계에 의해 매개적으로 정당화된다. 예를 들어, $13 \times 12 = 156$이라는 신념은 비기초적으로, 기초적인 다른 신념(예로, $2 \times 3 = 6$)에 의해 정당화된다. 적당한 훈련을 받으면 계산해 보지 않고도 $2 \times 3 = 6$이라는 사실을 알 수 있다. 이런 신념은 본래적으로 기초적이다. 그러나 $13 \times$

12=156은 그렇지 않다.

우리 대부분은 이것을 보고 맞는지 틀리는지 알지 못한다. 그래서 우리는 계산을 해봐야만 하고, 계산을 할 때는 수학의 기초적인 신념(2×3=6과 같은 것)을 의존할 것이다.

피라미드의 은유가 토대주의를 설명하기 위해 사용되는 때도 있다. 피라미드의 상층부는 하층부에 의해 지지받지만 마침내 다른 부분에 의해 지지받지 못하는 기초에 이르는 것처럼, 비기초적 신념은 기초적·토대적 신념과 관계된 것이다. 위에서 말한 것처럼, 많은 토대론자들은 기초적 신념들은 경험에 의해 정당화된다고 한다.

데카르트식 토대주의

이제는 데카르트식 토대주의가 무엇인지 이야기할 때다. 데카르트식 토대주의는 다른 모든 것을 정당화하는 토대적인 것들이 그것에 대해 실수하는 일이 불가능할 정도로 토대적이라고 여긴다. 이런 궁극적인 것들(보통 경험)은 완전히 확실한 것이어야 한다. 그렇지 않으면, 다른 모든 것을 위한 적절한 토대의 역할을 할 수 없다. 그래서 데카르트식 토대주의자들에게는 토대적인 신념이 지극히 높은, 실로 너무 높을 정도의 합리적 기준에 부합해야 한다. 데카르트식 토대주의는 도달이 불가능할 가능성이 높다.

일부 철학자들이 제일 철학을 받아들이는 이유에 대해 파피뇨와 처치랜드가 위에서 제시한 글에서 언급한 내용을 살펴보자. 이들은 모두 데카르트식 토대주의이기 때문이다. 만일 과학의 가정이 완전히 확실하지는 않고 또 오류의 가능성이 전혀 없지 않다면, 과학은 적절한 정당화가 없는 것이며, 따라서 과학에 대한 회의론이 이긴다는 것이다.

그러나 이는 전혀 바르지 않다. 오늘날 대부분의 인식론자들은 토대주의자이지만, 나는 데카르트식 토대주의자는 한 사람도 보지 못했다. 데카르트식 토대주의는 이미 50여 년 전에 폐기되었다. 오늘날 토대주의자들은 특정한 경험들이 본래적인 기초적 신념을 위한 견고한 토대가 될 수 있지만, 이 경험들도 오류의 가능성이 없지는 않다고 믿는다.

바람과 바스락거리는 잎의 예를 생각해 보자. 본래적으로 기초적 신념은 나뭇잎이 바스락거린다는 것이고, 이를 지지하는 것은 나뭇잎이 바스락거리는 소리가 들리는 것 같다는 경험이다. 그러나 우리 모두는 들리는 것 같지만 그것이 오류일 수 있음을 안다. 그러므로 어떤 것을 듣는 것 같은 경험은 내가 실제로 듣는다는 신념을 정당화하지만, 동시에 그 경험은 폐기의 가능성이 있는 것, 즉 오류일 가능성이 있는 것이다.

파피뇨와 처치랜드는 제일 철학을 거부하는 심각한 실수를 저지르고 있다. 왜 이 학자들은 제일 철학을 거절할까? 그 대답은 아주 명백하다. 과학으로부터 자주적인 사례들(고유의 윤리 체제, 양상 논리의 본질 등)을 검토해 보면, 이런 고찰 영역의 기초적인 문제는 물리학이나 화학 등과 관련이 없다는 사실이 분명해진다. 이 기초적인 문제들은 과학의 언어로 진술되지 않을 뿐 아니라, 이들에 대한 논쟁도 과학 실험에 의해 해결될 수도 없다.

철학의 고찰이 과학의 고찰보다 더 중량감이 있는 사례들을 검토해 보면, 이것이 진정으로 철학의 권위에 대한 사례인지를 쉽게 판단할 수 있다. 해야 할 일은 오직 그 문제에 대한 철학의 다양한 견해들을 진술하고, 과학의 다양한 견해들과 주장들에 대해서도 그렇게 하는 것이다.

다음으로, 그 과학적 문제가 철학적 문제를 다루기 전까지는 해결될 수 없는지를 살핀다. 만일 그렇다면 그것은 철학의 권위의 예라고 할 수 있다. 만일 그 과학적 문제가 철학적 문제를 고찰하기 전에 해결되어야 한다면, 그것은 철학의 권위의 예라고 할 수 없다. 이런 판단은 사례별로 이루어진다. 내가 생각하기로는 과학의 가정들(위와 앞 장들에서 다루었음)이 철학의 권위의 예이다. 그러므로 다시 그 부분을 읽고 동의하는지 생각해 보기 바란다.

여기서 나는 자주성과 권위의 논제를 진술함으로써 제일 철학을 명백하게 설명하려고 노력했다. 나는 제일 철학에 대한 거부는 빈약한 논거에 근거하거나, 제일 철학 옹호자들이 그 견해를 가지는 이유를 오해한 데서 비롯되었다고 주장했다. 이제는 자주성과 권위 논제의 예들을 제시할 차례다.

10장

권위와 자주성 논제의 사례들

앞 장에서는 과학을 존중하면서도 철학의 권위와 자주성을 채택하는 대안으로서 제일 철학을 정의하고 명료화하고 변증하려고 시도했다. 이번 장에서는 이 두 논제에 대해 각각 두 가지의 예를 제시할 것이다.

먼저 철학의 권위 원리를 다루고, 다음으로 철학의 자주성 원리를 다루도록 하겠다.

권위 논제의 예

1. 우주의 기원에 대한 스티븐 호킹의 설명

지난 몇 십 년 동안, 우주는 시작이 있다는 것을 근거로 하나님의 존재에 대한 논증이 놀랍도록 부활했다. 그 논증('칼람'[kalam] 우주론적 논증이라고 한다)은 사실 오래전에 있었던 것인데, 최근 들어 새롭게 강해지고 분명해지게 되었다.

우주의 기원을 논증하는 방법에는 보통 네 가지가 있다. (1) 실제적으로 무한한 사건과 같은 실체는 불가능하다. (2) 계속 더함으로써 실제적으로 무한히 연속되는 사건을 만드는 것은 불가능하다. (3) 표준

적 빅뱅 모델. (4) 열역학 제2법칙.[1]

하나님의 존재에 대한 칼람 논증(우주론적 논증) 옹호자들은 철학적인 성격을 지닌 앞의 두 논증이 과학적인 성격을 지닌 뒤의 두 논증보다 더 중량감이 있다고 주장한다. 그러므로 이 주장에 대한 찬반의 논증들은 그 자체가 철학적이라는 가정에 근거하기 때문에, 이것은 철학적 권위 논제의 분명한 예처럼 보인다고 한다.

그러나 스티븐 호킹(Stephen Hawking)은 『짧고 쉽게 쓴 시간의 역사』(*A Brief History of Time*)에서[2] "우주의 시작"에 대한 "무한계"(no boundary) 모델을 만들고, 상상의 시간(예로, -1의 제곱근의 배수)을 사용하여 우주의 특이성(확실한 시작)을 피하면서도 유한한 과거를 유지하며, 시공간의 초기 조각이 마치 남극이 지구의 '시작'이며 많은 위도의 원이 시간의 역할을 하는 것처럼 마무리한다고 설명한다. 그러므로 시작이 있을 필요가 없으면서도 과거는 유한하다.

과학자들, 특히 과학 철학자들은 호킹에 대해서 두 가지 반응을 보였다. 첫째, 칼람 우주론적 논증의 첫째 전제("우주는 시작이 있다")에 대한 철학적 증거가 호킹의 모델에 대한 증거보다 강하므로 여전히 시작을 믿어야 한다.

둘째, 호킹의 모델은 상상의 시간(실재[reality]를 실제[real]로 존재하는 것처럼 여긴다 해도 문자 그대로 이해 불가능한 개념)을 전제하므로, 이 모델은 반

---

1) 빅뱅 이론과 열역학 제2법칙에 대해서는 12장에서 자세히 살펴볼 것이다.
2) Stephen Hawking, *A Brief History of Time* (New York: Bantam, 1988). (『짧고 쉽게 쓴 시간의 역사』, 까치)

실재적인 것으로(즉, 유용한 가설[fiction]과 같은 도구론이나 실증주의의 방식으로) 이해되어야 하지 실재적인 것으로(실재 세계에 대한 실제적 묘사로) 이해되어서는 안 된다.

실제로 호킹은 자신의 견해가 실재에 대한 사실적인 설명이라기보다는 단지 도구적인 가치만 가지는 이론이라는 점을 인정했다.[3] 호킹은 오랫동안 철학이 죽었다고 주장했으므로, 그가 이 모델이 유용한 가설에 불과하다고 인정한 것은, 자신이 반실재론자요 실증주의자요 도구론자라고 명백히 밝히기 위해 과학 철학을 읽은 데서 비롯되었음이 분명하다.[4]

따라서 호킹의 모델을 그것이 속한 분야(유용한 가설)에 배치해 두고, 또한 그의 모델이 우주의 기원에 대한 신념을 전혀 훼손하지 않음을 계속해서 보여주는 것이 철학이라는 분야다.

2. 무에서 기원한 우주에 대한 스티븐 호킹의 주장

『위대한 설계』(*The Grand Design*)에서 호킹과 그의 공저자 레오나르드 믈로디노프(Leonard Mlodinow)는 양자 물리학이 창조주와 설계자를 불필요하게 만들었다고 주장한다.[5] 우주는 "자기 창조"가 가능하다는 것, 즉 무에서부터 존재하게 되었기 때문이라는 것이다.

이 주장은 한 과학자, 그것도 생존하는 최고의 과학자 중 한 사람

---

[3] Stephen Hawking and Roger Penrose, *The Nature of Space and Time* (Princeton, NJ: Princeton University Press, 1996), 3-4, 121; cf. 53-55.
[4] Hawking and Penrose, *Nature of Space and Time*, 3-4, 53-55, 121.
[5] Stephen Hawking and Leonard Mlodinow, *The Grand Design* (New York: Bantam, 2010).

의 사려 깊은 판단이었기 때문에 많은 신자들의 믿음을 뒤집어 놓았다. 그러나 안타깝게도 호킹과 믈로디노프는 위대한 과학자일 수 있겠지만, 아주 형편없는 철학자이다.

왜 그런가? 그들이 가진 '무'의 개념은 철학의 무 개념과 같지 않기 때문이며, 또 철학의 개념은 창조자의 '필요성'을 판단하는 데 있어서 적절한 개념이기 때문이다. 호킹과 믈로디노프에게 있어서 '무'는 양자학적 진공을 의미하는데, 이는 에너지를 포함하며 공간 안에 있다. 그들에 의하면, 우주는 이 진공 속의 에너지 파동처럼 저절로 생겨났다.

이것은 무에서 시작된 우주와는 전혀 다르다! 무에 대한 철학의 개념은 말 그대로 입자와 원인이 되는 힘, 장(field), 속성 등을 포함하는 그 어떤 것도 완전히 그리고 전적으로 없는 것이다. 이 무의 개념에 의하면, 무에서는 나올 것이 없기 때문에, 원인이 없이 무로부터 무엇이 나오는 것은 필연적으로 불가능하다는 점이 자명하다.

호킹과 믈로디노프의 주장은 농담 하나를 생각나게 한다. 그 농담에서 한 그룹의 화학자들이 하나님께 가서 자기들은 생명을 창조할 수 있기 때문에 이제는 하나님이 필요하지 않다고 말한다. 그래서 하나님은 그들이 새롭게 발견한 것을 보여 달라고 했다. 과학자들은 몸을 구푸려 먼지를 주워 담았다. 그러자 하나님은 금세 나서서 "가능하다면 그대들 자신의 먼지를 모으게"라고 했다.

이와 마찬가지로, 우리가 우주는 '무'(즉, 양자학적 진공)로부터 나올 수 있으므로 하나님이 필요하지 않다고 말한다면, 하나님이 보이실 반응은 "가능하다면 그대들 자신의 양자학적 진공을 모으게!"가 될 것이다.

다시 말하지만, 철학적 고찰이 과학의 주장보다 더 무게감이 있다.

3. 생명의 기원

생명의 기원에 대해 신의 개입이 필요 없는 이성적이고 자연주의적이며 과학적인 설명을 찾는 일이 가능한가, 아니면 지적 설계자로 가장 잘 설명되는 생명의 특징을 찾을 수 있는가 하는 문제는 오랫동안 토론의 주제가 되어 왔다. 그리고 그 논쟁은 상당 기간 동안 과학적 고찰, 즉 우연과 자연법칙이 그렇게 할 가능성이 거의 없다는 것에 집중했다.

그러나 일부 철학자들은 원칙적으로 (그리고 현재 우리가 가진 과학 지식의 한계 때문은 아니다) 생명의 기원에 대한 순전한 자연주의적·물리주의적 설명의 개념을 부정해 왔다. 그들은 순전한 철학적 논증을 기초로 이런 일을 했다. 우선 생물학자들은 생명을 정의하기가 매우 어렵다.

생명의 기원에 관한 연구자 안토니오 라즈카노(Antonio Lazcano)가 지적하듯이, "생명은 음악과 같아서 설명할 수는 있어도 정의할 수는 없다."[6] 파잘 라나(Fazale Rana)에 의하면, 생물학자들은 생명에 대한 정의를 약 100가지 정도 모았다고 한다.[7] 대부분의 생물학자에 의하

---

[6] Antonio Lazcano, "The Transition from Nonliving to Living," in *Early Life on Earth*, ed. Stefan Bengston (New York: Columbia University Press, 1994), 61.

[7] Fazale Rana, *Creating Life in the Lab* (Grand Rapids, MI: Baker, 2011), 24.

면, 생명의 핵심적인 특징에는 생물학적 안정성과 항구성과 일치성, 화학과 물리학의 법칙을 따르는 원자와 분자 및 세포로 구성됨, 고도로 구조화된 항상성, 영양분을 섭취하고 노폐물을 방출하며 재생산하는 능력 등이 포함된다.

그러나 생명의 핵심적인 특징을 정의하거나 제시하려는 과학적 또는 자연주의적 시도는 허우적거리는데, 그 이유는 많은 철학자들이 지적하는 바처럼 생명은 '분명하고 예상 가능한 서술'이기 때문이다.

이 말은 무슨 의미인가? 첫째, 생명이라는 말은 특정한 것에 대해 우리가 설명하는(즉, 긍정하는) 어떤 것이다. 둘째, 생명은 의미가 불분명하지 않고 분명하다. 다시 말해, 이 말을 사용할 때는 언제나 동일한 것을 의미한다.

그러므로 개나 사람 또는 물고기가 살아 있다고 말할 때 생명은 동일하게 사용된다. 다른 생명체는 다른 방법으로 살고 다른 요인들을 사용하여 생명을 유지할 수 있겠지만, 이것들은 모두 살아 있다. 우리는 개에 대한 생명의 정의가 있고, 인간이나 물고기에 대한 생명의 정의를 달리 가지고 있지 않다. 만일 각기 다르게 정의한다면 생명은 매우 불편한 설명이 되어, 새로 발견한 생물에 대해 생명이라는 말을 사용할 경우 그 의미를 이해할 수 없게 될 것이다.

마지막으로, 생명은 예상이 가능하다. 생명이라는 말을 우리가 잘 알고 있는 생물에 대해 사용하는 데서 시작했지만, 앞으로 발견될 실제적인 혹은 가능한 생물에 대해서도 사용할 수 있다.

그렇지만 생명을 정의하거나 핵심적인 특징을 정리하려는 생물학적 시도에는 한 가지 문제가 생긴다. 생명은 죽어 몸이 없어진 영혼이나 천사 그리고 하나님 자신에 대해서도 그 속성을 분명하게 단정할 수 있다. 이런 것들이 전혀 존재하지 않아도, 이들의 존재 가능성은 일치성과 분별 가능성이 있다. 또 살아 있을 수 있는 것들에 대한 생명의 예상 가능성은 분명해야 한다(즉, 생명을 실제 유기체에 대해 사용할 때와 동일한 의미를 가져야 한다).

그러나 이런 것들 중 어느 것도 생명에 대한 물리학적이고 생물학적인 특징을 만족시키지 못한다. 이처럼 생명 자체는 물리적일 수 없으며, 따라서 논증은 계속되고, 그리하여 생명이나 그 기원에 대한 엄격한 과학적 설명은 결코 존재할 수 없을 것이다. 물질을 재배치하는 것에서 생명을 찾는다는 것은 무(생명이 없는 원초적인 물질)에서 어떤 것(물리적인 아닌 생명)을 찾는 것이다.

흥미롭게도, 수많은 철학자들은 생물학자들처럼 생명체가 정보로 구성되어 있다고 주장함으로써 이 논증에 대한 새로운 증거를 제시했다.

그러나 극소수의 예외를 제외한 대다수의 철학자들은 정보가 비물질적이고, 실재에 있어서 물질보다 더 근본적이며, 따라서 이런 본질을 고려하면 (비물질적인) 정보의 기원과 나아가 생명의 기원에 대한 물질적인 설명은 불가능하다고 주장했다.[8]

---

[8] William Dembski, *Being as Communion* (Burlington, VT: Ashgate, 2014), iv, xii, xiv, 75, 77을 보라.

자율성 논제의 예

심리 철학: 1급 및 2급 질문

질문의 유형		질문의 예
1급 질문	존재론적	심리적 혹은 신체적 속성은 무엇과 같은가?
		심리적 혹은 신체적 사건은 무엇과 같은가?
		심리적 혹은 신체적 속성/사건 소유자는 무엇과 같은가?
		인간은 무엇인가?
		심리적 속성은 심리적 사건과 어떻게 연관되어 있는가?(즉, 후자는 전자를 예시 혹은 실현하는 것인가?)
		거기에는 (아리스토텔레스적이거나 라이프니츠적인) 본질이 존재하는가, 그렇다면 심리적 사건이나 인간 개인의 본질은 무엇인가?
	인식론적	어떻게 해서 우리는 다른 사람의 심리나 우리 자신의 심리에 대한 지식 혹은 입증된 신념을 가지게 되는가?
		자기 자신의 심리에 대한 당사자 지식과 다른 사람의 심리에 대한 제3자 지식에는 고유한 인식론적 순서가 있는가?
		당사자 내성은 어느 정도 신뢰할 만하며 그 본질은 무엇인가?(즉, 경험적으로 보이는 것인가 아니면 성향적으로 믿는 것인가?)
		만일 신뢰할 수 있다면 당사자 내성은 의식에 대한 지식을 제공하는 것에 국한되어야 하는가 아니면 자신의 자아에 대한 지식도 포함시켜야 하는가?

		의미론적	의미란 무엇인가?
			언어적 실체란 무엇이며 이것은 의미와 어떻게 연결되는가?
			생각은 환원 가능한가 아니면 언어 사용을 위한 필요조건인가?
			우리의 상식적인 심리학적 어휘 안의 용어들은 어떻게 해서 의미를 가지게 되는가?
2급 질문		방법론적	심리 철학을 구성하는 1급 문제들을 분석하고 해결하는 일을 어떻게 진행해야 하는가?
			철학과 과학 사이에 올바른 순서는 무엇인가?
			소위 제일 철학을 제쳐 놓고 철학적 자연주의의 일부 형식을 채택하여, 심리 철학의 주제들을 이 주제와 관련하여 경험적으로 가장 잘 검증된 이론의 틀 안에서 살펴야 하는가?
			심리 철학에서 생각 실험의 역할은 무엇이며, 그런 생각 실험을 형성하는 재료를 확보하는 데 있어서 '당사자 관점' 요인은 어떻게 작용하는가?

1. 의식과 영혼의 본질과 존재

나는 철학의 세부 분야 안에 있는 고유한 문제들의 목록이 완전할 수 있을지에 대해 의심을 가지고 있다. 그렇지만, 심리 철학 문헌에 한결같이 등장하는 중심적인 1차적 주제들에 대한 합리적이고 적절한 특징을 제시할 수 있다. 이 주제들은 상호 연결되는 문제들을 중심으로 이루어지는 것들로서, 위의 표에 나타난 대표적인 질문들로 구성된다.

이 질문들은 심리 철학의 씨줄과 날줄을 형성하는 종류의 질문이다. 이 목록을 주의하여 읽어보기 바란다. 앞으로 보게 되겠지만, 이것들은 절대로 과학적인 질문이 아니다. 이들은 속속들이 철학적인 질문으로서 철학적 논제의 자율성을 잘 보여준다. 그렇지만 낸시 머피가 그랬던 것처럼, 여러분도 "과학은 생명과 의식을 설명하기 위해 영혼이나 심리 혹은 마음과 같은 것의 존재를 전제할 필요가 없음을 보여주는 수많은 증거들을 제공한다"[9]라고 대꾸할 수도 있을 것이다.

이 "증거"는 "생물학과 신경 과학 및 인지 과학은 한때 영혼이 하는 것으로 간주되던 특정한 기능이 그 물리적 과정에 의존한다는 설명을 제공한다"[10]라는 사실에 있다.

이에 대해 두 가지 반응을 제시할 것인데, 첫째는 스티븐 에번스(Stephen Evans)가 '위치 측정' 연구로 발견한 것들에 대해 말한 것이다.

> 이원론(마음, 심리 또는 영혼의 존재)에 문제를 일으킬 이런 발견들은 정확히 무엇을 의미하는가? …그 인과 효과가 뇌의 특정한 부위의 산물이 되어야 한다는 것이 문제인가? 그 효과의 근원이 뇌 전체가 아니라 뇌의 특정한 부위에서 나온다는 사실이 이원론자들에게 문제가 되는 이유는 무엇인가? 나로서는 왜 이원론에서는 생각의 근원이 뇌의 특정 부위가 아니라 뇌의 전체적인 상태에서만 나온다고

---

[9] Nancey Murphy, "Human Nature: Historical, Scientific, and Religious Issues," in *Whatever Happened to the Soul?* ed. Warren S. Brown, Nancey Murphy, and H. Newton Malony (Minneapolis: Fortress, 1998), 18.
[10] 위의 책, 17, cf. 13, 27.

생각해야 하는지 이해하기 힘들다.[11]

둘째는, 앞에서 살펴본 것처럼, 신경 과학이 할 수 있는 일은 오로지 정확하고 사실적인 상관관계, 인과 관계 또는 심리와 신체 상태 사이의 의존 관계뿐이다. 이것은 의식의 내재적 속성이나, 영혼의 존재 여부에 대해서는 아무것도 말해 주지 못한다. 이런 것은 철학적인 문제이다.

이를 살펴보기 위해, 8장에서 논의했던 내용으로 돌아가 보자. 거울 신경 세포가 손상되면 그 사람은 다른 사람과 공감할 수 없다는 발견을 생각해 보자. 이것을 어떻게 설명해야 할까? 이 현상을 설명하기 위해 세 가지의 실증적으로 동등한 해법(모두 다 일치하며 동일한 관찰에 불과한 해법)이 제시되어 왔다는 점을 기억할 것이다.

거울 신경 세포에 대해 실증적으로 동등한 세 가지 이론

엄격한 물리주의	공감의 감정은 거울 신경 세포의 반응과 일치한다.
단순한 속성 이원론	공감의 감정은 뇌의 의식 상태로 환원할 수 있으며, 이는 거울 신경 세포의 반응에 의존하여 발생한다.
실체 이원론	공감의 감정은 영혼의 의식 상태로 환원할 수 있으며, 이는 거울 신경 세포의 반응에 의존하여 발생한다.

---

11) C. Stephen Evans, "Separable Souls: Dualism, Selfhood, and the Possibility of Life after Death," *Christian Scholar's Review* 34 (2005): 333-334.

8장에서 지적한 대로, 어떤 실증적 자료도 이들 가운데서 어느 것이 옳은지 집어낼 수 없으며, 또한 인식론적 단순성에 호소하는 것도 없다. 그러나 인식론적 단순성은 최종 결정자이다. 그래서 실체 이원론자들은 실체 이원론의 논증과 증거가 위에 언급한 두 가지 방안보다 더 낫다고 주장할 것이다.

2. 방법론적 자연주의, 행위자 원인론 그리고 과학의 본질

과학의 본질적인 특징을 정의하거나 제시하는 일을 말하자면, 그 일은 과학 철학자와 역사가의 일이지 과학자 자신들의 일이 아니다.

어쩌면 유신론적 진화론과 지적 설계론의 대화에 있어서 주된 철학적 문제에는 어떤 현상들에 대한 지적인 원인을 추정하는 일에서 과학을 사용하는 것과 과학 사이의 관계가 포함되어 있다. 이 대화에서 핵심은 과학이 방법론적 자연주의를 채택해야 하는가 하는 문제다. 방법론적 자연주의란 대략적으로 말해서, 과학을 함에 있어서 오직 자연적인 원인과 과학적인 데이터에 대한 설명만을 추구해야 한다는 것이다.

이 문제를 해결하는 데 전문성을 추구하기 위해서 어느 분야로 돌아가야 올바른지에 대한 논쟁이 계속되어 왔다. 이 전문성 문제는 단순히 영역 보호라는 학문적인 문제가 아니다. 현재 공립 학교에서 이 분야의 수문장 역할을 하는 사람은 대부분 과학자와 과학 교사들이기 때문이다.

논쟁이 있다는 사실은 영향력이 큰 「과학과 기독교 신앙에 대한 관점」(*Perspectives on Science and Christian Faith*)의 편집자였던 J. W 하스(Haas)의 다음 말에서 확인할 수 있다. "과학 실천에 있어서 철학자의 위치는 오랫동안 논쟁거리가 되어 왔다. 철학자들이 과학의 내용에 대한 결정권자가 되어야 하는가(혹은 될 수 있는가) 하는 문제는 현장 과학자들에게 문제로 남아 있다."[12]

이와 비슷한 맥락에서 과학자 칼 기버슨은 "실천 과학자들이 매우 싫어하는 전통적인 관점, 즉 철학자들이 과학의 규칙을 결정하는 데 있어서 적절하고 능력이 있으며 최종적인 권위자라는 것"[13]을 거부한다.

실제로 여기서 문제는 전혀 논쟁거리가 되지 못한다. 중심이 되는 주제는 어떻게 과학을 실천할 것인가 하는 문제(이런 일은 기기나 절차 등에 익숙할 것을 요구한다)가 아니라, 과학을 어떻게 정의하고 또 이를 비과학이나 유사 과학과 어떻게 구별하는가 하는 문제이기 때문이다. 이 논쟁과 이 논쟁을 해결하는 데 적합한 학문 분야를 이해하기 위해서는 먼저 1급 문제와 2급 문제를 이해해야 한다. 1급 문제란 어떤 현상들에 대한 과학의 주제로, 예를 들어 지진을 어떻게 예측하며 화학 반응률을 어떻게 조작할 것인가에 대한 것이다.

2급 문제란 과학 자체에 대한 철학의 주제로, 예를 들어 과학의 방법, 과학의 본질, 과학과 다른 분야들과의 차이점 등에 대한 것이다.

---

[12] J. W. Haas Jr., "Putting Things into Perspective," *Perspectives on Science and Christian Faith* 46 (March 1994): 1.

[13] Karl Giberson, "Intelligent Design on Trial—A Review Essay," *Christian Scholar's Review* 24 (May 1995): 460.

그런데 과학을 어떻게 정의할 것인가 하는 문제는 분명히 과학 철학자와 역사가의 주제이다. 그렇다고 과학자 등은 이 논의에 참여하지 못한다는 말은 아니다. 다만 참여할지라도 그들이 전문적으로 훈련받지 않은 철학적인 문제를 다루게 된다는 의미일 뿐이다.

이런 문제는 철학적인 것이지 과학적인 것이 아니라는 사실은 다음과 같이 생각해 보면 알 수 있다. 관련된 논쟁과 논의를 읽고, 어떤 과학 실험이나 어떤 과학의 과정을 사용해서 이 논쟁을 해결할 것인지 질문해 보라. 아니면 대학 안내 카탈로그를 구해서 과학 분야 학과들에 대한 설명을 살펴보라. 학부든 대학원이든 어떤 과학 분야에서도 과학의 정의와 같은 주제를 다루는 곳은 없다는 사실을 알게 될 것이다. 다만, 화학과 신입생 첫 주에는 있을지도 모른다. 이와는 대조적으로, 과학 철학과 역사를 전공하는 대학원 과정 전체는, 온통 과학의 정의를 내리고 과학과 다른 분야 사이의 구분 선을 긋는 문제를 다루고 있다.

결론

이번 장에서는 과학 이외의 탐구 분야들(특히 철학)이 제공하는 실재에 대한 지식은 과학의 발견들과는 완전히 독립되었거나(예로, 도덕적 상대주의 대 절대주의) 과학보다 더 권위가 있다는 사실을 살펴보았다.

이 논제로부터 그리스도인들에게 매우 중요한 두 가지 사실이 나온다. 첫째, 철학은 늘 신학의 하녀요 종이라고 여겨져 왔다. 그러므로 신학자와 성경학자들이 철학을 사용하여 세계에 대해 세심하게 제시되고 변증된 주장(예로, 인간은 자신의 뇌와 깊이 있고 쌍방적인 인과적 상호작용을 하는 영혼을 가지고 있다)을 하는 데 있어서 대부분의 과학자들이 주장하는 것(예로, 인간은 단순히 뇌와 몸으로 이루어진 물질이다)과 대치될 때는, 자동적으로 과학의 주장을 받아들여 성경을 수정해서 최신의 과학에 맞추려 해서는 안 된다.

그와는 반대로, 이번 장에서 보여준 것과 같이 세심하게 이루어진 신학적 주장이 과학자들의 주장보다 더 합리적인 증거와 권위를 가지는 경우가 종종 있다.

그러므로 현대 과학의 주장과 전통적인 성경 해석 사이에 갈등이 생길 경우, 우리는 전통적인 성경 해석이(만약 주의 깊게 이루어진 것이라면) 결국은 논쟁에서 승리할 것이라는 확신을 가지고, 심호흡을 하면서 복음적인 학자들에게 문제를 해결할 시간을 주어야 한다. 그러므로 우리는 이 과정을 지키면서, 현재는 갈등이 있음을 인정하지만 우리의 견해를 바꾸지 않을 충분한 이유가 있음을 확신하는 자세를 가져야 한다.

둘째, 방법론적 자연주의는 지적 설계론이 과학자와 교육자들에 의해 진지하게 받아들여지지 못하게 하는 주요인이다. 그런데 안타깝게도 과학자와 교육자들은 공립 학교에서 무엇을 과학으로 가르칠 수 있는지와 무엇이 합리적인 믿음인지를 결정하는 수문장이다.

하지만 이번 장에서 살펴본 것처럼, 과학의 본질에 대한 정의는 방법론적 자연주의에 대한 찬성 혹은 반대의 주장을 포함하여 대체로 철학적인 문제이다. 그러므로 여기서는 철학자가 수문장이 되어야 하며, 또 과학 철학자 다수는 지적 설계론은 물론 창조과학(성경을 이용해서 과학 모델을 만들고 시험한다)도 과학의 예라는 데 동의한다. 물론, 이 철학자들은 무신론자로서 이 이론들이 참이라고 믿지는 않는다.

그러므로 다시 말하지만, 우리는 오직 자연 과학의 설명만을 허용하는 방식으로 과학을 정의하는 과학자들과 교육자들에 의해 괴롭힘을 당해서는 안 된다.

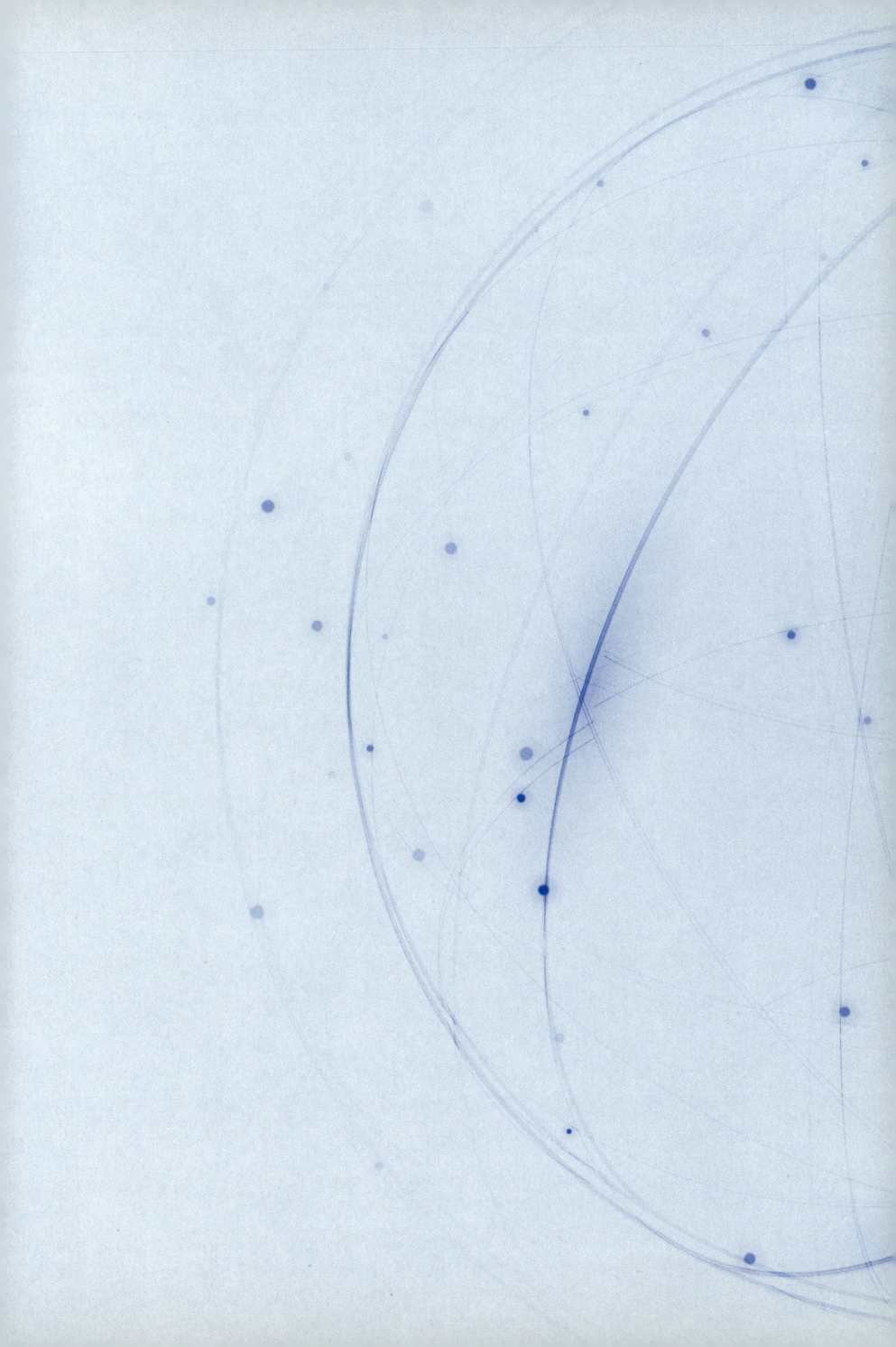

#　11장

우리는 사물을 어떻게 설명할 것인가

사물을 설명하고 설명을 추구하는 능력은 지적으로 아름다운 삶의 핵심이다. 그러나 우리가 만나는 다양한 현상들을 설명하는 방식이 여러 가지 유형이 있다고 생각하는 사람은 별로 없다.

예를 들어, 종교 철학자 리처드 스윈번은 종종 간과되기는 하지만, 어떤 사건에 대한 표준적, 물리적, 과학적 설명과 인격적 설명 사이에는 엄청난 괴리가 있다고 아주 분명하게 지적한다.[1]

이 짧은 장에서는 이 두 가지 유형의 설명에 대한 이해와, 이것들 각각이 왜 중요하며 다양한 종류의 사건을 설명하는 데 어떻게 유용한지에 대한 이해를 추구할 것이다.

이를 통해 다음 장에 대한 기초를 놓을 것이다. 다음 장에서는 과학이 원칙적으로도 설명할 수 없는 것이 여러 가지가 있음을 보여줄 것이다.

---

1) Richard Swinburne, *The Existence of God*, 2nd ed. (Oxford: Clarendon, 2004), 26–45. 필자는 인격적 설명은 과학적일 수 없다는 주장을 하는 것이 아니다. 다음에 인격적 설명이 지적 설계론 과학의 핵심임을 설명할 것이다. 다만 지금 지적하는 것은, 과학에서 사용하는 표준적인 유형의 물리적 설명이 있으며, 이는 인격적 설명과는 다르다는 것이다.

표준 과학적 설명

표준 과학적 설명에서는 어떤 상태(혹은 사건이라고 부르기도 한다)나 상태의 변화가 설명된다. 예를 들어, 우리는 특정한 상태에서 가스가 가지는 압력의 이유나 그 상태로 변화되는 이유를 설명하려고 한다. 또는 토네이도가 발생하는 이유를 확인하려고 하기도 한다. 그런 경우, 한 가지 사건이 어떤 자연법칙을 따라 다른 사건의 원인이 된다. 그러므로 사건과 사건의 인과 관계(사건 A가 사건 B의 원인이 됨) 또는 상태와 상태의 인과 관계(상태 A가 상태 B의 원인이 됨)를 가진다.

사건의 인과 관계와 연관된 것은 설명의 포괄 법칙 모형으로, 이에 따르면 어떤 사건은 그 사건에 대한 타당한 연역적 혹은 귀납적 논증을 제시함으로써 설명된다(혹은 포괄된다). 그런 논증은 두 가지 특징, 즉 (1) 보편적 혹은 통계적 자연법칙과 (2) 어떤 초기적 원인 상태를 활용한다. 일례로, 다음의 설명을 보기로 하자.

1. 모든 금속 막대는 가열하면 늘어난다.
2. 금속 막대 X는 가열되었다.
3. 그러므로 금속 막대 X는 늘어났다.

설명의 포괄 법칙 모형에 따라, 우리는 막대 X가 늘어난 이유를 설명하면서 막대를 자연의 일반 법칙(모든 금속 막대는 가열하면 늘어난다) 아래에 두고, 초기 상태 요인을 다음 법칙(막대 X는 금속이며 가열되었다) 아래에 둔다. 그 사실(전제 2에 기술됨)을 자연의 법칙(전제 1에 기술됨)에 집어넣으면, 왜 그 사건이 일어났는지(전제 3)를 설명하는 결론이 금세 나온다.

설명의 포괄 법칙 모형을 다룬 예는, 앞에서 살펴본 바와 같이 이상적인 가스 법칙을 사용하는 데서 볼 수 있다. 독자들은 공식 PV=nRT를 기억할 것이다.

P	압력
V	부피
n	가스의 양(몰 단위)
R	상수(0.0821)
T	온도

그러므로 가스의 온도에 대한 설명의 포괄 법칙 모형은 다음과 같다.

1. PV=nRT
2. 용기 안에 들어 있는 가스는 P, V, n을 가지고 있다.
3. 그러므로 용기 안의 가스는 T를 가진다.

이 경우 우리는 가스가 왜 T라는 온도를 가지는지를 설명하기 원한다. 그러면 우리는 자연의 법칙(전제 1의 이상적 가스 등식으로 표현됨)을 이용해 이를 설명하고, 초기 상태(전제 2에 기술됨)에 집어넣으며, 따라서 그 사실(결론 3에 기술됨)을 설명한다.

많은 사람들은 설명의 포괄 법칙 모형이 완벽하게 적절한 표준 과학적 설명이라고 믿지만, 일부에서는 이것이 설명을 위한 필요조건일 수는 있지만 그 자체가 충분조건은 아니라고 주장한다. 그들은 우선 이 보편 법칙이 진리인 이유를 말해 줄 어떤 모델로 보충을 받아야 한다고 주장한다.

용기 안에 있는 기체의 온도를 설명하는 위의 두 번째 경우를 다시 살펴보자. 물론 PV=nRT는 이상적 기체의 성질에 적합한 법칙이다. 그러나 여전히 이 등식이 가스의 변화를 설명하는 데 성공적인지에 대해 의문을 가질 수 있다. 그래서 과학자들은 여기에 답하기 위해서 이상적 기체 법칙을 뒷받침하고 더 설명하는 기제를 포함하는 한 모델을 개발해 냈다.

이 경우, 이 모델은 이상적 기체 모델이다. 기체는 완전히 탄력적인 충돌을 하는(운동량을 잃지 않음) 점 입자로 여겨지는 작은 원자나 분자의 집합체로 간주된다. 또 온도는 원자 혹은 분자 운동에 영향을 주고, 압력은 기체의 원자 혹은 분자가 용기 벽의 특정 지역과 충돌하는 비율에 영향을 준다. 그래서 부피를 일정하게 유지하면서 온도를 높이면(압력 밥솥처럼), 원자 혹은 분자는 자극을 받아서 더 빨리 움직인다(이상적 기체 이론에서 온도가 하는 일이다). 그러면 단위 시간당 용기 벽에 부딪치는 일이 더 많아진다(압력).

이처럼 이상적 기체 모델은 이상적 기체 법칙을 더 설명해 주는 기제(원자/분자에 자극을 줌)를 포함해, 무엇이 이루어지고 있는지를 설명하는 그림을 제공한다.

인격적 설명

표준 과학적 설명은 중요하다. 그러나 그 자리 안에 머물러야 한다. 일이 일어나는 이유를 설명하는 유일한 방법이 아니기 때문이다.

어떤 인격체(신 등)에 의해 의도적으로 일어난 사건이나 상태에 대한 인격적 설명은 그런 행위자의 의도와 그 상태에 원인을 제공한 행위자의 능력과 같은 개념을 사용한다.

준이라는 사람이 이웃 사람들과 편안한 저녁 식사를 하기 위한 의도로 디너 테이블을 특정한 방식으로 마련했다고 가정해 보자. 이 경우에 포함된 여러 가지 요소들을 다음과 같이 정리해 볼 수 있다.

R 결과
P 인격체
I 의도
B 기본적 능력

그러므로 우리는 어떤 결과(디너 테이블이 특정한 방식으로 차려졌음)가 어떤 인격체(준)에 의해 그 의도(이웃 사람들과 편안한 저녁 식사를 하기 위함)와 기본적 능력(디너 테이블을 마련함)을 사용함으로 이루어졌다는 인격적 설명을 하고 있다고 할 수 있다. 그런데 이 능력은 그저 이론적인 역량이 아니라 실제적인 능력이다. 이처럼 준은 테이블을 마련하는 기본적인 능력뿐 아니라 피아노를 혼자서 들 수 있는 능력도 가지고 있다. 나아가 모든 사람이 이 능력을 가진 것은 아니다(예로, 그녀의 두 살 난 아들 알렉스).

이런 것을 모두 종합해 보면, 어떤 행위자가 환원 불가능한 목적론적 목표로서 어떤 의도를 실현하기 위해 어떤 능력을 사용하여 어떤 결과를 만들어 냈음을 알 수 있다.[2]

이런 종류의 설명은 늘 사용되는데, 특히 법정에서 많이 사용된다. 예를 들어 살인죄를 심리할 경우, 배심원은 다음과 같은 인격적 설명을 추구한다. 누가 살인을 했는가? 이를 위해 어떤 능력을 사용했는가? 살인 용의자는 실제로 그런 능력을 가졌으며, 그때 그 장소에서 그 능력을 사용할 수 있었는가? 그의 의도는 무엇이었는가?

인격적 설명은 비인격적이고 비의도적인 기제를 제시하는 것이 아니라, 관련된 인격체와 그의 의도, 사용된 기본적 능력을 바르게 소개하는 것이다. 반면에, 설명의 포괄 법칙 모형은 배심원 심리에서 법정 밖에 있다. 어떤 배심원도 탄환이 총에서 발사될 수 있었던 이유를 측정하는 데 필요한 자연법칙과 관련된 공식을 알려고 하지 않는다. 오히려 그들은 누가 살인자이며 왜 총을 사용하여 피해자를 쐈는지 알려고 한다.

---

2) 어떤 사람들이 식료품점에 가는 등의 의도적인 행위를 할 경우, 그 행위는 어떤 목적이나 의도 혹은 목표를 위한 것이며, 이것이 "목적론적으로" 행동한다는 의미이다.

과학적으로 설명이 불가능한 일의 기준

다음 장에서는 과학이 원리적으로라도 설명할 수 없는 다섯 가지 일을 살펴볼 것이다. 그러나 먼저 과학이 무엇을 설명할 수 없는 이유를 판단하는 기준을 알아야 한다. 이번 장의 서두에서 과학적 설명과 인격적 설명 사이의 차이에 대한 리처드 스윈번의 관찰을 인용했다. 그는 이 관찰에서 더 나아가, 과학적 설명의 모형에 적합하지 않은 두 가지 특징, 즉 너무 특이한 현상과 너무 큰 현상을 찾아냈다.[3] 이 두 가지를 차례로 살펴보자.

지나치게 특이하여 과학적 설명의 모형에 적합하지 않은 현상
과학으로 설명하기에는 '너무 특이한' 현상이란 무슨 의미일까?

1. 사건을 설명하기 위해서 새로운 법칙을 만들어야 할 경우
스윈번은 (1) 어떤 범위의 현상을 설명하는 과학 이론이 될 수 있는 좋은 과학적 증거가 있을 경우, (2) 특정 현상이 이 범위 안에서 발생하되 이 이론의 결과가 아닐 경우, (3) 그런 현상을 예측할 수 있는 법칙이 되도록 그 이론을 수정하려는 시도가 이 이론을 너무 복잡하고 특별하게 만들어서 비합리적인 것으로 되게 한다고 주장한다.

우리는 스윈번의 주장을 사용해서 신체에 관한 여러 가지 현상을

---

3) 위의 책, 74.

다루는 과학적 시스템의 의학 법칙(어떻게 해서 몸에 이상이 생기는가, 어떤 질병이 이런 일을 하는가 등)을 생각해 볼 수 있다. 그러는 중에 우리는 이 이론의 적용 범위 안에 있어야 하지만, 실제로는 이 이론의 현재 법칙과 설명 방식을 따르지 않는 이상한 현상들을 만나게 된다. 그러면 이 현상들은 이론을 확대하여 이들을 포함시키거나, 모든 의학적 사례들을 설명하는 데 부적합한 것으로 이론을 폐기할 것을 요구하게 된다. 다음과 같은 것들은 자연주의자의 설명 이론에 쉽게 맞아들지 않기 때문이다.

- 지체 장애자가 기도 후에 정상으로 회복되었다.[4]
- 2, 3일 전에 죽은 사람이 기도를 통해 살아났다.[5]
- 상당 시간 동안 죽은 상태로 뇌 활동이 전혀 없었는데 살아나서 그 시간 동안 의식이 있었다고 하면서, 그 증거로 그들이 응급실에서 본 일들과 또 의식이 없거나 '육체 밖에' 있지 않았다면 알

---

[4] 심장병 전문의 초운시 크랜들(Chauncey Crandall)의 *Touching Heaven* (New York: FaithWords, 2015), 37을 참조하라.

[5] Reinhardt Bonnke, *Raised from the Dead* (New Kensington, PA: 2014); Crandall, *Touching Heaven*을 보라. 먼저 이런 설명들을 열린 마음으로 읽는 진실성이 없다면, 이 설명의 신뢰성에 대해 판단하는 일은 매우 지혜롭지 못하고 비합리적이다. 오늘날 전 세계에서 일어나고 있는 하나님의 기적적인 일들에 대한, 매우 학문적이고 학자적인 접근과 기록을 보려면 크레이그 키너(Craig Keener)의 두 권짜리 책 *Miracles: The Credibility of the New Testament Accounts* (Grand Rapids, MI: Baker, 2011)을 보라. 죽었다가 살아난 사람들에 대해 논의하려면 반드시 나사렛 예수의 부활을 다루어야 하는데, 이를 위해서는 다음을 참고하라. N. T. Wright, *The Resurrection of the Son of God* (Philadelphia: Fortress, 2003); Gary Habermas and Mike Licona, *The Case for the Resurrection of Jesus* (Grand Rapids, MI: Kregel, 2004); Mike Licona, *The Resurrection of Jesus: A New Historiographical Approach* (Downers Grove, IL: InterVarsity Press, 2010); William Lane Craig, *The Son Rises* (Eugene, OR: Wipf & Stock, 2000).

수 없었을 일들을 제시했다.[6]

스윈번이 말하는 요지는, 의학 이론을 수정해서 그 이론의 법칙이 기적이 분명한 것들을 설명할 수 있게 하려는 시도는 그 어떤 것이든 그 이론 자체를 너무나 복잡하고 임의적인 것으로 만들게 된다는 것이다. "의료 선교사가 지체 장애자를 위해 기도했을 때 정상으로 되었다"라는 형식을 가지도록 수정되어야 하는 법칙들을 생각해 보라. 이런 기괴한 새 공식이 의학 이론에 수용되어야 하는 유일한 이유는 바람직하지 않고 기적적이며 유신론적인 설명을 피하기 위해서이다.

근본적인 이유는 이런 것이다. 분명히 기적인 것을 수용하기 위해 자연의 법칙을 변화시키는 일은 특별한 일(기적)을 그 특별한 일에 적합하지 않은 법칙 안으로 수용하는 일의 예이다. 이 새 법칙은 본래의 법칙을 부적절하게 임의적으로 수정한 것으로, 이 수정의 유일한 이유는 기적을 인정하지 않고 본래의 법칙을 지키려는 데 있다. 그 외에는 법칙을 수정하는 다른 이유가 없다.

2. 어찌할 수 없는 원초적 사실들을 많이 버려두고 상관관계를 유지할 때

과학적인 설명의 유형에 적합하지 않는 현상이 또 하나 있다. 신

---

[6] Eben Alexander, *Proof of Heaven* (New York: Simon & Schuster, 2012)를 보라. 나의 견해로는 알렉산더가 자신의 몸을 떠났으며, 자신의 뇌가 의식을 유지할 능력이 전혀 없었을 때에도 의식을 했고, 또 다른 영역으로 갔었음이 분명하다. 그렇지만 자신의 경험에 대한 그의 해석의 일부는 오류가 있다. 임사 체험의 실재에 대한 놀라운 증거를 더 보려면, 8장 주1에서 인용한 자료들을 참조하라.

경 과학자들은 한 뇌의 상태와 다른 뇌의 상태 사이의 관계를 결정하는 법칙을 만들려고 노력하고 있다. 예를 들어, 어떤 사람이 '함께 반응하고 함께 연결되는 뉴런'과 같은 법칙을 제시했다고 하자. 다시 말해, 한 집단의 뉴런이 모두 함께 반응한다면, 이들은 '맞물려 있어서', 즉 무리를 지어서 규칙적으로 동시에 반응하도록 서로 연결되어 있는 것처럼 보이는 성향이 있다. 여기까지는 아주 좋다.

그러나 이제 신경 과학자가 이런 엄격한 물리적 법칙 이상으로 나아가려는 시도로, 뇌의 상태(C-신경 섬유의 반응)와 심리 상태(고통을 느끼는 것 등)의 상관관계를 설명하는 새로운 법칙을 만들려 한다고 가정해 보자. 그러면 갖가지 심리 상태와 신체 상태 사이에서 통제할 수 없는 수십만 아니 수백만 가지의 원초적이고 사실적인 상관관계에 직면하게 될 것이다. 신경 과학 이론을 확장해서 그런 상관관계들을 포함시킨다면, 이 이론은 너무나 복잡하게 되어 이론 자체가 훼손되어 버릴 것이다.

자연주의 철학자 김재권(브라운대 명예교수)이 지적하는 것처럼, 심리적 속성과 신체적 속성 그리고 심리 상태와 신체 상태를 일원화하지 않고 서로 상관관계를 가진 두 개의 다른 것으로 여기면,

그런 모든 상관관계는 세상의 '원초적' 기본 법칙으로 간주되어야 할 것이다. 더 이상 설명이 불가능하여 세상에 대한 우리의 모든 이론의 기초가 되는 법칙들에 속하는 것으로 간주되어야 한다는 의미에서 원초적인 것이다. 그러나 세상의 그런 이론은 용인할 수 없을

정도로 복잡하고 비대해진 상태(과학에서 추구하는 단순함과 우아함의 정반대 형태)로 우리를 공격할 것이다.[7]

김재권은 과학의 틀 안에서만 움직이려고 하기 때문에 그런 상관관계의 특이성이 그에게 문제가 된다. 스윈번과 나는 이 문제가 인격적 설명을 채택함으로써 쉽게 해결된다고 생각한다. 하나님이 이성을 가지고 이렇게 만드신 것이다! 이에 대해서는 아래에서 더 이야기할 것이다.

3. 기존 이론에 속한 것과는 전혀 다른 독특한 새로운 현상일 경우

의식의 예는 특이성의 또 다른 특징을 보여준다. 만일 기존의 이론에 도입된 새로운 현상이 그 이론 안의 다른 것들과는 전혀 다르고 독특해서 그 새로운 현상의 출현이 원칙적으로 기존 이론에 의해 예측될 수 없었을 경우, 확장된 기존 이론은 거짓이다.

과학주의에 의하면, 우주의 역사 전체는 최초의 지각 존재가 나타나기 전까지는 엄격하게 물리적인 것의 역사로서, 이런 존재들이 출현하기 전에는 감각이나 생각, 소원 등이 존재하지 않았다. 의식의 출현은 원초적 물질에 대한 신과 같은 완전한 지식으로도 전혀 예측할 수 없다.

이처럼 의식의 본질은 특이하다. 자연주의적 물리 세계관에는 맞

---

[7] Jaegwon Kim, *Philosophy of Mind*, 3rd ed. (Boulder, CO: Westview, 2011), 101.

지 않거나 적절하지 않다. 자연주의 철학자 콜린 맥긴(Colin McGinn)이 시인하듯이, 의식은 우주의 가장 신비로운 특징이다. 그는 의식에 대한 자연주의적 설명이 없어 보이기 때문에, 의식의 출현은 순전한 마술 세계에 접해있다고 주장했다.

> 어떻게 순전한 물질이 의식을 만들어 낼 수 있겠는가? 어떻게 진화가 생물학적 조직이라는 된물을 의식이라는 포도주로 바꿀 수 있겠는가? 의식은 우주에서 근본적으로 기이한 것으로서 빅뱅의 여파로 예측되지 않는 것이다. 그런데 어떻게 해서 이것이 그 이전에 존재한 것으로부터 솟아날 수 있었을까?[8]

정말 좋은 질문이다.

4. 물리적 사실과 우연히 연관된 현상일 경우

마지막으로, 특이성의 또 다른 특징은 특이한 현상의 우연성이라는 것이다. 온전하고 적절한 과학적 설명은 어떤 사실에 다른 사실이 주어지면 반드시 발생하는 이유를 보여준다. 이때 원인이 되는 사실은 결과가 되는 사실이 발생하는 것을 필연으로 한다. 예를 들어, 이상적 기체 등식 및 지원 이론은 일정한 용적에서 온도가 올라갈 경우 압력이 증가하는 것을 보여준다. 온도의 상승은 압력의 증가를 필연

---

8) Colin McGinn, *The Mysterious Flame* (New York: Basic Books, 1999), 13-14.

으로 하는 것이다.

그러나 뇌 상태와 의식 상태의 상관관계는 완전히 우연적이다. 이들은 쉽게 다른 관계를 가질 수도 있다. 예를 들어, 하나님은 원하시는 경우, 우리와 같은 뇌 상태를 가지지만 의식 상태는 전혀 없는 존재들을 창조하실 수 있다. 또는 C-신경 섬유의 반응이 고통의 감정과 상관관계를 가지는 대신, 쉽게 사랑이나 즐거움의 감정과 상관관계를 가진 것으로 나타날 수도 있다. 이러한 사실과 상반된 시나리오에는 전혀 모순이 없다.

그러므로 오직 물리적 이론만 사용한다면, 다른 의식 상태와 상반되는 어떤 의식 상태가 특정 뇌 상태와 상관관계를 가지는 데 대하여 어떤 이유를 제시하거나 예측할 수 없다.

어떤 현상(기온 상승)이 다른 일(기압 증가)을 필연으로 한다면, 압력 증가는 전혀 특이한 일이 아니다. 그러나 만일 뇌 상태와 의식 상태 사이에서 얻어지는 것과 같은 완전히 우연한 원초적 상관관계가 발견될 경우, 이 상관관계는 특이한 것이다.

왜 그럴까? 지금의 상태를 가져야 할 당위성이 없었기 때문이다. 그래서 우리는 이전과는 다른 일이 나타난 이유의 특이성을 놓고 당황하게 된다.

9장에서 소개했던 자연주의자이자 과학주의 옹호자인 데이비드 파피뇨는 이 문제와 관련해, 의식 상태를 비물리적으로 보는 상식적인 관점을 수용해서, 이를 적당하게 복잡한 상태에 이를 때에 발생하는 '창발적 속성'이라고 부르려는 시도에 대해 논의한다. 우리가 이 접근법을 수용한다 해도, "여전히 우리는 '왜 의식이 꼭 그 경우들에서만 창발하는가?'라는 질문에 직면하게 되는 것 같다. 그리고 이 질문에 대해 물리주의자의 '의식 이론들'은 답을 제시하지 못하는 것 같다"[9] 라고 파피뇨는 말한다.

종합하면, 스윈번에 의하면 어떤 현상이 특이할 경우 과학적으로 설명이 불가능하다. 그래서 나는 이런 특이성의 네 가지 특성을 정리했다.

(1) 특이한 현상을 설명하기 위해서는 이전의 물리 이론이 새로운 법칙을 수용해야 하는데, 그 결과 그 수정된 이론이 너무 복잡하고 형식이 임시적으로 될 경우.

(2) 새로운 현상으로 인해 설명될 수 없는 원초적 사실들이 많아지게 되고, 또 그것이 기존의 법칙과 이론이 단순성의 원칙을 어기게 만들 경우.

(3) 새로운 현상이 기존의 이론에 속한 다른 것들과 비교할 때 완전히 독특할 경우. 이 현상은 특이한 것으로, 확장된 새 이론으로는 적절히 설명될 수 없다.

(4) 온전하고 적절한 과학적 설명은 어떤 현상이 주어지면 또 다른 현상이 일어나야 하는 이유를 제시해야 하지만, 뇌 상태와 심리 상태 사이의 상관관계는 임의적이다. 그러므로 이것은 과학적 설명이 불가능한 특이한 원초적 사실이다.

---

9) David Papineau, *Philosophical Naturalism* (Oxford: Blackwell, 1993), 119.

너무 커서 과학적 설명의 유형에 맞지 않는 현상

스윈번이 말하는 과학적 설명이 불가능한 현상의 첫째 특징은 특이성이다. 두 번째 특징은 그 현상이 너무 크다는 것이다.[10] 여기서 "너무 크다"는 기준에 대해서 설명하기보다는 과학이 원칙적으로 설명할 수 없는 것들의 몇 가지 예를 살펴보기로 하자. 이렇게 하면 "너무 크다"는 의미가 무엇인지 분명해질 것이라 생각한다. 이 주제는 다음 장으로 넘긴다.

---

10) Swinburne, *Existence of God*, 75.

12장

과학이
원칙적으로 설명할 수 없는
다섯 가지
(그러나 유신론은 설명할 수 있는 것)

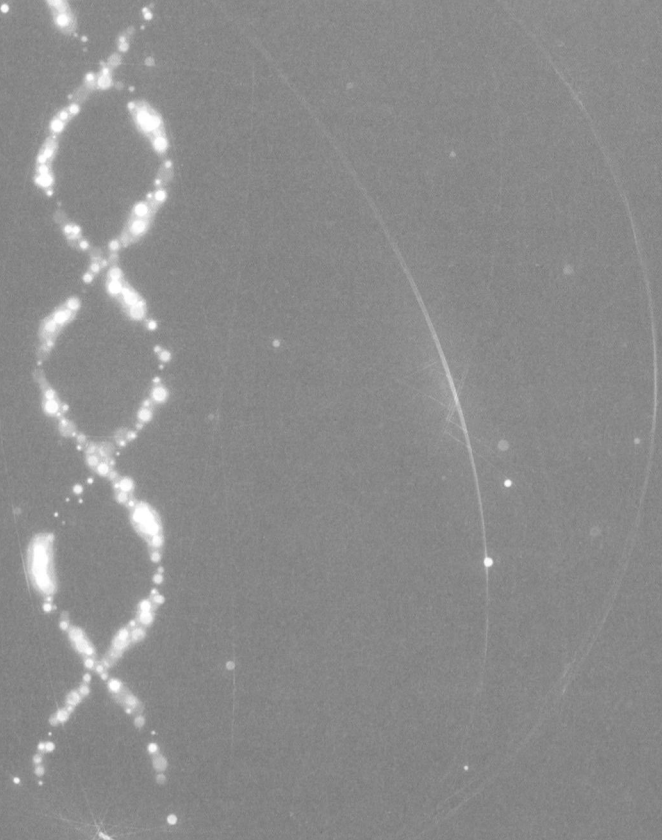

과학주의의 핵심은 과학이 사실상 모든 것을 설명할 수 있다는 확신이다. 만일 어떤 사건이나 상태에 대해 타당한 과학적 설명이 없다면, 그것은 우리의 지식의 올바른 대상이 아니다. 그러나 실제로는 과학이 설명할 수 없는 것들이 많다.

그런데 문제는 충분한 데이터가 없는 것이 아니다. 문제는 이런 것들이 과학이 원칙적으로라도 설명할 수 없는 종류의 것이라는 데 있다. 한 걸음 더 나아가, 이런 것들은 우리가 진실이라고 아는 것들이다. 무엇보다도 특별히 흥미로운 사실은 유신론은 이를 설명할 수 있다는 것이다.

이제 유신론은 설명할 수 있지만, 과학은 설명할 수 없는 다섯 가지를 살펴보자.

1. 과학은 우주의 기원을 설명할 수 없다

우주(시간과 공간과 물질 혹은 비인격적 에너지로 이루어진 시스템)는 어떤 유한한 시간 전(138억 년 전)에 존재하기 시작했다는 것은 이제 합리적인 의심의 여지가 없는 사실이 되었다. 칼람 우주 논증(이 사실에 근거한 신 존재 증명)은 수 세기 전에 만들어졌지만, 근래에 와서 새롭게 관심의 대상이 되고 있다.

1. 우주는 시작이 있다.
2. 우주의 시작은 원인이 있었다.
3. 우주의 시작의 원인은 인격적이다.

우주는 시작이 있다는 철학의 증거

이전에 살펴본 것처럼, 전제 1에 대한 철학적 논증 하나는 사건의 실무한(actual infinite, 實無限; 실무한이란 유한한 수보다 무한히 큰 것들의 집합을 의미한다) 수 이상으로 나아가는 일이 불가능하다는 점을 내포한다. 예를 들어, 하나, 둘, 셋 하고 수를 세기 시작할 경우, 영원히 세어도 실무한 수를 세는 때에 이를 수 없다. 세는 수는 영원히 증가할 수 있다(가무한). 그러나 이 수는 늘 유한하다(그래서 절대로 실무한에 이를 수 없다).

무한을 세려는 시도는 무한히 높은 벽(문자적으로 위쪽 끝이 없어서 한없이 높아지는 벽)이 있는 구덩이에서 뛰어나오려는 것과 같다. 아무리 오랫동안 센다 하더라도, 여전히 무한히 많은 수가 남아 있다!

이제 우주의 역사에서 일어난 사건들을 다음과 같이 나타낸다고 가정해 보자.

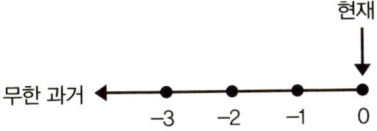

현시점을 0으로 표시했고 과거의 각 시점(어제 혹은 주전 1,500년)을 직선 위에 표시했다. 만일 우주에 시작이 없다면 이 직선의 왼편은 끝이 없을 것이다. 이 직선은 무한히 과거로 뻗어 간다. 만일 우주에 시작이 없다면, 현 시점에 이르기까지 발생한 사건의 수는 실무한이 될 것이다. 이것은 마치 0에서부터 무한한 음수를 세는 것과 같다.

우주에 시작이 있다는 과학적인 증거

우주에 시작이 있다는 사실에 대해서는 두 가지 과학적 논증이 있지만, 내가 보기에는 철학적 논증이 이들보다 더 강력하며, 더 이상의 지원이 필요하지 않을 정도로 이 사실을 확증한다. 그리고 우주에 시작이 있다는 증거를 과학이 제시할 수 있기는 하지만, 그 시작을 설명할 수는 없다. 즉 그 원인을 설명할 수는 없다.

전제 1에 대한 과학의 논증 하나는 열역학 제2법칙(이는 우주 안에 있는 유용한 에너지의 양이 비가역적으로 소모된다는 점을 말해 준다)에서 나온다. 만일 우주가 무한히 오래되었다면, 유용한 에너지를 이미 다 소모했을 수 있다. 우주에는 유용한 에너지 저장소(예로, 태양)가 많이 있으므로 존재 기간이 유한하다. 그러므로 우주는 시작이 있고, 그때에 우주의 유용한 에너지가 '외부에서부터' 주어졌다.

만일 우주가 실무한의 과거로부터 이미 존재했다면, 무한한 때 전에 이미 평형 상태에 이르렀을 것이다. 그러나 분명히 그렇게 되지 않았다.

이렇게 생각해 보자. 어떤 방을 완벽하게 밀봉해서 물질이나 에너지를 포함해 어떤 것도 드나들지 못하게 한다고 가정해 보자. 그런데 방 안에서 따뜻한 커피 한 잔과 함께 촛불이 켜져 있다고 생각하자. 그러면 우리는 그 방이 시작이 없지 않으며, 무한히 오래전에 만들어져 밀봉된 것은 아니라고 여길 것이다. 실제로 우리는 그 방이 어쩌면 한 시간보다 오래전에 만들어져 밀봉된 것일 수 없다고 여길 것이다. 왜 그럴까? 만일 그보다 오래되었다면 따뜻한 것과 불타는 것은 모두 에너지를 다 소비했을 것이고, 따라서 방은 획일적인 온도에 이르렀을 것이다(평형 상태에 이르렀을 것이다).

두 번째 과학적 논증은 고전적 빅뱅 이론으로, 현재 우주의 기원에 대해 가장 합리적이고 널리 존중받는 이론이다. 이 이론은 시공간적인 물리적 우주는 시작이 있다는 사실을 확증한다. 과학자들은 은하계들이 서로 가속적으로 멀어지고 있다는 증거를 발견했다.

이것은 점들이 그려진 풍선을 상상하면서 그려 볼 수 있다. 이 풍선에 바람을 불어넣어 부풀리면, 풍선의 표면이 확장되어 늘어나고 점들은 서로 멀어진다. 이것이 정확히 우주에서 진행되고 있는 일이다. 시간을 되돌려 과거를 추정해 본다면, 시간과 공간과 물질이 존재하게 된 처음 창조 사건의 지점에 이를 수 있다.

그러나 거듭 말하지만, 이 두 예가 보여주는 것처럼 과학은 우주에 시작이 있다는 증거를 제시할 수는 있지만, 원칙적으로 그 시작을 설명할 수는 없다. 즉, 무엇이 그 원인을 제공했는지는 말할 수 없다.

우주의 시작에는 원인이 있다는 증거

전제 2(우주의 시작에는 원인이 있었다)는 우주적인 경험에 의해 분명한 반증이 없이 확증된다. 과학에서 어떤 것이 무로부터 나왔다고 주장하는 경우들을 보면, 실제로 다른 어떤 것에서부터 존재하게 된 한 가지(예로, 우라늄에서 나온 납의 경우)를 포함하고 있다.

이 전제도 무의 본질(속성, 사건, 인과적인 힘 등 어떤 것이든 완전하고 완벽한 부재)을 분석함으로써 철학적으로 확증할 수 있다. 실제적인 것은 무로부터 튀어나올 수 없다.

우주의 시작의 원인은 인격적이라는 증거

전제 3(우주의 시작의 원인은 인격적이다)은 자연의 법칙과 시간, 공간, 물질이 우주의 시작 이전에는 존재하지 않았다는 사실에서 나온다. 그렇지만 우리가 찾으려고 하는 것은 시간과 공간과 물질의 원인이기 때문에, 원인 그 자체는 이들과 다른 어떤 것이어야 한다. 다시 말해, 그것은 시간의 원인이 되기 위해서 시간이 아니어야 한다.[1] 공간의 원인이 되기 위해서 공간이 아니어야 한다. 물질의 원인이 되기 위해서 물질이 아니어야 한다. 자연 세계 없이 그리고 자연의 궁극적인

---

[1] 시간이 없기에 그것들이 존재하는 바탕인 우주보다 '더 이전'은 없다. 우주가 없기에 하나님은 시간이 없이 존재하신다.

법칙에 종속되지 않고 존재할 수 있기 위해서 초자연적이어야 한다.

우주의 비물질적 원인은 시간도 없고 공간도 없으며, 원동자(first mover)로서 자발적으로 세상을 존재하게 할 수 있는 능력을 가지고 있다. 즉, 먼저 변화하지 않고도 그렇게 할 수 있다(만일 세상을 존재하게 하기 전에 변화해야 했다면, 세상을 존재하게 한 행위가 아니라 그 변화가 최초의 사건이 된다). 그와 같은 원인은 반드시 진정한 자유 의지여야 하며, 오직 인격만이 자유 의지를 가질 수 있으므로 그는 인격적인 창조자이다.

과학이 원칙적으로 우주의 기원을 설명할 수 없는 세 가지 이유

지금까지 내가 쓴 것은 칼람 신 존재 논증(우주론적 논증)을 대략적으로 간단하게 요약한 것이다.[2] 그러나 또한 흥미로운 점은, 최소한 세 가지 이유 때문에 과학은(원칙적으로라도) 우주의 기원을 설명할 수 없다는 것이다.

첫째, 과학은 우주의 한 측면을 설명할 때, 우주의 다른 측면을 활용한다. 보통 이 두 가지를 자연의 법칙 아래 포함시켜서 연관 짓는 방법을 사용한다.

예를 들어, 우리는 물의 구성을 설명할 때 수소와 산소의 화학적 성질을 어떤 에너지 배출 사건과 함께 활용한다. 이 사건이 이 둘이 화학적 성질에 따라 결합되게 한다는 것이다. 우리는 공룡의 죽음을

---

[2] 이 논증에 대한 자세한 설명은 다음을 참고하라. J. P. Moreland, *Scaling the Secular City* (Grand Rapids, MI: Baker, 1986), 1장; Douglas Groothuis, *Christian Apologetics* (Downers Grove, IL: InterVarsity Press, 2011), 214–234; William Lane Craig, *Reasonable Faith: Christian Truth and Apologetics*, 3rd ed. (Wheaton, IL: Crossway, 2008), 111–156.

설명할 때 다양한 대재앙적 사건을 활용한다. 과학적 설명에서는 언제나 과학적 설명, 초기 상태, 자연법칙 등이 적용될 어떤 것을 갖기 이전에 이미 우주가 존재해야만 한다. 과학적인 설명은 그것이 사용되기 위해서 우선 우주가 존재할 것을 전제한다. 이처럼, 어떤 과학적 설명은 그것이 시작될 수 있기 전에 반드시 존재해야 하는 바로 그것(우주)을 설명하는 데 사용될 수 없다.

둘째, 과학의 설명은 관련된 법칙에 따라 현재 진행 중인 일시적인 상태나 상태의 변화에 적용된다. 대륙의 이동, 태양 시스템의 형성, 생명의 발전, 우라늄이 붕괴되어 납이 되는 일 등은 모두 그 사건과 연결된 다른 사건과 법칙에 의해 설명되는 사건 또는 상태의 변화이다. 일정한 부피에서 기체가 특정 압력을 유지하는 사건은 그 기체가 이상적 기체 법칙이 따라 특정 온도를 유지한다는 것으로 설명된다.

그러므로 과학의 설명은 시간(사건은 시간 속에서 일어나는 일이며, 따라서 시간이 없는 사건에는 의미가 부여될 수 없다)과 사건의 실재를 전제한다. 여기서 두 가지가 나온다. 하나는, 과학은 최초의 사건(우주의 시작)을 절대로 설명할 수 없다. 그렇게 하기 위해서는 그와 관련된 그 이전의 사건과 법칙을 활용해야 하기 때문이다. 그러나 이 경우, 우주의 기원은 최초의 사건이 아니다. 설명 이전의 사건인 것이다. 그러나 이 최초의 사건을 설명하기 위해서는 그 이전의 사건을 전제할 필요가 있는데, 그러면 무한 후퇴가 일어난다.

다른 하나는, 과학적 설명은 한 사건을 어떤 법칙을 통해 다른 사건과 묶는데, 그런 설명은 그 법칙들이 적용될 수 있기 위해 시간을 전제로 한다. 따라서 여기서도 과학은 시간의 기원을 설명할 수 없다. 그것은 시간이 제시될 수 있기 전에 존재해야 하기 때문이다.

셋째, 존재하게 되는 것은 과정이 아니라 즉각적으로 이루어지는 일이다. 방으로 걸어 들어가는 과정을 생각해 보자. 완전히 방 밖에서 출발해서, 방 안으로 20퍼센트 들어가고, 다음에는 30퍼센트 들어가는 식이다. 그러다가 마침내 방안으로 100퍼센트 들어간다.

그러나 무에서 존재하게 되는 일은 과정이 아니다. 처음에는 100퍼센트 부존재, 조금 후엔 90퍼센트가 부존재하고, 그러다가 마침내 100퍼센트 존재하는 것이 아니다. 90퍼센트가 부존재한다는 것은 어떤 것이 10퍼센트는 완전히 존재하고 90퍼센트는 완전히 부존재한다는 의미가 아니다. 어떤 것의 전체가 10퍼센트만 실재한다는 의미다. 그래서 90퍼센트가 부존재한다는 것과 같은 개념은 비논리적이라는 결론을 피할 수 없다.

존재하거나 존재하지 않거나 둘 중 하나이다. 따라서 이렇게 된다. 하나님의 창조 행위를 떠나서는 어떤 것도 (혼다 시빅, 물고기의 등뼈, 에베레스트 산의 반쪽, 또는 닭의 두 날개 등과는 달리) 갑자기 존재로 들어온 이유에 대해서 원칙적으로 설명도 이유도 있을 수 없다.

과학은 오로지 어떤 것이 다른 것으로 변화되는 일에만 적용될 수 있다. 그러나 존재하게 되는 일은 변화가 아니다. 한 점의 행위나 즉각적인 사건이다. 그러므로 과학은 우주가 무에서 존재로 들어온 일을 원칙적으로 설명할 수 없다.

2. 과학은 자연의 근본적인 법칙들의 기원을 설명할 수 없다

자연의 법칙이 모두 다 근본적이지는 않다. 어떤 법칙은 다른 법칙에서 나올 수 있다. 예를 들어, 뉴턴의 운동 제1법칙(비균형적인 힘이 가해지지 않는 한 정지 중인 물체는 계속 정지하고 운동 중인 물체는 동일한 속도와 동일한 방향으로 운동을 계속한다)은 갈릴레오의 관성 개념(물질의 속도 변화에 대한 저항의 성향으로서, 물체는 자발적으로 자신의 속도를 변화시키지 않으며, 마찰이 가해지지 않는 한 일정하게 유지된다)에 근거한 것이다.

그러나 그런 유추는 무한정 계속될 수 없다. 반드시 자연의 근본적인 혹은 토대적인 법칙이 존재해야 한다. 그리고 이에 대해서는 보편적인 동의가 있다.

그러나 이런 법칙들의 존재와 정확한 본질은 과학에 의해 설명될 수 없는데, 그것은 모든 과학적 설명이 그것들을 전제로 하기 때문이다. 과학적인 설명에 관한 한, 이 근본적인 법칙들은 다른 것들을 과학적으로 설명하는 데 사용될 수 있도록 그저 원초적으로 주어진 것으로서, 그 자체는 과학적으로 설명될 수 없다.

그러면 이 법칙들의 존재와 본질을 어떻게 설명할 것인가? 이 법칙들은 어디서 왔을까? 여기에는 주로 두 가지의 선택지가 있다. (1) 이를 설명이 불가능한 원초적인 것으로 여긴다. (2) 유신론적인 설명을 한다.

필자를 포함하여 많은 사상가들에게는 "설명이 불가능한 원초적인 것"이라는 선택지는 좋은 것이 아니다. 실제적으로 원초적인 것은 존재하지 않을 수 있기 때문에, 우리는 자연히 그 우연적인 것이 왜 존재하지 않고 존재하게 되었는지 그 이유에 대한 설명을 추구하게 된다. 그런데 자연의 근본적인 법칙들은 우연적인 실재다. 그래서 쉽게, 자연의 근본적 법칙들을 달리 가지는 세상을 생각해 보게 된다. 그렇다면 왜 우리의 세계는 다른 근본적 법칙을 가지지 않을까?

이것은 완벽하게 있을 법한 질문처럼 보인다. 그러나 어떤 무신론자들은 이것이 충족 이유율을 가정한다는 근거로 이 질문을 거부한다. 충족 이유율(the Principle of Sufficient Reason; 이유없이는 아무 것도 생기지 않는다는 이론)은 논점 절취(하나님을 믿는 유일한 이유는 이미 하나님의 존재를 믿는다는 것이다.)이거나 아니면 무신론자들이 자유롭게 거부해도 되는 원초적 원칙에 불과한 것이다. 충족 이유율은 여러 가지 공식을 가지고 있지만, 그중 하나는 '모든 우연적 존재는 그것이 존재하지 않고 존재하는 이유에 대한 충분한 설명이 있다'는 것이다.

유신론자들은 충족 이유율이 사실상 하나님의 존재를 전제하지 않는다고 반론하면서, 이것은 어떤 것이 왜 존재하고 그런 상태인지에 대한 설명을 추구하는 인간의 탐구 배후에 서서 정당화하는 합리적인 원리라고 주장한다.

무신론자들은 합성의 오류를 범하고 있는 것 같다. 이 오류는 어떤 이성의 원리나 시스템을 사용하다가 그 원리(혹은 시스템)가 의미하는 바를 좋아하지 않게 되는 지점에 이르면, 그 원리를 버리고 사용을 멈추는 것이다.

이를 지금 우리의 논의에 적용하면, 우리는 늘 충족 이유율을 사용하며(예로, 택시가 고장 날 경우, 정비공은 엔진이 올바른 상태에 있지 않고 그릇된 상태에 있게 된 이유가 있을 것을 가정하고 그 이유를 찾으려고 한다), 이것은 거듭해서 입증된다.

그러나 충족 이유율을 자연의 근본 법칙의 존재(혹은, 우리가 살고 있는 우주의 우연성) 이유에 적용할 경우, 무신론자들은 이 원리를 사용하는 일을 마음대로 중단해 버린다. 그렇게 하면 아주 자연스럽게 유신론적 설명이 나오기 때문이다. 그러면 그들은 그 원리를 버린다.

충족 이유율은 필연적 존재들(이들이 정말로 존재한다면 모든 가능한 세계에 존재하는 존재)에는 적용되지 않는다. 필연적 존재란 존재하지 않을 수 없는 존재다. 만일 하나님이 존재한다면(그리고 이 논증이 그가 존재한다는 증거를 제공한다면) 그는 필연적 존재이며, 그가 존재하는 이유는 그 자신의 본질상 필요로 하기 때문이다.

그러나 하나님이 필연적 존재이면서 창조주라면, 그가 만든 우주가 우연적인 자연의 법칙을 가진 것을 어떻게 설명할 것인가? 그 대답은 하나님의 자유 의지에 있다. 하나님이 자유 의지로 우주를 존재하게 하셨지만, 그는 창조하지 않을 수도 있었고 또한 다른 자연의 법칙을 가진 다른 종류의 우주를 창조할 수도 있었다.

이처럼 우리의 법칙의 우연성은 필연적 존재인 인격적인 하나님의 자유 의지적인 행위로 설명이 된다.

3. 과학은 우주의 미세 조정을 설명할 수 없다

미세 조정이란 무엇인가?[3] 우리 우주에는 다양한 상수들(뉴턴의 중력 법칙 $F = G \frac{m_1 m_2}{r^2}$)에 나오는 중력 상수 G와 같은 것)과 특정한 임의적인 물리적 질량들(우주에 있는 낮은 엔트로피 R^2 수준, 즉 일을 할 수 있는 에너지 혹은 무질서의 양 등)이 있는데, 이는 자연의 법칙에 의해 결정되는 것이 아니다. 과학의 입장에서 보는 한, 이것은 그냥 존재하는 원초적 사실이다.[4]

이런 정보를 바탕으로 철학자 윌리엄 레인 크레이그(William Lane Craig)는 미세 조정을 다음과 같이 정의한다.

> 미세 조정이란 해당 상수와 질량의 실제 값으로부터의 작은 변이가 우주로 하여금 생명을 허용하지 않게 한다는 의미이거나, 아니면 생명을 허용하는 값의 범위가 가정할 수 있는 값의 범위에 비해 극히 협소하다는 의미이다.[5]

이런 요인들은 원칙적으로 과학으로 설명이 불가능한데, 그 이유는 이것들이 궁극적인 것, 즉 과학 법칙에 원초적으로 주어진 것이기 때문이다. 그러나 이들은 유신론적 설명을 통해 설득력 있게 설명될

---

[3] 나는 윌리엄 레인 크레이그가 *Reasonable Faith*, 158-159에서 이 주제에 관해 다룬 탁월한 논증에서 도움을 받았다.
[4] 이런 상수와 물리량들의 목록과 설명을 보려면, 다음을 참조하라. Hugh Ross, *The Creator and the Cosmos*, 3rd. rev. and expanded ed. (Colorado Springs: NavPress, 2001), 145-167.
[5] Craig, *Reasonable Faith*, 158.

수 있다. 이를 위해서는 다음 이야기를 생각해 보라.

윌리엄 뎀스키(William Dembski)는 어떤 현상들이 어떤 행위자의 의도적이고 지적인 행위에 의한 결과라고 추론하는 것이 합리적인 사례들을 분석했다.[6] 그 가운데서 뎀스키는 보험사 직원, 경찰, 법의학자들이 어떤 죽음이 우연에 의한 것(지적인 원인이 없는 것)인지, 아니면 의도에 의한 것(지적 행위자가 의도적으로 원인을 제공한 것)인지를 확인해야 하는 경우들을 분석했다.

뎀스키에 의하면, 다음 세 가지 요인이 있으면 언제든지 조사자는 이 사건이 의도에 의한 것이라는 합리적 결론을 내려야 한다고 한다.

1. 그 사건이 우연적이다. 다시 말해, 비록 발생하기는 했지만 반드시 일어날 필요는 없었다. 어떤 자연법칙도 그 사건이 일어날 것을 요구하지 않았다(자연법칙에 의해 특정 온도가 되면 반드시 물이 어는 것과는 다른 경우이다).
2. 그 사건은 발생할 개연성이 낮다.
3. 그 사건은 독립적인 특정(specifiability)이 가능하다(사실상 우연히 일어났다는 단순한 사실이 아니라 특별히 발생한 것으로 확인할 수 있다).

뎀스키 등은 이 세 가지 요인을 설계 필터라고 부르는데, 이것은 과학의 다양한 분야에서 사용되고 있다(예로, 법의학).

---

[6] William Dembski, *Intelligent Design* (Downers Grove, IL: InterVarsity Press, 1999).

이를 이해하기 위해서, 두 사람이 브리지 카드 게임을 하기 위해 카드 패를 받는 장면을 생각해 보자. 하나의 카드 패는 무작위적인 카드 세트이고(이를 패 A라고 하자), 다른 카드 패는 딜러 자신이 받은 완벽한 브리지라고 하자. 이런 일이 일어났을 경우, 우리는 즉각 A는 의도가 개입되지 않았지만, 완벽한 브리지로 된 카드 세트는 딜러가 속임수를 썼음을 보여준다고 추론할 것이다. 이런 의심을 정당화하는 것은 무엇일까?

첫째, 두 패 모두 우연적이다. 그 어느 것도 일어날 필요는 없었다. 그것이 우주의 역사 속에서 일어나야 할 필연성을 제공하는 자연이나 논리 혹은 수학의 법칙이 없다. 이런 의미에서 각 패와 카드 게임 자체는 발생할 필요가 없는 우연적 사건이다.

두 번째, 각 패는 동등하게 개연성이 낮다. 둘 다 같은 수의 카드를 가졌기 때문이다. 어떤 사건의 낮은 개연성은 이 사건이 어떤 행위자의 의도적인 행위에 의해 발생했다는 의심을 제기할 수 있는 필요조건이기는 하지만 충분조건이 되지는 않는다.

셋째, 완벽한 브리지 패는 그것이 우연히 발생한 패라는 사실에도 불구하고 독립적 특정이 가능하다. 그러나 패 A는 그렇지 않다. 패 A는 '어떤 사람이 우연히 받을 수 있는 어떤 임의적 패'라고 특정할 수 있다. 그러나 그런 특정은 모든 패에 적용되고 어떤 특정한 패에만 특별한 것으로 두드러지지 않는다. 그렇게 이해되기 때문에, 패 A는 다른 임의적 패에 비해 더 특별한 것은 아니다. 그러나 완벽한 브리지가 되어 있는 패는 그렇지 않다. 이 패는 딜러가 받은 패라는 사실과는 별도로, '브리지 규칙으로 볼 때 특별한 종류의 조합'이라고 특징지을 수 있다.

이 패는 우연적이며(이 패는 그렇게 될 필요가 없었다), 개연성이 낮으며(이런 특별한 카드 조합은 발생할 가능성이 낮다), 독립적 특징이 가능한 일(카드 규칙에 의하면, 이런 패를 딜러 받는다는 것은 아주 특별하다)이 결합된 것으로, 딜러가 속임수를 썼다고 비난할 수 있게 한다.

이와 마찬가지로, 어떤 부인이 건강한 데도 불구하고 이상한 방식으로 젊은 나이에 죽었다면, 그리고 이 일이 남편이 자기의 정부에게 프러포즈를 한 지 1주일 후에 아내 앞으로 거액의 생명 보험을 든 다음에 일어났다면, 어떤 지적 설계자에 의한 의도적인 행위임을 정당화하는 세 가지 요인이 존재한다.

미세 조정과 하나님의 존재

이런 모든 것이 하나님의 존재와 어떤 관련이 있을까? 지난 수년 동안 과학자들은 충격적인 발견을 해서, 저명한 무신론 사상가 앤터니 플루(Antony Flew)가 하나님을 믿는 신앙으로 돌아서는 데 큰 역할을 했다. 실제로 그는 그 발견을 보면서, '우주는 우리가 나타날 것을 알았을까?'라고 의문을 품기 시작했다. 그는 그에 대해 긍정적인 답을 주는 증거들을 거부할 수 없었다.[7] 물론 우주는 생명이 없는 물질이며, 따라서 아무것도 알 수 없다. 그래서 플루는 우리가 나타날

---

[7] Anthony Flew, *There Is a God: How the World's Most Notorious Atheist Changed His Mind* (New York: HarperCollins, 2007), 6장.

것을 안 분은 하나님일 수밖에 없다는 사실을 실제로 시인했다.

나의 동료 교수 가운데 하나인 데이비드 호너(David Horner)는 옥스퍼드 대학교에서 철학 박사 학위를 받은 사람이다. 어느 날 그가 강의실을 지나가다가 세계 최고의 무신론자 가운데 한 사람이 이 발견에 대해 강연하고 있는 것을 들었다(그의 이름을 언급하지는 않겠다). 그는 이것이 하나님의 존재에 대한 의미 있는 증거를 제공하며, 이 새로운 증거에 대해 무신론자로서 어떻게 대응해야 할지 정말 모르겠다고 솔직하게 시인하는 것을 들었다.

그렇다면 이 발견은 어떤 것일까? 우주는 생명이 나타날 수 있도록 정확하게 미세 조정이 되어 있다는 것이다. 우주에 관하여 자연의 혹은 임의적인 물리적 규모의 기본 상수 형태로 100가지 정도의 독립적이고 구체적인 사실들이 발견되었는데, 이것은 과학적으로 말하면 원초적인 사실로서 이에 대해서는 더 이상의 과학적인 설명이 있을 수 없는 것이다(예로, 우주의 중력이나 전자의 전하, 양자의 정지 질량, 빅뱅으로 인한 확장 속도 등). 많은 사람들은 만일 이런 것들 가운데 (100가지 보다 훨씬 적은) 한 가지라도 10억 분의 1만큼만 크거나 작았더라면, 우주에 생명이 나타날 수 없었을 것이라고 생각한다. 우주는 면도날처럼 생명이 살 수 있도록 엄밀하게 균형을 갖추고 있다.

- 만일 중력이 아주 조금만 컸다면, 모든 별들이 너무 빨리 타 버려서 생명이 살 수 없었을 것이다. 아주 조금만 작았다면, 모든 별들이 너무 차가워져서 생명을 지탱하는 식물이 살 수 없었을 것이다.

- 만일 전자와 양자 질량의 비율이 조금만 크거나 작았다면, 자기 복제 분자를 생성하는 데 필요한 종류의 화학 결합은 생길 수 없었을 것이다. 이것은 우주의 전자기력에도 마찬가지이다.
- 만일 강력한 원자력이 조금만 더 강력했다면 생명에 필요한 원자핵이 너무 불안정해졌을 것이고, 만일 약간만 더 약했다면 수소 외에는 어떤 원소도 형성되지 못했을 것이다.
- 만일 우주의 확장 속도가 1경(10,000,000,000,000,000) 분의 1이라도 작았다면, 우주는 붕괴되어 형태를 가지거나 생명을 지탱하지 못했을 것이다.
- 양자 법칙은 전자가 원자핵 속으로 던져지는 것을 막을 정도만큼 정밀하다.
- 만일 지구가 자전하는 데 24시간 이상 걸린다면, 일출과 일몰 사이의 지구 온도가 지나치게 극단적으로 될 것이다. 만일 지구의 자전이 조금만 빠르면, 바람이 위험한 속도로 불게 될 것이다.
- 지구의 산소 수준이 조금만 적어진다면 우리는 질식사할 것이며, 조금만 많아진다면 자연 발화가 일어날 것이다.

이런 사실은 얼마든지 더 제시할 수 있다. 이런 발견들이 과학자들과 철학자들을 충격에 빠뜨리는 이유는 명백하다. 정밀하게 균형을 이룬 이런 요인들은 (1) 우연적이며(이렇게 되지 않고 달리 되는 것을 쉽게 생각할 수 있다. 예를 들어, 양자의 질량이나 우주의 확장 속도가 실제와는 아주 다를 수도 있다), (2) 특별히 개연성이 낮고 무한히 미세한 정도로 균형을 이루고 있으며, (3) 독립적 특징이 가능하다(정확하게 생명이 존재하는 데 필요한 만큼이다).

마지막 사항에 대해서 과학자들은 이 숫자들이 의미 있게 변해도 생명이 나타나는 데 영향을 미치지 않는지를 아주 오랫동안 생각했다. 그러나 이제는 생각하지 않는다. 이제 그들은 생명을 허용하는 우주가 세계의 실제 상태에서 10억 분의 1퍼센트 이내로 정밀하게 정해진 특징들을 가지고 있음을 알고 있는 것이다. 이처럼 실제 값은 생명이 나타나는 데 필요한 면도날 두께 범위 내에 있다. 이 값들은 우주의 실제 값들이 그것과 상응한다는 사실과는 전혀 상관없이 특별하다(카드 게임의 규칙과 마찬가지다).

이렇게 생각해 보자. 과학 철학자 로빈 콜린스(Robin Collins)는 우주를 여행하는 인간이 화성에 도착하여 완벽하게 기능을 발휘하며 생명이 살 수 있는 생물권을 발견하는 시나리오를 상상한다. 우주인이 화성 생물권에 들어가서 그곳의 환경을 통제하는 한 패널을 발견한다.

그 통제 패널에서 그들은 환경을 위한 모든 다이얼들이 생명에 적합하게 맞추어져 있음을 발견한다. 산소의 비율도 완벽하고, 기온은 화씨 70도(섭씨 21도)다. 습도는 50퍼센트이고, 대기를 보충하는 시스템도 있다. 식량을 생산하고, 에너지를 발생시키며, 쓰레기를 처리하는 시스템들도 있다. 각각의 다이얼은 조정 범위가 거대하게 크다. 그래서 한 가지 이상의 다이얼을 조금만 조절해도, 환경에 큰

충격이 와서 생명이 살 수 없게 된다.[8]

이것이 바로 우리가 사는 우주이다. 앞에서 말한 것처럼, 100개 이상의 '다이얼'(자연의 상수들, 우주의 확실한 사실들)이 있다(어떤 사람들은 이보다 훨씬 많을 것으로 추정한다). 그리고 각각의 다이얼은 조정 가능 범위(값)가 아주 크다. 그러나 각 다이얼은 정확하게 맞추어져 있어서 생명이 나타날 수 있다. 그러므로 이론 물리학자 폴 데이비스(Paul Davies)가 이렇게 인정하는 것은 놀라운 일이 아니다.

> 현재의 우주의 구조는 수치의 미세한 변화에 매우 민감해서, 세심하게 생각해 낸 것이라는 인상을 지울 수 없다. …자연이 그 근본적인 상수들에게 부여한 수치들의 기적에 가까운 일치성은 우주가 설계된 것이라는 데 대한 가장 강력한 증거일 수밖에 없다.[9]

자연주의자들의 반응

자연주의자들이 이 논증을 피하기 위해 주로 사용하는 주장이 있는데, 이를 다중 우주론이라고 한다. 이에 의하면, 우리가 사는 세계와 같으며, 또한 과학적 교류 방법을 포함해 어떤 방법으로도 교류할 수 없는 실제적이고 구체적인 우주들을 무한히 가지고 있는 '우주 집

---

[8] Robin Collins, "The Evidence of Physics: The Cosmos on a Razor's Edge," interview in Lee Strobel, *The Case for a Creator: A Journalist Investigates Scientific Evidence That Points to God* (Grand Rapids, MI: Zondervan, 2004), 130.

[9] Paul Davies, *God and the New Physics* (New York: Simon & Schuster, 1983), 189.

단이 있다. 이 우주 집단 안의 각 우주가 상수와 임의의 물리적 크기 등에 대해 각각의 값을 가지고 있다면, 자신의 우주를 관찰할 수 있는 능력을 가진 존재들을 포함하는 우주가 많이 있을 가능성이 있다. 그렇다면, 우리가 관찰한 우주는 상수와 크기가 바르게 결합된 우주여야 한다. 그렇지 않으면 여기서 이 문제를 토론할 필요가 없을 것이기 때문이다!

나는 다중 우주론은 설득력이 없다고 본다. 그 이유 한 가지는, 우리가 평행하는 구체적 우주들과 교류할 수 없으므로 그것들이 존재한다는 분명한 과학적 증거도 없기 때문이다. 실로 나는 유신론적 우주론을 피할 수 있게 한다는 이유만으로 이 괴상한 우주론을 믿을 수는 없다고 생각한다.

나아가, 다중 우주론은 허황된 세계관의 대표적인 예요, 과학주의에서 소중히 여기는 단순성과 우아함이라는 가치와는 정반대되는 것이다. 분명 유신론은 이 가설보다 훨씬 더 단순하고 우아하다.

또한 이 집단 속의 각 우주는 시작점이 있어야 하는데, 그렇게 되면 이 이론은 위에서 말한 칼람 우주론 논증을 피할 수가 없다.

마지막으로 이 가설은 이해할 수가 없다. 이를 주장하는 사람들은 우주가 하나님의 의도적인 창조 행위에 의한 결과라는 결론을 피할 수 있는 가설을 택하고 있는데, 이것 역시 우리 인간에 의한 다른 의도적인 행위를 믿지 못하게 한다. 이것을 생각해 보자. 이 무한한 우주의 집단 안에는 관찰하는 존재들이 들어 있는 수많은 우주들이 있을 것이다. 그 엄청난 우주 속에는 우리의 복제판, 즉 우리와 구별이 불가능할 정도로 유사하지만 다른 생명체가 있을 것이다(말하자면, 나의 복제판이 철학자가 아니라 변호사인 경우).

이제 브리지 카드 게임을 하는데 승자에게 500달러짜리 도자기를 준다고 하자. 그리고 내가 딜러다. 첫 번째 게임에서 나는 놀랍게도 이길 수 있는 완벽한 패를 받았다. 맞은편에 앉은 사람이 내가 의도적인 행위(고의적인 속임수)를 했다고 나를 비난한다. 나는 수많은 우주 집단에는 우리와 똑같은 복제판을 가진 우주가 매우 많이 있으며, 그 많은 것들 가운데는 브리지 게임도 있고, 첫 번째 게임에서 다양한 패가 나오게 된다고 대꾸한다. 우리는 우연히 그 구체적인 우주 가운데서 그런 좋은 패를 받게 되었다. 분명 이런 설명은 거짓이지만, 만일 나와 그 카드 게임 친구가 다중 우주론을 이 상황에 적용한다면 거짓이 아닌 것이 된다!

4. 과학은 의식의 기원을 설명할 수 없다

인간이 여러 가지 특질들, 그중에서도 의식을 가진 존재라는 사실은 과학적 자연주의에 매우 심각한 문제가 된다. 그러나 의식은 유신론에서 쉽게 설명된다.[10] 세계 최고의 과학주의 및 자연주의 옹호자에 속하는 크리스핀 라이트(Crispin Wright)의 다음 말을 생각해 보라.

---

10) J. P. Moreland, *The Recalcitrant Imago Dei* (London: SCM Press, 2009)를 보라.

현대 형이상학의 핵심 문제는 현대 자연주의가 생각하는 세계에서 특정한 인간 중심적 주제들(예를 들어, 의미론과 도덕 혹은 심리학 등)의 자리를 찾는 것, 즉 물리학에 의해 배치된 개념과 범주들을 확장해서, 실제 세계를 본질적으로 그리고 철저하게 다루는 형이상학과 같은 영역으로 들어가는 자세이다.

한편으로 우리가 이런 자연주의를 수용한다면, 환원론 즉 의미론과 도덕 혹은 심리학 등의 어휘가 물리학의 영역 안에 있는 것처럼 기준을 해석하게 되거나, 아니면 현재의 담론들이 정말 실재하는 것에 근거하고 있음을 반박하게 된다.

다른 한편으로, 이런 자연주의를 거부하게 되면, 물리주의 존재론 안에 수용될 수 있는 것보다 더 많은 것이 세계에 있음을 용인하는 것이 된다. 그런 자세를 취하게 되면 일종의 기괴한 초자연주의처럼 보일 것이다.[11]

크리스핀 라이트의 말이 옳다. 자연주의를 전제하면 의식(그는 이것을 "심리학"이라 불렀다)이나 의미론적 의미 등을 배치할 자리가 없다. 그래서 자연주의자는 (1) 이런 것들(예로, 고통의 느낌)이 당사자 내성에서 오는 것 같지 않고 대신 실제로 물리적인 것이라고 해야 하거나, (2) 실재하는 것이라는 사실을 부정해야 한다(예로, 의식은 존재하지 않는다). 그러나 자연주의와 그것이 의미하는 엄격한 물리주의적 존재론(실재

---

11) Crispin Wright, "The Conceivability of Naturalism," in *Conceivability and Possibility*, ed. Tamar Szabo Gendler and John Hawthorne (Oxford: Clarendon, 2002), 401.

관)을 거부하고, 이런 것에 대한 상식적 관점을 수용하면, 유신론을 수용하는 지점에 위험할 정도로 가까워진다.

왜 그럴까? 태초에는 말씀(로고스)이 있었거나 아니면 '입자'가 있었다. 만일 우주의 역사가 원초적(무의식적) 물질에서 시작해서, 그것들이 무작위적인 충돌과 자연법칙에 따라 결합되어 입자들이 더 크고 더 복잡하게 재배열되는 과정이라고 이해한다면, 결국은 예상대로 재배열된 입자들의 집합에 불과한 것으로 끝날 것이다. 만일 의식이 이런 자연주의적 창조론에서 나타났다면, 이는 무에서 어떤 것이 나오는 것과 같은 일이 될 것이다. 그러나 하나님(로고스)에서 시작한다면, 당신의 근본적인 존재는 의식이 있으며, 또 하나님이 다양한 피조물에게 의식을 어떻게 부여했는지를 알기가 어렵지 않을 것이다. 바로 이것이 크리스핀 라이트가 제대로 이해하고 있는 바다.

과학이 심리 상태의 기원을 설명할 수 없는 이유

심리 상태의 존재(또는 신체 상태와의 상관관계)에 대해 자연과학적 설명이 있을 수 없는 이유로는 적어도 네 가지가 제시되어 왔다.

(1) 자연의 균일성. 의식이 출현하기 전의 우주에는 서로 상대적인 힘의 장(field)에 자리 잡고 있는 입자 덩어리나 파동 외에는 없었다. 우주의 발전 이야기는 미립자들이 자연법칙에 따라 재배열해서 점차 더 복잡한 구조가 되는 것으로 설명된다. 물질에 대한 자연주의의 설명에 의하면, 이는 원초적으로 기계적이고 물리적인 것이다. 의식의 출현은 무에서 무엇이 나오는 일이 아닌 것으로 보인다. 일반적으로

물리 화학적 반응은 의식을 조금도 만들어 내지 않는다. 이런 반응들은 뇌 속에서 발생하지만, 뇌는 유기체의 몸의 다른 부분들(즉, 각각의 유기체는 물리적으로 완벽하게 설명할 수 있는 세포들의 집합이다)과 유사한 것 같다. 그런데 어떻게 비슷한 원인이 근본적으로 다른 결과를 낼 수 있겠는가? 그러므로 심리의 출현은 전혀 예측할 수 없고 설명이 불가능하다. 이런 근본적인 불연속은 자연 세계 속에서 나타나는 비균질적 황홀감과 같은 것이다. 이처럼 신체 상태는 공간적 크기와 위치가 있다. 그러나 심리 상태는 공간적 특성이 없다. 공간과 의식은 이상한 결합이다. 어떻게 공간적으로 배열된 물질이 비공간적인 심리 상태를 만들 궁리를 하겠는가? 자연주의자의 관점에서 보면 이것은 전혀 설명이 불가능한 것이다.

(2) 심리와 신체의 상관관계의 우연성. 심리 상태와 신체 상태 사이의 규칙적인 상관관계는 근본적으로 우연적인 것으로 보인다. 왜 가려움이나 생각 혹은 사랑의 감정이 아니라 고통이 특정한 뇌 상태(C-신경 섬유의 반응)와 상관관계가 있을까? 우리는 좀비(우리의 복제판으로서 의식이 없는 존재)와 특질(특질은 어떤 것의 모습이나 고통의 상처 혹은 빨간색을 보는 감각과 같은 감각의 경험적인 요소를 말한다)이 도치된 세계들이 있을 수 있다고 생각하기 쉽다. 특질이 도치된 세계에서는 사람들이 빨간 것을 파란 것으로 보면서 그것을 가리켜 "빨간색이다"라고 한다. 그들은 우리가 사는 세계의 사람들과 동일한 뇌 상태를 가지고 있다. 또 그들은 파란 것을 보고 빨강이라고 한다. 뇌 상태에 대한 지식이 아무리 많아도, 이 문제에 대한 답을 찾는 데는 도움이 되지 않는다. 자연

주의적 인과 관계 설명을 위해서는 인과적 필연성(원인이 있으면 반드시 결과가 있다)이 요구된다는 점을 고려하면, 심리 상태의 존재나 이것이 신체 상태와 규칙적인 상관관계를 가지는 것에 대해 원칙적으로 자연주의적 설명이 있을 수 없다. 자연주의자들의 입장에서는 심리와 몸의 상관관계의 규칙성은 우연적인 원초적 사실로 간주되어야 하기 때문이다. 그러나 이런 사실들은 자연주의적인 관점에서는 설명이 불가능하다. 그리고 이들은 자연주의의 존재론 안에 있는 다른 모든 것들과 비교해 볼 때 근본적으로 독특하다. 그래서 단순히 심리 상태와 그것이 특정한 뇌 상태와 가지는 규칙적인 상관관계가 자연적인 사실이라고 선언하는 것에 의문을 제기하게 된다. 자연주의자 토렌스 호건(Terence Horgan)이 인정하듯이 "'유물론'이나 '자연주의' 혹은 '물리주의'와 같은 이름을 붙일 수 있는 모든 형이상학적 틀에서는, 뜻밖에 일어나는 사실들은 독특해서는 안 되고 설명이 가능해야만 한다."[12]

유신론의 하나님은 진정한 자유 의지를 가지고 있기 때문에, 자유롭게 행동하거나 또는 여러 가지 행동을 하지 않을 수도 있다. 그러므로 의식의 존재 및 의식과 물질과의 정밀한 상관관계가 우연적이라는 사실은, 하나님의 창조 행위가 우연적인 것이라는 유신론의 인격적 설명과 잘 부합한다. 하나님은 필연적 존재일 수 있지만, 하나님이 의식을 가진 존재를 창조한 일과 특정 심리 상태가 특정 신체

---

[12] Terence Horgan, "Nonreductive Materialism and the Explanatory Autonomy of Psychology," in *Naturalism*, ed. Steven J. Wagner and Richard Warner (Notre Dame, IN: University of Notre Dame Press, 1993), 313–314.

상태와 상관관계를 가지도록 한 일은 우연적인 선택이며, 이는 그 현상과 잘 어울린다.

(3) 부수 현상설(epiphenomenalism)과 인과적 폐쇄. 거의 모든 자연주의자들은 그들의 세계관이 모든 실체가 물리적이거나 아니면 최소한 물리적인 것에 그 존재와 행태를 의존할 것을 요구한다고 믿는다. 이런 신념으로 인해 물리적 세계의 인과적 폐쇄에 매달린다. 이 원리에 의하면, 어떤 물리적 사건의 인과적인 선행 사건을 추적할 때, 그 선행 사건을 추적하기 위해 물리적 세계의 차원을 떠나면 안 된다. 물리적 결과는 오직 물리적 원인으로 발생한다. 인과적 폐쇄 원리를 거부하는 것은 모든 물리적 현상(epiphenomena; 물리주의자가 거부해서는 안 되는 것)에 대한 완전하고도 포괄적인 물리주의 이론의 가능성을 거부하는 것을 의미한다.

그러므로 심리적 현상이 진정으로 비물리적이라면, 그것은 부수 현상(인과적인 힘을 가지지 않는 물리적인 것에 의해 생긴 결과)이어야 한다. 그렇다면 물을 마시도록 원인을 제공하는 것은 목마른 느낌이 아니다. 오히려 특정한 뇌 상태가 이것의 원인을 제공한다. 이런 이해에 따르면, 목마른 느낌은 그것이 실재일지라도 어떤 것에도 원인을 제공할 수 없다. 그러나 부수 현상설은 거짓이며, 따라서 거부되어야 한다. 이것은 적어도 두 가지 이유로 인해 거짓이다. 첫째, 이것은 자기 부정적이다. 만일 어떤 결론을 내릴 충분한 이유를 인식하는 상태와 같은 심리 상태가 부수 현상이라면, 그 결론을 내리는 데 있어서 어떤 역할도 하지 않는다. 그렇다면 부수 현상설을 믿는 이유를 제시하는 어떤 주장도 그 신념과 관련해 아무 역할도 하지 않는다. 그러므로 부수 현상설을 받아들이는 일은 합리적 고찰에 근거한 것이 아니며, 따라서 어떤 견해(부수 현상설)에 대해 이유를 제시하는 일은 자기모순으로, 비록 그것이 참일지라도 어떤 결론에 대한 이유를 제시하는 것은 쓸데없는 일이 된다! 둘째, 심리적 인과 관계는 부정할 수 없는 것으로 보인다(예로, 나의 목마른 느낌이 내가 물을 마시도록 원인을 제공한다. 혹은 나의 어떤 신념이 나로 하여금 특정한 방식으로 행동하도록 원인을 제공한다). 그러나 자연주의자들의 입장에서는 심리 상태가 어떤 방식으로든 물리적인 것일 때에만 인과 관계적인 힘을 지닐 수 있다.

일부 자연주의자들이 "비물리적 심리 현상은 부수 현상이다"라는 개념에 의지하는 것은 자연주의를 거부하는 것으로 간주되어야 한다고 나는 생각한다.

자연주의자 D. M. 암스트롱(Armstrong)은 이렇게 시인한다. "나는 (실재하며 모든 것을 포함하는 시공간 시스템을 분석하는 일에) 포함된 원리들이 현재의 물리학의 원리들과 완전히 다르다면, 특히 그것이 의도와 같은 심리적인 것들에 호소한다면, 우리는 그 분석이 자연주의가 허위임을 입증하는 것으로 간주해야 한다고 본다."[13]

(4) 진화론적 설명의 부적절성. 자연주의자들은 원칙적으로 진화론적 설명이 모든 유기체와 그 지체들의 출현을 설명할 수 있다는 견해를 지지한다. 우리는 다양한 유기체들이 가진 새롭고 복잡한 물리

---

[13] D. M. Armstrong, "Naturalism: Materialism and First Philosophy," *Philosophia* 8 (1978): 262.

적 구조들에 대해 진화론적 설명이 어떻게 제시되고 있는지 어렵지 않게 알 수 있다. 콜린 맥긴은 어떤 누구보다도 자연주의가 진정으로 독특한 새로운 특성들을 설명할 수 없다는 것과 함께 이 사상을 적극적으로 옹호했다.

의식의 문제가 우리의 사고방식과 어긋나는 것에 대해 더 깊은 통찰을 얻을 수 있을까? 빗나간 모양의 세계에 대한 우리의 이론화 방식을 심리의 성질에도 적용해야 하는가? 우리는 성공적인 과학 이론들이 가진 특징적인 구조들을 분별할 수 있어야 한다고 생각한다. … 물리 세계에는 적합하지만 심리 세계에 적용하면 흔들리는 '문법'이 과학에 있는가? 아마도 생각의 가장 기본적인 측면은 결합의 운용일 것이다. 우리가 복합적 실체들이 더 단순한 부분들이 배열한 결과라고 생각하는 방식이 바로 이것이다. 이 기본적인 사상에는 세 가지 측면이 있다. 즉, 시작점인 원자들, 그 원자들을 결합하기 위해 사용하는 법칙들, 그리고 그 결과인 복합체들이다. …이런 방식의 이해가 우리가 과학 이론이라고 생각하는 것의 핵심임이 분명하다고 나는 생각한다. 우리의 과학적 능력에는 세계를 이런 결합 방식으로 나타내는 방식이 포함되어 있는 것이다.[14]

이런 결합 방식은 어떻게 해서 복합적인 구조의 뉴런 배열이 나타

---

14) Collin McGinn, *The Mysterious Flame* (New York: Basic Books, 1999), 55-56, cf. 54-62, 90, 95.

날 수 있는지를 설명하는 데는 적합할 수 있겠지만, 고통을 느끼는 상태의 속성(부분들의 구조적 배열이 아닌 성격의 것)이 순수한 물리 세계에 나타날 수 있는지를 설명하는 데는 전혀 부적절하다.

어떤 사람들은 물질이 적당한 수준으로 복합성을 가지게 될 때 나타나는 창발적 속성(emergent property)에 불과하다고 대답한다. 그러나 바로 '창발성'이 문제다. 어떻게 물리적 부분들을 공간적으로 재배열하는 것을 통해 완전히 새로운 것(의식)의 속성이 나타날 수 있는가?

그러므로 그것은 해답이 아니다. 나아가, 창발적 속성의 견해는 무더기 역설이라는 것 때문에 어려움을 겪고 있다.[15] 창발적 속성(예로, 의식의 속성)이 나타나기 위해서 반드시 존재해야 하는 적절한 복합성 개념을 생각해 보자.

이 복합적 구조는 문자적으로 수십억 개의 원자와 분자들이 결합된 것이다. 이제 본래의 복합적 구조에서 원자 하나를 제거한다고 하자. 이 상태에서 의식이 나타날까? 분명 나타날 것이다. 수십억 개 가운데서 원자 하나를 제거하는 것은 거의 0에 가깝기 때문이다. 원자를 하나 더 제거하면 어떨까? 동일한 대답일 것이다. 이런 제거 과정이 영원히 계속될 수 있을 것이라고 생각하는 사람은 없을 것이다.

---

[15] 무더기 역설(sorites paradox)의 문제는 고대 그리스인들이 처음 제시한 것으로, 많은 부분을 가진 것, 예를 들어 많은 수의 머리카락으로 이루어진 머리가 있는데, 그중 한 부분을 제거하고는 큰 변화가 일어났는지(예를 들면, 그 사람이 대머리가 되었는지) 물을 때 발생한다. 대답은 "아니다"이다. 그러면 이 과정을 거듭 반복해도 큰 변화가 일어나지 않을 것(결코 대머리가 되지 않을 것)같이 보인다. 그 이유는 각 단계에서 머리카락 하나를 제거하는 것은 대머리가 아닌 머리에서 대머리로 변화될 큰 가능성을 일으킬 만큼 유의미하지 않기 때문이다. 그러나 결국에는 이 변화가 일어나 머리는 대머리가 된다. 여기에 뭔가 문제가 있는데, 이것이 무더기 역설의 문제이다. 이런 상황의 예를 들어 볼 수 있겠는가?

결국 원자가 네 개만 남은 지점에 이른다면, 의식을 가지기에 불충분한 구조가 될 것이다.

만일 이 모든 것이 옳다면 재앙과 같은 결론이 따른다. 첫 번째 원자를 제거하는 때와 네 개의 원자만 남은 지점 사이 어딘가에서, 한 원자만 제거하면 의식이 없어지는 지점을 만나게 될 것이다. 그러나 어떻게 그 작은 원인 하나(원자 하나가 있고 없는 것)가 그런 엄청난 형이상학적 결과(의식의 존재 유무)를 가져올 수 있겠는가? 그럴 수 없다.

그런데 창발적 속성 관점은 그것이 가능하다고 보는 것 같기에, 우리는 이 관점을 거부해야 한다. 크리스핀 라이트와 D. M. 암스트롱이 지적한 것처럼, 환원 불가능한 의식의 존재는 자연주의가 허위임을 입증하고 유신론이 옳다는 강력한 증거를 제시한다.[16]

5. 과학은 도덕적, 합리적, 심미적 객관 법칙과 내재적 가치 속성의 존재를 설명할 수 없다

대부분의 사람들은 도덕과 합리성 그리고 심미성에 객관적으로 진리인 법칙이 존재한다고 인정한다. 도덕에서 예를 들자면 다음과 같다. "재미로 아기를 괴롭히는 것은 잘못이다." "사람은 사랑과 친절을 추구하고 인종적인 편견을 가지지 말아야 한다." 만일 이런 법칙 가운데 하나를 어길 경우 부도덕한 일을 한 것이다.

---

[16] 의식에 관한 사실을 근거로 하나님의 존재를 증명하는 전문적인 글을 보려면 다음을 보라. J. P. Moreland, *Consciousness and the Existence of God* (New York: Routledge, 2008).

합리성에서 예를 들자면, 논리의 법칙, 배심원 심리에서 증거 평가의 원칙, "만일 한 신념이 당신이 가진 다른 합리적인 신념들과 잘 부합한다면, 그것은 이 신념이 옳을 가능성을 높여 준다" 등과 같은 명제이다. 이런 법칙들 가운데 하나를 어길 경우 비합리적인 일을 한 것이다.

심미성에서는 객관적인 미의 원칙, 즉 그림을 아름답게 그리기 원한다면 대칭과 색상 조화에 주의를 기울여야 한다는 원칙이 있다. 만일 이런 법칙들 가운데 하나를 어긴다면 아름답지 못한 일을 한 것이다.

과학주의의 문제는 과학이 기술적이지 규범적이 아니라는 사실이다. 즉, 과학은 현 상태를 기술하려고 하지만, 당위성을 규정할 수는 없다. 그렇기 때문에 과학이 규범적 법칙과 원칙들을 만나면 침묵해야 한다. 진화 생물학의 선도적인 철학자 중 한 사람인 무신론자 마이클 루즈(Michael Ruse)는 이렇게 말한다.

> 도덕은 손발과 마찬가지로 생물학적 적응이다. 윤리가 어떤 객관적인 것에 대한 일단의 이성적으로 정당한 주장이라고 생각하지만, 이는 환상이다. 어떤 사람이 "네 이웃을 네 몸과 같이 사랑하라"고 할 때, 그들은 자기들이 자신을 뛰어넘고 초월하여 말한다고 생각한다는 것을 나는 이해한다. 그럼에도 불구하고 그런 언급은 진정으로 근거가 없다. 도덕은 생존과 재생산에 도움이 되는 것일 뿐이다. …그래서 더 깊은 의미는 환상이다.[17]

---

17) Michael Ruse, "Evolutionary Theory and Christian Ethics," in *The Darwinian Paradigm* (London: Routledge, 1989), 262-269.

루즈의 생각은 합리성과 심미성에도 동일하게 적용된다. 그러나 만일 도덕적이고 선한 하나님이 존재한다면, 그가 우리에게 부과하는 도덕적, 합리적, 심미적 의무는 객관적인 진리가 될 것이며(즉, 인간이 생각하고 믿는 것과는 상관없이 진리이다), 인간이 규범적으로 선하게 번창하는 데 유익하며, 사람들이 믿든 말든 실재할 것이다.

세상에는 규칙과 원리 외에도 내재적으로 선하고 가치 있는 상태의 일과 사물이 있다. 인간은 깊고 내재적인 가치가 있다. 그래서 모든 인간은 인간으로서 동등한 내재적 가치와 권리를 가진다. 특정한 상태의 심리는 내재적으로 합리적이며, 따라서 규범적으로 합리적인 생각을 하는 사람이 원한다면 마땅히 추구해야 할 상태이다.

예를 들어, 어떤 사람의 마음속에 '의식이 환원 불가능하고 실재라면 물리주의는 거짓이며, 의식이 환원 가능하고 실재라고 해도 물리주의는 거짓이다'라는 복합적인 생각이 있다면, 이는 마음 혹은 심리가 들어갈 수 있는 합리적인 상태이다. 다시 말하지만, 만일 어떤 사람이 "피고에 대한 물리적이고 환경적인 증거와 목격자가 충분하기에 나는 그가 유죄라고 여긴다"라는 참된 신념을 가지고 있다면, 그 사람은 내재적으로 합리적인 상태의 마음 혹은 심리를 가지고 있다. 마찬가지로 어떤 것들, 예를 들어 마우이의 석양이나 눈 덮인 산과 같은 것은 내재적으로 아름답다.

그런데, 만일 우주가 내재적인 선과 합리성, 그리고 아름다움을 가진 존재에 의해 시작되었다면, 이런 것들이 어떻게 시작되었는지 또는 어디서 왔는지에 대한 것은 문제가 되지 않는다. 그러나 과학주의가 참이라면, 우주의 전체 역사는 엄격하게 물리적인 속성(질량, 전하, 크기, 위치 등)을 가진 엄격하게 물리적인 것들(줄, 파도, 입자 등)이 자연법칙에 따라 결합하여 또 다른 엄격하게 물리적인 속성을 지닌 엄격하게 물리적인 것들을 형성하는 방법에 대한 이야기가 된다. 도덕이나 합리성 혹은 심미성 등 내재적이고 규범적인 가치 속성들이 존재할 필요도 여지도 없다.

작고한 무신론 철학자 J. L. 매키(Mackie)가 인정한 것처럼, 도덕적인 속성의 창발은 자연주의에 대한 반증과 유신론에 대한 증거가 될 것이다. "도덕적 속성은 너무나 이색적인 속성과 관계의 묶음이어서, 전능한 신이 창조하지 않는 한 일반적인 사건의 과정에서 발생할 가능성이 거의 없다."[18] 그렇다, 진실이다. 아멘!

결론

지금까지 과학이 원칙적으로라도 도무지 설명할 수 없는 다섯 가지 명백한 현상들을 살펴보았다. 그러나 이것들은 유신론과는 아주 잘 맞는다. 나는 이런 특징들이 유신론을 지지하고 과학주의를 반증하는 강력한 증거라고 결론을 내린다.

---

18) J. L. Mackie, *The Miracle of Theism* (Oxford: Clarendon, 1982), 115. J. P. Moreland and Kai Nielsen, *Does God Exist?* (Buffalo, NY: Prometheus, 1993), 8-10장을 참조하라.

13장

방법론적 자연주의, 유신론적 진화론, 지적 설계론

다음 장에서 과학과 기독교가 어떻게 통합되어야 하는지에 대해 다룰 것인데, 먼저 이번 장에서 이 둘이 잘못 결합되는 방법 중 하나, 즉 방법론적 자연주의에 대해 집중적으로 살펴보기로 하겠다.

오늘날 방법론적 자연주의를 앞장서서 비판하는 사람들 일부는 지적 설계론을 옹호한다. 반면에, 지적 설계론을 앞장서서 방어하는 사람들 다수는 유신론적 진화론자들이다. '유신론적 진화론'이나 '지적 설계론' 둘 다 종종 정의되지 않거나 그릇 정의되고 있다. 그래서 먼저 우리가 무엇에 관해, 그리고 누구에 대해 말하는지부터 명확하게 해야 한다.

지적 설계론

지적 설계론 운동은 과학에 대한 전체적인 접근법으로서 진화라는 주제를 훨씬 넘어선다. 그러나 진화에 관해서 지적 설계론 옹호자들은 최소한 세 가지 주장을 하는데, 우리는 그중 세 번째 주장에 집중할 것이다.

1. 눈먼 시계공 이론은 틀렸다

일부 지적 설계론 옹호자들은 공통 조상론(모든 생명체들은 하나의 공통된 태고의 조상에게서 나왔다는 이론)을 비판하면서 대안들을 제시하지만, 지적 설계론의 주된 표적은 눈먼 시계공 이론이다.

눈먼 시계공 이론은 생명의 역사와 생명체 및 그 부분들의 존재와 본질을 설명하기 위해서 지적 설계자가 필요하다는 주장에는 과학적인 증거가 없다고 주장한다. 오히려, 비지적이고 무목적적인 자연의 과정이 이런 모든 과학적 사실들을 설명하는 데 완전히 적합하다고 말한다.

리처드 도킨스(Richard Dawkins)가 말한 것처럼, 소위 "시계공은 눈이 멀었다." "그는 앞을 내다보지 못하며, 결과를 계획하지도 않으며, 목적을 염두에 두지도 않는다." 그러므로 "우리는 생명이나 우주에 있는 다른 어떤 것을 이해하기 위해서 한 설계자를 가정할 필요가 없다."[1]

2. 지적 설계론은 과학이다

지적 설계론 옹호자들은 지적 설계자를 추정하는 것이 옳음을 입증하는 사실들과 그 추정 자체가 과학의 영역 안에 있도록 적절하게 구성되었다고 주장한다.

---

1) Richard Dawkins, *The Blind Watchmaker* (New York: Norton, 1986), 21, 147.

3. 방법론적 자연주의는 거부되어야 한다

지적 설계론 옹호자들은 방법론적 자연주의를 거부한다. 방법론적 자연주의란, 대략적으로 말하자면 과학을 함에 있어서 과학자들이 엄격하게 자연주의적이고 물질주의적인 설명 안에 머물러야 한다는 생각이다. 이 접근 방식에서는, 과학자들이 지적 설계자나 원인 제공자 또는 신적 행위 등을 언급하거나, 과학적 설명에서 신학을 언급하는 일을 하면 안 된다.

유신론적 진화론

유신론적 진화론자들은, 과학적으로 파악할 수 있는 실증적인 증거가 있을 경우, 진화가 발생하는 과정이 목적 지향적인 행위나 초자연적인 개입이 없는 맹목적이고 무목적적이고 자연적인 과정이지만, 아주 애매한 의미에서 하나님이 그 과정을 '인도하셨다'(그러나 하나님이 개입하신 것은 파악이 불가능하다)고 믿는 유신론자이다.

유신론적 진화론자는 철학적 자연주의(자연 세계가 존재하는 전부라는 신념)를 거부하며, 대신 하나님과 천사 등의 존재와 행위를 믿는다. 그럼에도 불구하고, 과학을 실천할 때는 기꺼이 유신론을 제쳐 놓는다. 예를 들어, 그들은 전기를 가진 두 전극이 물속에서 수소와 산소를 분리시키는 과정을 설명할 때, '하나님 가설'은 불필요하며 또한 적절하지 않다고 말한다.

물리 세계(원자와 아원자 및 원자로 만들어진 것들의 세계)는 과학 연구의 적합한 대상이며, 자연주의는 이 연구를 수행하는 데 적합한 방법이라는 것이다.

방법론적 자연주의의 부활

방법론적 자연주의는 새로운 것이 아니지만, 근래에 들어 부흥 같은 것을 경험했다. 1980년대 초 무신론 철학자 마이클 루즈는 이렇게 주장했다. "비록 과학적 창조론이 자신을 과학이라고 주장하는 일에 완전히 성공한다 해도, 기원에 대해서는 과학적 설명을 할 수 없을 것이다. 잘해 봤자 과학은 기원에 대한 과학적 설명이 있을 수 없음을 보여준다는 사실을 입증할 수 있을 뿐이다."[2] 루즈는 "창조론자들은 세계가 기적적으로 시작되었다고 믿는다. 그러나 기적은 과학 밖에 있다. 과학은 정의상 자연적이고 반복적이며, 법칙의 지배를 받는 것만을 다루기 때문이다."[3] 미국 국립과학원은 이를 아주 간단하게 "과학의 명제는 자연적인 것과 과정들만 언급해야 한다"[4]고 말한다.

한편, 기독교 학자 폴 드 브리에(Paul de Vries)는 자연 과학의 목적이 "사건들을 물리학 원리와 법칙과 분야라는 설명의 맥락 안에 두는 것

---

2) Michael Ruse, *Darwinism Defended* (Reading, MA: Addison-Wesley, 1982), 322.
3) 위의 책. 데이비드 헐(David Hull)이 *Nature* 352(August 8, 1991): 485-486에서 필립 존슨(Phillip Johnson)의 책 *Darwin on Trial*에 대해 논평한 글을 참조하라.
4) National Academy of Science, *Teaching about Evolution and the Nature of Science* (Washington, DC: National Academy Press, 1998), 42.

이다"⁵⁾라고 했다. 이처럼 자연 과학의 목적은 우연적인 자연 현상을 다른 우연적 자연 현상을 사용해 설명하는 것이다. 인간이나 초자연적인 행위자의 인격적인 원인과 행위는 허용되지 않는다. 드 브리에는 계속해서 "자연 과학의 설명에서는 '하나님 가설'은 불필요하면서 또한 부적절하다"⁶⁾라고 말한다. 과학자는 어떤 행위자의 행동의 결과(예로, 야구 투수가 던진 공의 속도)를 측정할 수 있겠지만, 투수 자신의 자유 의지적인 마음의 행위는 물리 과학의 영역 밖에 있다. 이 경우 방법론적 자연주의는, 과학이 그 공의 속도에 대한 순전히 물리적인 원인만 파악해야 한다고 요구할 것이다(즉 공의 속도는 뇌 안에 있는 물리적인 상태에 의해 물리적 법칙에 따라 원인이 주어졌다).

방법론적 자연주의에 대한 가장 단순한 대책(기독교인이든 비기독교인이든 상관없이)은 과학 연구와 설명에서 모든 신학적 주장을 전면적으로 금지하는 것이다. 따라서 과학은 신적인 일에 대해서는 침묵해야 한다.

지적 설계론과 유신론적 진화론의 차이

지적 설계론과 유신론적 진화론을 구별하는 것은 무엇보다도 형이상학적인 면(실재와 관련된 것)이 아니다. 둘 다 창조자를 인정하기 때문

---

5) Paul de Vries, "Naturalism in the Natural Sciences: A Christian Perspective," *Christian Scholar's Review* 15, no. 4 (1986): 388.
6) 위의 책, 389.

이다. 이 두 진영 사이의 근본적인 차이는 인식론적인 것(지식과 관련된 것)이다. 생물학적인 역사나 현상 속에 하나님의 설계가 존재한다는 객관적이고, 실증적으로 탐구가 가능하며, 과학적인 증거가 있는지에 대한 문제에서 일치하지 않는 것이다.

기독교인이 방법론적 자연주의를 거부해야 하는 이유

우리는 과학 철학으로서 방법론적 자연주의를 어떻게 대해야 할까? 나는 기독교인은(그리고 비기독교인도) 두 가지 이유(소극적인 이유와 적극적인 이유) 때문에 방법론적 자연주의를 거부해야 한다고 생각한다.

1. 방법론적 자연주의는 아직 입증되지 않았다

소극적으로, 방법론적 자연주의를 거부해야 하는 이유는 그 옹호자들이 자신의 주장을 입증하는 데 실패했기 때문이다. 그들은 어떤 것을 과학으로 간주하는 데 필요한 일단의 필요조건과 충분조건을 구성하는, 과학과 비과학 사이의 경계선을 이용한다.

'필요조건'과 '충분조건'이란 무엇일까? 불을 피우는 데 요구되는 것을 생각해 보자. 산소는 불을 위한 '필요'조건이지만(연소를 위해 필요하다), 산소만으로는 '충분'조건이 될 수 없다(만일 그렇다면 산소가 있는 곳에는 늘 불이 날 것이다). 충분조건, 즉 요구되는 것 전부가 갖추어졌을 때에는 결과가 일어나기에 충분하다. 그러므로 열, 연료, 산소가 적절히 결합했을 때는 불이 붙게 된다.

방법론적 자연주의자들은 우리가 '과학'을 실천하는 데 필요하고도 충분한 조건에 이를 수 있다고 말한다. 그런 조건들을 다 찾으면, 우리는 중간에 새빨간 선을 그을 수 있다. 이런 조건들을 갖춘 쪽에는 "과학"이라고 이름을 붙이고, 그런 특성들을 다 갖추지 못한 쪽에는 "과학이 아님"이라고 써 붙일 수 있다. 그 구분선이 어디에 있어야 하는지를 파악하고 나면 과학의 정의가 나온다.

과학	과학이 아님
과학의 조건이 충족됨	과학의 조건이 충족되지 않음

이 방안에는 꼭 한 가지 문제가 있다. 이제까지 아무도 그런 선을 그을 수 없었다는 점이다. 그런 선이 존재하지 않는 것이다.[7] 지금까지 과학으로 간주할 수 있는 조건에 대해 제시된 기준을 보자.

- 자연 혹은 물리적인 세계에 초점을 맞출 것
- 자연법칙을 따를 것
- 자연법칙을 기준으로 설명이 가능할 것

---

[7] Stephen Meyer and Stephen Dilley in *Theistic Evolution: A Scientific, Philosophical, and Theological Critique*, ed. J. P. Moreland, Stephen C. Meyer, Christopher Shaw, Ann K. Gauger, and Wayne Grudem (Wheaton, IL: Crossway, 2017)을 보라. 그런 구분선을 그으려는 시도에 대한 자세한 비판에 대해서는 다음을 참조하라. J. P. Moreland, ed., *The Creation Hypothesis* (Downers Grove, IL: InterVarsity Press, 1994), 1, 2장; Stephen C. Meyer, *Darwin's Doubt* (New York: HarperCollins, 2013), 19장; William Dembski, *Intelligent Design: The Bridge between Science and Theology* (Downers Grove, IL: InterVarsity Press, 2002).

- 실증적으로 검증이 가능할 것
- 잠정적으로 주장할 것
- 반증이 가능할 것
- 측정 혹은 정량화가 가능할 것
- 예측이 포함될 것
- 반복이 가능할 것

    그러나 이 조건들 가운데서 어느 하나가 개별적으로든, 아니면 그 중 일부가 집합적으로든 과학으로 간주되기 위한 필요조건이나 충분조건이 되지 못한다. 과학인데도 이 기준들 가운데 특정한 하나도 가지지 않은 예들도 있고(따라서 이 기준은 과학의 필요조건이 아니다), 이 기준들을 충족하고 있는데도 과학이 아닌 예들도 있다(따라서 이 기준은 과학 규정의 충분조건이 아니다).

    예를 들어, 과학은 최종적이 아니라 잠정적으로 주장되어야 하는가? 이 조건이 이상한 이유는 과학 자체의 정의와 무관하며, 또 과학자들의 경쟁적인 관점이기보다는 그들 내면의 의식 상태에 관한 것이기 때문이다. 게다가 일부 과학자들은 자신의 견해를 교조적으로 주장하는 반면, 일부 신학자들은 자신의 견해를 잠정적으로 주장하기도 한다. 그러므로 이 기준은 과학과 과학의 정의 혹은 조건에 대해 어떤 것도 말해 주지 못한다.

    정량화의 가능성은 어떤가? 어떤 것의 상태를 측정하는 일이 정당한 과학이 되기 위한 조건인가? 왜 이렇게 되는지 이해하기 어렵다.

정량화하지 않는 과학 활동도 있다(예로, 바이러스와 그 활동에 대한 이론들 혹은 공룡 멸종에 대한 이론들). 또 문학 연구와 같은 학문들은 고유 과학으로 간주되지 않는데도 정량화의 측면을 가지고 있다(예로, 저자의 단어 사용법을 알기 위해 단어의 빈도수를 측정하는 일).

어떤 일이 발생한 이유를 설명할 때도 자연법칙을 준거 기준으로 삼는 일이 진정한 과학의 핵심인가? 다시 말하지만, 자연법칙에 호소할 필요가 없는 설명의 경우(특히 어떤 일을 설명하는 데 단 하나의 원인 사건을 기준으로 삼는 역사 과학의 경우), 이것이 과학을 위한 절대적인 기준이라고 받아들이기 어렵다. 반면에 형이상학, 도덕, 수학, 논리학 등의 다른 학문들은 자연법칙을 기준으로 삼는다(과학 법칙이 아니라 세계의 자연적 측면으로, 세계의 초자연적이지 않은 측면을 특징짓는 법칙들).

이런 것은 얼마든지 있다.

2. 방법론적 자연주의는 내적인 모순을 가지고 있다

나의 첫 번째 논증은 소극적인 면에서 방법론적 자연주의를 거부해야 할 이유를 제시했는데, 그것은 그 옹호자들이 이에 대한 설득력 있는 이유를 제시하지 못했다는 점이었다. 방법론적 자연주의가 참이기 위해서는 과학과 과학이 아닌 것을 구분하는 분명한 선이 있어야 하는데, 그런 선을 그을 수 없으므로 방법론적 자연주의는 거부되어야 한다. 두 번째 논증으로는 방법론적 자연주의가 옹호하는 것을 살피는 것으로서, 나는 이것이 내적 모순이 있다고 판단한다.

방법론적 자연주의자들은 과학 영역의 설명이 자연의 객체와 사건만을 다룰 수 있다고 말한다. 어떤 사건을 지적 행위자의 인격적인 선택과 행위로 돌리는 것은 과학의 영역 밖에 있는 것으로 간주하는 것이다. 그러나 실제로 과학의 일부 영역에서는 여러 현상에 대해 자연적이고 물리적인 과정과 법칙에 따르기보다는, 지적 행위자의 행위와 동기, 신념 그리고 의도를 상정하는 설명을 채택한다.

다음의 과학 연구 분야들을 생각해 보자.

- 외계 지적 생명체 탐사(SETI)
- 고고학
- 수사 과학
- 신경 과학
- 심리학
- 사회학

이 분야들 각각의 과학자들은 그들이 원하는 것을 설명할 때 인격적인 행위자와 그 행위자의 다양한 내적 상태(소원, 의지, 의도, 신념 등)를 원인 제공자의 일부로 사용한다. 한 가지만 예를 든다면, 신경 과학자는 연구 대상들의 뇌 상태를 모니터하면서, 그들에게 자신의 의식 상태를 보고하라고 한다. 과학자가 연구 대상자의 사적인 심리 상태에 접근할 수 없기 때문이다. 그러므로, 행위자의 행동과 자신의 심리 상태를 정직하게 보고하려는 의도는 신경 과학의 방법론에서 필수적인 부분이다. 경험 과학(규칙적이고 반복적인 현상에 집중함)과 반대되는 역사 과학(반복이 불가능한 과거의 사건에 집중함)은 특히 그렇다.

만일 과학이 어떤 현상을 설명하기 위해 인격적인 행위자에게 호소할 수 있다면, 우주의 기원이나 최초의 생명체, 인간 등을 설명하기 위해 신적인 행위자에게 호소하는 일은 원칙적으로 비과학적인 것이 아니다. 최소한, 중력의 법칙과 같은 자연법칙을 기준으로 하는 설명이 아니라 원인 행위자(예로, 행위자가 의도적으로 그 사건의 원인을 제공하면 우연이 아니다)를 근거로 한 설명이 있다는 이유로, 그런 호소가 비과학적이라고 비난해서는 안 된다. 만일 과학이 어떤 것을 설명하기 위해 작은 행위자에게 호소할 수 있다면, 동일하게 큰 행위자에게 호소하지 못할 이유는 없다고 본다.

나아가, 그와 같이 신적 행위자에게 호소하는 일이, 2차적이 아닌 1차적인 원인을 통해 하나님이 행동하셨다고 믿을 만한 신학적 이유가 있을 때에는 특별히('유일하게'가 아니라) 적합할 수도 있다(1차적인 신적 원인은 하나님이 직접 개입하셔서 결과를 만들어 내시는 경우이고[예로, 물을 포도주로 만드시는 것], 2차적인 신적 원인은 하나님이 자연법칙을 사용하셔서 결과를 만드시는 경우이다[예로, 포도를 포도주가 되도록 하시는 것]).

그런 호소는 인문 과학에는 허용될 수 있지만 생물학이나 고생물학 같은 소위 자연 과학에서는 허용될 수 없다는 반론이 있을 수 있다. 그러나 이런 반론은 증명한다고 주장하는 것 자체를 가정하는 논리 오류인 논점 절취의 문제에 직면하게 된다. 만일 방법론적 자연주의를 정의에 전제함으로써 '자연 과학'을 정의하고 그 예를 찾으려 하면, 당연히 방법론적 자연주의가 결과로 나오게 된다. 반론을 하려면, 자연 과학에 대한 중립적이고 명시적인 정의를 사용해야 할 것이다. 나는 이것이 가능하다고 믿지 않는다.

또 이런 반론은 최소한 자연 과학의 역사 일부를 왜곡하기도 한다. 찰스 다윈(Charles Darwin, 1809-1922)에서 하버드의 고생물학자 스티븐 제이 굴드(Stephen Jay Gould, 1941-2012)에 이르기까지, 과학자들은 신학적 관념이 과학적으로 검증 가능한 의미를 가질 수 있다고 여겼다. 예를 들어, 다윈은 『종의 기원』(On the Origin of Species) 초판 서론에서 자신의 주된 목적 가운데 하나가 특별 창조는 "오류"임을 논증하는 것이라고 분명히 말했다.[8] 『종의 기원』 전체를 통해[9] 진화론을 위한 그의 '하나의 긴 논증'은 이 신학적인 경쟁자와의 실증적인 싸움을 거듭한다. 이 모든 것에서 다윈이 주장하는 요지는, 창조론이 실로 실증적으로 검증이 가능한 의미를 가진 과학이기는 하지만 이 의미들이 과학적으로 허위임이 입증되어 왔으므로, 이 데이터에 대한 보다 나은 과학적 설명이 자신의 이론으로 대치되어야 한다는 것이었다.

나아가, 현대의 수많은 과학자들도(유신론적 진화론자를 포함해서) 진화론에 대해 과학적인 주장을 하면서 하나님의 본질 및 방법에 대한 주장을 의지한다. 예를 들어, 그들은 하나님이 설계자라면 여러 기관들과 그 부분들(예로, 판다의 손가락)은 현재의 상태보다 훨씬 더 좋고 효율

---

8) Charles Darwin, *On the Origin of Species*, 1st ed. (London: John Murray, 1859), 6.
9) 예를 들어, Darwin, *On the Origin of Species*, 1st ed., 55-56, 185-186, 242-243, 275-276, 354-355, 372, 393-398, 453-454.

적으로 설계되었을 것이라고 주장할 수 있다. 그리하여 설계자 하나님은 이런 주장들에 의해 허위임이 입증되고, 따라서 진화론이 확정된다. 이런 종류의 논증을 주로 사용하는 사람들 가운데 하나가 바로 굴드다.[10]

여기서 말하려는 것은 그런 논증의 장점을 평가하지 말아야 한다거나 그들이 사용하는 설계자 하나님 모델이 적합한지 검토하지 말아야 한다는 것이 아니다. 오히려, 생물학과 고생물학의 역사에는 이런 종류의 논증이 거듭거듭 포함되어 있다는 것이다. 그리고 그런 논증은 단순한 수사학적인 도구가 아니라, 적절하든 부적절하든 신학적인 관념이 어떻게 과학적인 설명과 평가 혹은 검증을 위한 의미를 가지는지를 보여주는 실제적인 주장이라는 것이다. 과학자들은 "나쁘거나 비효율적인 설계"라고 주장된 사례들을 사용하여, 이런 사례들은 신이라는 개념이 허위임을 입증하는 것이라고 논증했다. 만일 그런 선한 신이 존재한다면, 분명 그는 이 나쁘고 비효율적인 사례에서 했던 것보다 더 잘할 수 있었을 것이기 때문이라는 것이다.

만일 신학의 하나님 모델이 그 모델을 반증하는 데 사용될 수 있다면, 신학의 다른 모델을 사용해서 그 하나님 모델에 대한 과학적인

---

[10] 다음을 참조하라. Stephen Jay Gould, *Ever Since Darwin* (New York: W.W. Norton, 1977), 91-96; Gould, *The Panda's Thumb* (New York: W.W. Norton, 1980), 20-21, 24, 28-29, 248; Gould, *Hen's Teeth and Horse's Toes* (New York: W.W. Norton, 1983), 258-259, 384; Gould, *The Structure of Evolutionary Theory* (Cambridge, MA: Harvard University Press, 2002), 104; Gould, "Evolution and the Triumph of Homology, Or Why History Matters," *American Scientist* 74, no. 1 (1986): 60-69, 특히 63. 주 8-10의 통찰과 자료들은 스티븐 딜리(Stephen Dilley)에게서 얻었다.

증거를 제공할 수는 없는가? 방법론적 자연주의 옹호자들은 이 두 가지를 다 사용해서는 안 된다. 한편으로 그들은, 과학이 방법론적 자연주의를 반드시 채택해야 하며, 또 신학의 전제들이 완전히 과학의 범위 밖에 있다고 주장한다. 다른 한편으로 그들은, 150년 이상 신학의 무능력하고 부적절한 설계자 모델들을 사용해서 생물학과 고생물학의 증거를 검증하고, 그 증거가 설계자가 존재하지 않음을 보여준다고 해왔다. 이것은 나에게 '역(逆) 지적 설계'와 같이 들린다.

방법론적 자연주의를 찬성하고 지적 설계론을 반대하는 논증: 지적 설계론을 반박하는 틈새의 신 이론

이번 장을 제대로 마무리하기 위해서 반드시 짚고 넘어가야 할 논증이 하나 있다. 그것은 방법론적 자연주의를 찬성하고 지적 설계론을 반박하는 주장이다. 일부 비평가들은 지적 설계론 모델이 지적으로 동의할 수 없는 "틈새의 신" 접근법이라고 불리는 전략을 사용한다고 반대한다. 따라서 이러한 비판을 피하기 위해서는 방법론적 자연주의를 채택하고 지적 설계론을 버려야 한다는 것이다.

이 논증은 대체로 다음과 같은 형식을 가진다. (1) 하나님은 자연에 틈이 있을 때에만 행동한다. (2) 하나님은 그저 우리의 과학 지식에 있는 틈새를 메우고 자연주의 메커니즘의 무지를 해결하는 데에만 설득력이 있다. (3) 이런 틈새는 변증과 자연 신학의 논증에서 기독교 유신론을 지지하는 데 사용된다. (4) 과학의 진보는 이런 틈새를 점차 줄여 가고 있다. (5) 따라서 이 전략은 좋은 것이 아니다.

이 비판에 대해 몇 가지를 말할 수 있다.

첫째, 지적 설계론의 모델 안에서 하나님의 인과적 행위는 분명히 틈새에만 국한되지 않는다. 하나님은 끊임없이 그리고 적극적으로 우주를 지지하고 지배하신다. 자연은 자율적이 아니다. 더군다나 지적 설계론은 변증학적 목표를 가질 필요가 전혀 없다. 기독교 유신론자(또는 이슬람교도)는 과학 이론을 만들고 평가하고 검증하고 또 과학 현상을 설명할 때, 자신이 아는 것이나 진리라고 믿어야 할 이유가 있는 것을 살펴보아야 한다고 생각할 수 있다. 그리고 어떤 사람이 변증을 의도로 지적 설계론의 접근법을 사용한다 해도, 지적 설계론 옹호자들은 자신의 변증 내용을 틈새에 국한시키지 않는다. 이 모델은 단순히 1차적 원인과 2차적 원인 사이의 차이를 구별하고, 나아가 최소한 전자는 변증 의도와는 상관없이 과학적으로 검증 가능한 의미를 가질 수 있다고 주장할 것이다.

둘째, 이 모델은 우리의 무지를 감추기 위해 하나님과 그의 행위에 비추어 사물을 설명하려고 하지 않고, 긍정적이고 좋은 신학적, 철학적 그리고 특히 과학적 이유가 있을 때에만 그렇게 한다. 예를 들자면, 어떤 신학적 혹은 철학적 이유들 때문에 우리가 자연에서 불연속성을 기대하게 되는 경우(여기서는 하나님이 1차적 원인을 통해 행동하신다), 또는 원죄와 같은 일부 교리가 인간의 행위와 관련하여 어떤 심리학적 이론에 빛을 비추어 주는 경우가 될 것이다. 그리고 설명되는 결과가 설계 필터를 만족시킬 때(결과는 매우 개연성이 낮으며, 독립적으로 특정할 수 있다. 즉, 발생했다는 단순한 사실 외에 특별한 결과로 집어낼 수 있다), 지적 설계론은 순전한 물질 원인이 아니라 행위자 원인(하나님)에 호소함으로써 분명히 정당화된다.

셋째, 자연주의적 과학적 설명에서 틈새가 갈수록 적어진다 할지라도, 틈새가 전혀 없다는 것을 입증하는 것은 아니다. 단지 가장 많이 주장되는 틈새들이 자연주의적 방식으로 완벽하게 설명이 가능한 것으로 판명이 났다는 이유 때문에, 주장된 모든 틈새들이 이렇게 판명이 날 것이라고 주장하는 것은 문제가 있다. 아무래도 하나의 틈새가 있다는 사실은 그런 것들이 조금 더 있을 것을 예상하게 하지 않는가? 1차적인 신적 행위로 인한 틈새들은 기적으로서, 두 가지 이유 때문에 소수의 경우에 해당한다.

첫째, 이미 살펴본 바와 같이 하나님의 일반적인 행위 방식은 2차적인 원인을 통한 것이며, 1차적인 원인 틈새는 하나님의 특별하고 비범한 행위 방식이다. 따라서 정의상 이 하나님의 1차적 행위는 많지 않고 발생 빈도도 아주 낮다.

둘째, 기적적인 틈새의 증거 또는 상징적 가치는 틈새들이 희귀하고, 예측이 불가능하며, 종교적인 맥락을 가진다는 것을 바탕으로 해서 아주 자연스럽게 부각된다(즉, 이런 것의 존재를 기대할 수 있는 적극적인 신학적 이유가 있다).

또한, 지적 설계론 옹호자들이 지적 설계자에 의해 가장 잘 설명된다고 생각하는 현상들만 일종의 틈새를 보여주며, 신의 직접적이고 기적적인 개입의 결과에 의한 현상들이라고 생각하는 것은 잘못이다. 지적 설계론 옹호자들은 1차적으로 현상이 설계 필터를 통과하는

지 살핀다. 만일 통과하면, 그 현상이 비록 하나님이 직접 개입하지 않고 과정을 이끄심으로 인한 결과일지라도 지적 설계자로 가장 잘 설명된다. 그러나 유신론적 진화론자들은 하나님이 자연 과정을 사용하셨어도(그것이 생명의 발전 과정에서 하나님이 하시는 일의 전부라고 본다) 그런 개입의 증거가 있을 수 없다고 주장한다.

반면에 지적 설계론 옹호자들은, 직접적인 개입이 없을지라도 '자연' 과정의 산물로 설계 필터(수사 과학과 같은 영역의 과학에서 사용되는 필터)를 통과하는 현상이 나타난다면, 이에 대한 최선의 설명은 지적 설계자라고 주장한다. 그러므로 틈새가 작아져 가고 있다고 해도, 이것이 지적 설계에 대한 평가에 영향을 미치지 못한다. 지적 설계는 설계자에 대한 추론을 틈새와 같은 상황에 국한시키지 않기 때문이다.

넷째, '실증' 과학과 '역사' 과학 사이의 구분은 틈새의 신 문제에 답하는 데 유익하다. 실증 과학은 세계에 대한 비역사적 접근법으로, 반복적이고 규칙적으로 발생하는 사건이나 유형을 다룬다(예로, 기체의 압력과 온도 및 부피 사이의 관계). 반면에, 역사 과학은 반복될 수 없는 과거의 유일한 사건에 초점을 둔다(예로, 우주의 기원이나 최초의 생명 혹은 다양한 종류의 생명체의 기원).

이런 구분에 찬성하는 사람들은 하나님이 1차적 원인인 행위가 실증 과학에서는 불가하지만 역사 과학에서는 합당하다고 주장한다. 역사 과학은 하나님이 1차적 원인인 행위가 발견되는 사례를 다루는 반면, 실증 과학은 하나님이 2차적 원인인 행위를 다루기 때문이다. 그런데 우리가 모르는 어떤 틈새에 대한 해결책으로 하나님에 호소하는 사례들은 대부분 역사 과학이 아니라 실증 과학에 해당되는 사례들이다(예로, 화학적인 변화나 기후 유형의 발전 등). 따라서 이런 틈새들이 자연주의 메커니즘으로 채워질 경우 도출되는 결론은, 일부 과학적으로 발견 가능한 현상에 대한 설명을 위해 하나님에 호소해서는 안 된다는 것이 아니라, 오히려 하나님의 1차적 원인 행위 개념이 역사 과학의 사례들에 국한되어야 한다는 것이다. 이는 정확하게 역사 과학과 실증 과학의 구분에서 파악되는 1차적 인과와 2차적 인과 사이의 차이 때문이다.

다섯째, 지적 설계론 옹호자들에 의하면, 지적 설계에 의한 산물이 어떻게 해서 나오게 되었는지를 몰라도 과학을 이용해 그 산물을 발견할 수 있다. 예를 들어, 고고학자는 자신이 발견한 인공물이 어떻게 해서 만들어졌는지 알지 못해도, 지적 설계에 의해 만들어져 종교 활동에 사용되던 것임을 알 수 있다. 지적 설계론에 대해 "틈새의 신" 문제로 반박하는 비평가들은 지적 설계론의 이 특징(지적 설계자에 대한 추정이 비록 설계자가 어떤 현상을 만든 메커니즘을 설명에 포함시키지 못하더라도 그 현상에 대한 최선의 설명이 될 수 있다는 것)을 고려하지 못한 것이다.

여섯째, 지적 설계론은 다른 형태의 창조과학과 이런 면에서 다르다. 즉, 창조과학 옹호자들은 성경의 자료를 사용해서 이론을 만들고 그것을 실증적으로 시험하려는 시도를 하지만, 지적 설계론은 성경이나 신학적 가르침을 기준으로 하지 않는다. 대신, 지적 설계 필터를 사용함으로써, 지적 설계자로 가장 잘 설명되는 과학적 자료(우주, 생명, 의식, 환원 불가능한 복합체의 기원 등)를 발견할 수 있고 또 발견했다고 믿는다. 지적 설계론이 창조과학과 구별되는 점은 성경이나 신학의 가르침이 아니라 과학의 증거와 과학적으로 채택된 설계 필터를 사용한다는 점이다.

그러므로 틈새의 신 비난은 지적 설계론을 버리고 방법론적 자연주의로 돌아가도록 설득하는 데 부적합하다.

14장

기독교와
과학 통합의 중요성

이 책 전체를 통해서, 나는 과학주의가 거짓이라는 사실을 증명하는 몇 가지 논증을 했다. 그러나 아직 하지 못한 것이 있는데, 그것은 기독교와 과학 사이의 관계를 설명하는 일이다. 이 둘은 통합이 가능할까? 만일 가능하다면 어떻게 하면 될까?

이 주제에 대한 탐구를 시작하기 전에 깊이 생각해 볼 것을 제시하고 싶다. 이것은 내가 대학원에서 50여 년 동안 가르치고 자연 과학과 기독교 신학 및 철학에 대해 깊고 넓게 독서한 경험에 바탕을 둔 것이다.

내가 추정하기로는, 과학과 신학은 95퍼센트 정도는 인지적으로 서로 관련이 없다. 예를 들어, 기독교인인 나에게는 메탄의 분자에 들어 있는 수소 원자가 네 개든 열네 개든 상관이 없다. 이처럼 영적 은사의 존재와 본질에 대한 기독교인들의 논쟁은 화학과는 관련이 없는 것으로 보인다. 물론, 둘 다 바른 것을 찾아야 할 중요한 문제다. 그러나 과학은 영적 은사를 다루는 신학에는 도움이 되거나 영향을 미치지 못한다. 마찬가지로 신학은 분자 속 원자의 수에는 영향을 미치지 못한다.

그러나 과학의 나머지 5퍼센트는 기독교 교리와 직접적인 관련이 있다. 이 5퍼센트 가운데서 3퍼센트는 기독교의 가르침을 지지하는 추가적인 증거를 제공한다고 말하고 싶다(기독교에 반하는 증거를 제시한다는 것과 반대다). 예를 들어, 빅뱅 이론과 열역학 제2법칙은 우주에는 시작이 있다는, 성경에만 유일한 가르침을 과학적으로 확인해 준다. 다른 예로는 우주의 미세 조정, 생물학적 정보, 성경의 고고학적 증명, 그리고 감사가 행복한 삶에 중요하다는 깨달음과 같은 심리학적인 발견 등이 있다.[1]

이제 현대 과학의 주장 중 남은 2퍼센트만 기독교 신학과 대치되는 것으로 보인다. 내가 흥미롭게 생각하는 것은, 내가 아는 한 그중 하나님의 존재나 기독교의 핵심 진리와 반대되는 것은 거의 또는 전혀 없다는 점이다. 오히려, 그 대부분은 성경 무오와 특정 본문에 대한 현재의 해석에 불리하게 작용한다. 사실상, 창세기 1-11장의 해석은 과학과 성경 사이의 갈등의 주요 원인이 되고 있다. 반면에, 여러 가지 고고학적 문제들(예를 들어, 이스라엘이 출애굽했다는 증거가 부재하다는 주장)은 다른 특정 성경 본문에 불리하게 작용한다.

다른 곳에서 이미 밝혔지만, 나는 성경 무오성이 참이라고 믿을 뿐 아니라 이것이 우리가 합리적인 확신을 가지고 믿을 수 있는 중요한 교리라고 생각한다.[2] 그러나 사람들이 신학과 과학 사이의 '갈등'에

---

[1] 이런 예들에 대해서는 다음 자료를 보라. William Lane Craig, *Reasonable Faith: Christian Truth and Apologetics*, 3rd ed. (Wheaton, IL: Crossway, 2008); Stephen C. Meyer, *Signature in the Cell: DNA and the Evidence for Intelligent Design* (New York: HarperCollins, 2009); Robert Emmons, *Thanks: How Practicing Gratitude Can Make You Happier* (New York: Houghton Mifflin, 2007).

[2] "성경 무오란 모든 사실이 알려질 경우, 성경이 원래 기록된 상태로 바르게 해석되면 그것이 증거

대해 이야기할 때는, 그 문제의 정확한 위치를 설정하는 것이 중요하다. 과학은 기독교 하나님의 존재에 대해 부정하기보다는 긍정하는 일이 더 많다. 그리고 과학은 유신론 신념에 반하는 증거를 거의 또는 전혀 제시하지 않는다. 그러나 과학은 여러 성경 본문에 대해 문제를 제기했고, 따라서 기독교인들은 그 문제를 진지하게 받아들일 필요가 있다.

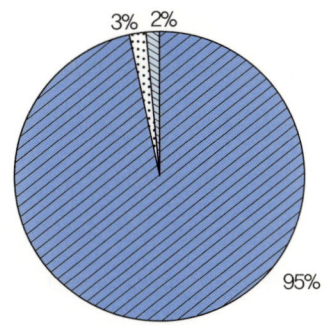

과학과 신학의 연관 관계

■ 95퍼센트: 과학이 신학과 상관이 없는 영역

▦ 3퍼센트: 과학이 신학을 지지하는 증거를 제시하는 영역

▩ 2퍼센트: 과학이 성경의 해석이나 무오성(비록 핵심적 가르침은 아니지만)에 대해 문제를 제기하는 영역

하는 모든 것, 즉 교리든 도덕이든, 또는 사회, 물리, 생활 과학이든 상관없이 온전히 진리로 나타난다는 것을 의미한다"(Paul Feinberg, "The Meaning of Inerrancy," in *Inerrancy*, ed. Norman L. Geisler [Grand Rapids, MI: Zondervan, 1980], 294). 나는 이 입장을 주장하는 일이 합리적임을 변증했다. "The Rationality of Belief in Inerrancy," *Trinity Journal* 7, no. 1 (Spring 1986): 75-86. 이 자료는 https://biblicalstudies.org.uk/article_inerrancy_moreland.html에서도 확인할 수 있다.

그러나 기독교 유신론과 선한 과학 사이의 '긴장'의 본질과 한계에 대한 이런 관점은 고 윌리엄 프로빈(William Provin)이 제기한 무책임한 과장법 종류의 관점과 대비된다고 확신한다. 윌리엄 프로빈은 코넬 대학교 생물학 교수로, 자신이 쓴 '현대 진화 생물학이 우리에게 크고 분명하게 말해 주는 것에 관한 견해들'을 이렇게 요약한다.

> 어떤 종류의 신도 없고, 목적도 없고, 목적 지향적인 힘도 없다. 죽은 후의 삶도 없다. 내가 죽을 때, 나는 죽음의 상태로 들어간다는 것을 절대적으로 확신한다. 그것이 나의 끝이다. 윤리의 궁극적인 기초도 없고, 인생의 궁극적인 의미도 없으며, 인간의 자유 의지 역시 없다.[3]

이 말은 명백히 모순이다. 만일 프로빈이 이것을 의견으로, 즉 이것과 반대되는 합리적인 증거가 많이 있음에도 불구하고 개인적이고 사적인 신념으로 유지하기 원한다면 그것은 좋다. 그러나 마치 이것이 이런 비과학적 결론들에 대한 논쟁을 해결하는 것처럼 과학의 권위에 호소해서는 안 된다. 진화 생물학은 이런 것에 대한 증거를 제시하기는커녕, 이런 주제들을 취급하지도 않는다. 프로빈은 자신이 주장하는 내용이 틀렸을 뿐만 아니라, 자기가 말하는 내용이 자기 모

---

[3] William Provine, "Darwinism: Science or Naturalistic Philosophy?" *Origins Research* 16, no. 1/2 (1994): 9. 이는 달라스 윌라드의 책 *Knowing Christ Today* (New York: Harper-One, 2009), 5에서 인용되었다.

순적이라는 점도 인식하지 못하는 것 같다. 그는 "목적이 없다"고 하면서 목적을 가지고, 즉 자신이 옳음을 설득하려고 이 논문을 공표했다. 또한 그는 윤리적 기초와 인간의 자유 의지의 실재를 부정하지만, 내가 믿건대 그는 이 말을 자유 의지로 했고 또 그렇게 할 도덕적 의무도 가지고 있다고 생각할 것이다.

이번에는 하버드 대학교의 심리학 교수인 스티븐 핑커(Steven Pinker)가 내놓은 다음의 진술을 생각해 보자.

> 과학이 발견한 것들은 전 세계의 전통적인 종교와 문화의 신념 체계가 사실 오류임을 확증한다. …우리는 물리 세계를 지배하는 법칙들이(사건, 질병 등의 불행한 일들을 포함해서) 인간의 행복과 관련한 목적을 가지고 있지 않다는 사실을 알고 있다. 운명, 섭리, 업보, 마력, 저주, 조짐, 신의 보복, 기도 응답 같은 것은 없다.[4]

일류 대학교의 세계적인 학자가 쓴 이런 결론을 읽으면 겁을 먹는 사람들이 있다. 그러나 최후에 승리할 사람은 그 사람이 가진 학위의 수나 그의 사회적인 지위에 의해 결정되지 않는다. 나머지 우리처럼 그도 역시 논리적으로 설명해야 한다.

그러므로 핑커 교수가 과학의 발견들이 기독교 세계관을 무너뜨릴

---

[4] Steven Pinker, "Science Is Not Your Enemy," *The New Republic* (August 19, 2013): 33. 이는 리처드 N. 윌리엄스(Richard N. Williams)와 대니얼 N. 로빈슨(Daniel N. Robinson)이 편찬한 *Scientism: The New Orthodoxy* (London: Bloomsbury, 2015), 14-15에 인용되어 있다.

수 있다고 진실로 믿는다면, 그는 먼저 오류라고 주장하는 것들을 제시한 다음, 하나님의 존재나 예수님의 부활 등을 부정하게 만드는 타당한 결론을 도출해야 한다. 우리가 그런 논법을 볼 수 있을 때까지 얼마나 기다려야 할지 염려된다.

통합: 개념적인 통합과 인격적인 통합

"통합"이라는 말은 하나의 온전한 것이 되도록 만들거나 섞는 것, 즉 연합하는 것을 의미한다. 우리 인간은 본질적으로 다양성의 배후에 있는 통일성을 찾으려고 하며, 사실 정합성은 합리성을 보여주는 중요한 표시이다.

지금의 주제와 관련해서는 두 종류의 통합, 즉 개념적인 통합과 인격적인 통합이 있다.

개념적인 통합에서는 합리적으로 정당화된 신학적 신념들, 특히 세심한 성경 연구에서 나온 신념들이 성경 밖의 출처에서 나온 중요하고 논리적인 개념들과 섞이고 연합되어 정합적이고 지적으로 만족스러운 기독교 세계관이 된다. 아우구스티누스(Augustinus)는 지혜롭게 이런 충고를 했다. "우리는 (우리를 비판하는 사람들이) 신뢰할 만한 자료를 근거로 물질의 본질에 대해 어떤 이야기를 하더라도 성경이 그것과 갈등 관계에 있지 않음을 보여주어야 한다."[5] 현재 과학주의가

---

[5] Augustinus, *De genesi ad litteram* 1.21. 이것은 Ernan McMullin, "How Should Cosmology Relate to Theology?" in *The Sciences and Theology in the Twentieth Century*, ed. Arthur R.

주도권을 쥐고 있음을 고려할 때, 아우구스티누스의 충고는 특별히 과학계의 주장에 적용되어야 할 것이다.

그리스도인들에게 있어서 인격적인 통합이란 '통합성'(integrity, 우리말에서는 진실성, 온전성, 정직 등으로 다양하게 번역된다-역자 주)이라는 통일된 삶을 추구하는 것을 의미한다. 이는 공적인 곳에서도 사적인 곳에서와 동일한 사람이 되어, 인성의 여러 측면들이 서로 일관되며, 예수님의 제자로서 다른 이들의 삶을 풍성하게 하는 통로가 되는 것이다.

개념적인 통합이든 인격적인 통합이든 둘 다 헌신된 그리스도인이 되는 데 절대적으로 필수적이다. 그러나 이번 장에서는 세계관과 관련한 통합에 초점을 맞출 것이다.

스탠포드 대학교의 공학 교수이자 자칭 세속 인본주의자인 아돌프 로페스-오테로(Adolfo Lopez-Otero)는 세상에 영향을 끼치기 원하는 사려 깊은 기독교인들에게 이런 충고를 한 적이 있다.

> 기독교인 교수가 비기독교인 교수에게 접근할 때…그들은 정중하지만 우월한 형이상학을 (지니고 있다는 신념으로) 거들먹거리면서 어떻게 (당신과 같은) 지성인이 영원 전에 폐기된 것을 아직도 믿고 있는지 이해하지 못하는 사람을 만날 것을 기대할 수 있다.[6]

Peacocke (Notre Dame, IN: University of Notre Dame Press, 1981), 20에 인용되어 있다.

[6] Adolfo Lopez-Otero, "Be Humble, but Daring," *The Real Issue* 16 (September-October 1997): 10.

계속해서 그는 기독교인 교수들이 "비기독교인 동료들과 영적이고 진실한 대화를 여는 것을 원한다는 사실에 대해 정직하다면…핑계할 수 없다. 그것이 그들이 자신을 기독교인이라고 선언한 데 대해 지불해야 할 값이다"[7]라고 했다.

로페스-오테로의 말은 기독교인 교수들에게 한 것이지만, 그가 말한 내용은 생각하는 기독교인 전체에게 해당된다. 만일 기독교 세계관이 참이라고 주장한다면, 우리는 다양한 학문 분야에서 나오는 갖가지 사상들과 대화함으로써 그것을 증명해야 한다. 간단히 말해, 우리는 기독교를 성경 밖의 자료들, 특히 과학에서 나오는 영향력 있는 주장들과 통합해야 한다. 이것이 자녀나 손주를 양육하는 면에서나 지역 교회와 선교협력단체(parachurch)의 제자 훈련에서 다루어야 할 주된 의무이다.

기독교의 진리 주장에 대한 합리적 정당화로서의 통합

앞에서 말한 것처럼, "통합"이라는 말은 하나의 온전한 것이 되도록 만들거나 섞는 것, 즉 연합하는 것을 의미한다. 우리의 주제와 관련해서 통합의 한 부분은 기독교의 진리 주장에 대해 합리적으로 정당화하는 것이다. 이와 관련해서 우리는 통합을 정당화하는 세 가지 측면(직접 방어, 논증법, 기독교 설명)을 구분할 수 있다.

---

[7] 위의 책, 11.

직접 방어

직접 방어에서는 기독교 유신론이나 그 안에 드러나거나 포함된 전제들(예로, 낙태는 잘못이다)에 대한 합리적인 정당화를 직접 제시하거나 증진하려는 주된 의도를 가지고 통합을 시도한다. 여기서는 순전한 기독교에 본질적으로 중요하거나 현재 문화의 공격을 받고 있는 주제들에 특별한 관심을 기울여야 한다(이제부터는 짧게 표현하기 위해 이런 문제들을 간단히 '기독교 유신론'이라고 할 것인데, 여기에는 하나님의 존재, 창조, 예수님의 부활과 같은 것들만 포함되는 것이 아니라, 통합 작업과 관련된다고 생각되는 특정 연구 분야에 관한 특정 견해들도 포함된다).

직접 방어에는 기본적으로 소극적인 방어와 적극적인 방어의 두 가지 형식이 있다.[8] 이 둘 중 덜 논쟁적인 것은 소극적인 직접 방어로, 여기서는 기독교 유신론에 대한 잠재적 파기자를 제거하려고 한다. 만일 당신이 어떤 전제 P에 대해 정당화된 신념을 가지고 있다면, 파기자는 그 정당화를 약화시키거나 제거하는 것을 말한다.

파기자는 두 가지 유형으로 나타난다.[9] 반박적 파기자는 P가 아닌 것으로 믿는 데 대한 정당화를 제공하는 것으로, 이 경우 기독교 유신론이 거짓이라고 믿는다. 예를 들어, 성경의 가족 개념이 역기능적이고 거짓이거나, 동성애가 유전자나 뇌 상태에 의한 인과적 필연이며 따라서 도덕적 평가에 적합한 대상이 아니라는 것을 보여주려

---

[8] Ronald Nash, *Faith and Reason* (Grand Rapids, MI: Zondervan, 1988), 14–18을 보라.

[9] 여러 유형의 파기자에 대한 논의는 다음을 참조하라. John Pollock, *Contemporary Theories of Knowledge* (Totowa, NJ: Rowman & Littlefield, 1986), 36–39; Ralph Baergen, *Contemporary Epistemology* (Fort Worth, TX: Harcourt Brace, 1995), 119–124.

는 시도는 반박적 파기자의 경우에 해당된다. 만일 이것이 성공하면, 그 부분의 기독교 유신론은 거짓이다.

약화적 파기자는 P가 아닌 것을 믿는 데 대한 정당화를 제공하지는 않지만, P를 믿는 데 대한 정당화를 약화시키거나 제거하려고 한다. 하나님 존재 논증에 대한 비판이 약화적 파기자의 예이다.

예를 들어, ˚열역학 제2법칙이 우주 내의 유한한 지역에만 적용되기 때문에, 우주가 시작이 있다는 증거로 사용할 수 없음을 보여주려는 시도가 있다.

이것이 성공하면, 약화적 파기자는 기독교 유신론이 참일지라도 이를 믿어야 할 정당한 이유가 없다는 것을 입증하게 된다. 기독교 유신론에 대해 파기자가 제시될 경우, 소극적 방어는 이 파기자들을 반박하거나 약화하기를 시도한다.

대조적으로, 적극적인 직접 방어는 기독교 유신론을 위해 적극적으로 주장하려는 시도이다. 하나님의 존재, 객관적인 도덕, 영혼의 존재, 덕 윤리의 가치와 본질, 기적의 가능성과 안식의 가능성 등은 기독교 유신론에 대한 적극적인 직접 방어의 예이다.

직접 방어의 타당성은 기독교의 모든 지성인들이 받아들이는 것은 아니다. 예를 들어, 개혁주의 인식론이라고 대략적으로 불리는 것의 다양한 종류들을 온건한 적극적 직접 방어로 보는 입장도 있지만, 하나님에 대한 믿음과 성경의 권위를 정당화하는 것과 같은 특정 분야에서는 이런 유형의 행위를 노골적으로 거부하는 등 이를 보는 시각의 폭이 넓다.

이 책에서는 두 가지 유형의 직접 방어를 모두 채택했다.

설명이 상당히 빠르게 진행되기 때문에, 직접 방어의 다양한 지류들을 이해할 수 있도록 도표를 제시한다.

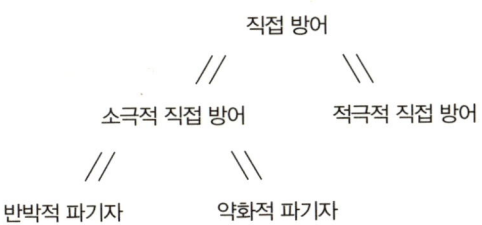

논증법

논증법에서는 기독교 유신론에 반대하는 견해들을 비판한다. 여기서 초점은 기독교 유신론을 위한 증거를 제시하거나 반론에 대응하는 데 있지 않다. 오히려, 기독교 유신론의 대안들에 대해 파기자를 제시하는 것이다.

과학적 자연주의, 인간에 대한 물리주의적 관점, 생명의 기원에 대한 자연주의적 설명, 행동주의적 교육 목적, 마르크스 경제 이론 등에 대한 비판은 모두 논증법의 예이다.

유신론적 기독교 설명

X_i에서 X_n까지의 일단의 항목에 설명이 필요하다고 하자. 그래서 우리는 이 항목들에 대해 적절하거나 최선의 설명이라고 할 수 있는

설명 E를 내놓는다. 이런 경우, E는 X_i에서 X_n까지를 설명한다. 그리고 이 사실은 E를 어느 정도 확증한다. 예를 들어, 어떤 가설적인 목적 진술(예로, 바울은 로마의 유대인들과 이방인들의 신학적인 연합을 위해 이 서신을 썼다)이 성경 본문의 여러 자료들을 설명한다면, 이 사실은 이 진술이 그 본문에 대한 올바른 해석이라는 믿음을 어느 정도 확증한다.

그런데 기독교 유신론자들은 자신들의 세계관에 비추어서, 좀 더 구체적으로 말하면 세계의 여러 측면에 대한 설명으로서 자신들의 유신론적 믿음을 사용해서 세계를 탐구하는 일을 해야 한다. 달리 말하면, 우리는 기독교 세계관의 설명 능력을 활용해서 지적인 문제들을 해결하고 난제 영역에 빛을 비추어야 한다.

예를 들어, 자연적 도덕법(객관적 도덕법이 피조계에 뿌리내리고 있으며, 성경을 사용하지 않고도 이를 알 수 있다는 관점)의 존재, 의식의 환원 불가능한 심리적 본질, 천부적으로 동등한 인권, 성경이 명령하는 윤리와 종교 행위를 따를 때 인간에게 번영이 온다는 사실 등을 받아들이는 사람들에게는 기독교 유신론이라는 진리가 이런 현상들에 대한 좋은 설명이 된다. 그리고 이 사실은 기독교 유신론을 어느 정도 확증해 줄 수 있다.

이런 구별법은 바르게 생각하는 법(반박적·약화적 소극적 직접 방어, 적극적 직접 방어, 논증법, 유신론적 설명)을 배우는 일의 핵심에 속한다. 기독교 학교와 홈스쿨링을 하는 부모는 나이에 맞는 방법을 찾아서 이런 구별법을 학생들에게 심어 주어야 한다. 이렇게 할 때, 과학주의에 전혀 유혹을 받지 않는 담대하고 확신 있는 그리스도인들을 길러 내는

데 도움이 될 것이다.

    이런 구조의 틀을 확보했으므로, 이제 기독교와 과학을 실제로 통합하는 일로 들어갈 수 있다.

15장

기독교와 과학의 통합을 위한 계획

기독교와 과학을 통합하려고 시도하다가 문제 영역이 드러날 경우, 기독교인들은 그 문제를 기독교 유신론의 합리적 권위를 강화할 필요라는 측면에서 치열하게 생각한 다음, 현대 문화의 타당성 구조 안에 당당하게 제시할 필요가 있다.

이런 문제를 다룰 때, 신학이(여기서 신학의 의미는 기독교 세계관의 일부로 여겨지는 모든 기독교 사상이다) 신학 외의 학문에서 나오는 문제들과 교류할 수 있는 여러 가지 방법이 나타날 것이다.

신학이 과학의 문제들과 교류하는 다섯 가지 방법

이런 교류를 할 수 있는 방법 가운데 몇 가지를 소개하겠다. 이들은 통합 작업을 할 때 특정한 난제를 다루는 다양한 전략들을 보여준다. 따라서 이 전략들은 상황에 따라 적절하게 채택할 수 있다. 이런 문제들을 해결하는 방법들을 확보함으로써, 우리 기독교인들은 과학과 기독교 사이에서 발생하는 문제를 해결할 도구를 충분히 확보하게 된다.

1. 두 영역 모델

신학과 다른 학문 사이의 갈등을 해결하기 위한 이 전략은 신학과 다른 학문의 전제와 이론 또는 방법론이 두 가지의 명백하고 중복되지 않는 탐구 영역을 가지고 있을 수 있다는 생각을 바탕으로 한다.

예를 들어, 천사나 속죄의 범위에 대한 논쟁은 유기 화학과는 거의 관계가 없다. 마찬가지로, 메탄 분자 하나에 수소 원자가 세 개인지 네 개인지에 대해서 신학은 거의 관심이 없다.

지난 30년 동안 나는 신경 과학이 우리가 뇌에 지나지 않는다는 것을 입증했다는 주장(의식의 상태는 뇌의 상태와 정말로 일치하며, 따라서 '영혼' 같은 것은 없다)에 맞서 학문 연구를 하면서 이 전략을 사용했다.

이에 대해 나는, 신경 과학은 놀라운 도구이기는 하지만, 의식과 영혼의 본질과 존재에 관한 문제를 해결하는 데는 실제로 적절하지 못하고 상관도 없음을 증명했다. 이런 논쟁에서 핵심은 실제로 과학이 아니라 철학과 신학과 상식이다. 그러므로 두 영역(신학 및 철학과 신경 과학)은 다른 영역을 탐구하고 있다.

2. 보완 모델

두 번째 전략은 신학과 다른 학문의 전제, 이론 또는 방법론이 동일한 실재에 대해 두 가지 서로 다르고 보완적이며 상호 작용이 없는 접근법을 가지고 있을 수 있다는 생각에 기초한다. 이 모델이 사용될 때, 두 학문은 동일한 대상에 대해 말하지만 서로 다른 관점에서 보고 다른 차원과 다른 언어로 부분적인 설명을 한다.

그러므로 "물은 하나님에 의해 만들어졌다"라는 명제와 "물은 수소와 산소의 합성 반응에 의해 만들어졌다"라는 명제는 둘 다 참이다. 그 어느 것도 전체를 말한다고 주장하지 않지만, 둘 다 실재에 대해 참된 주장을 한다. 이들은 서로 다른 각도에서 서로 보완한다.

그러나 이 접근법에는 큰 위험이 있다. 왜 그럴까? 이것은 세계에서 초자연적인 것을 제거하는 결과를 낳을 수 있고, 또한 하나님이 직접 이 세상에서 행하시는 기적의 역사를 우리가 탐구할 수 있는 능력을 훼손할 수 있기 때문이다. 예를 들어, 이 보완적 관점에서는 기도에 대한 직접적이고 기적적인 응답이 일어난다는 생각과, 또한 이런 기도 응답이 합리적으로 탐구가 가능하다는 생각을 부정한다.

이 보완적 관점은 인간에 대한 물리주의적 관점(즉, 신경 과학은 인간의 실제적이고 물리적인 구성 상태를 설명해 주며, 영혼이나 영에 관한 신학적인 대화는 뇌가 기능하는 방법을 심리학적인 또는 영적인 방법으로 설명하는 보완적인 방법이라는 신념)을 지지하는 데 사용되어 왔다.

이 접근법은 또한 유신론적 진화론을 주장하는 데도 사용되어 왔다. 진화론은 생명의 진보에서 어떤 일이 어떻게 일어났는지를 정확하게 설명하는 반면, 신학은 생명이 왜 존재하는지(즉, 하나님이 우리와 교제할 수 있기 위해)를 설명한다는 것이 그 근거였다. 일부 유신론적 진화론의 지지자들은 보완적 견해를 바탕으로 해서, 하나님이 진화의 과정을 '인도'하셨지만 누구도 그가 한 일을 전혀 알아낼 수 없다고 말한다.

무신론 철학자 퀸틴 스미스(Quentin Smith)는 2001년에 통찰력이 빼

어난 논문을 발표했는데, 이는 통합 작업에 매우 중요한 것이었다.

여기서 그는 특히 보완적 견해를 과도하게 사용하는 문제를 다루었다. 그는 50여 년 동안 학문 공동체에 기독교 교사들이 상당히 많이 있었음에도 불구하고 점차 세속화되고 무신론적으로 되었다고 지적한다. 어떻게 해서 이렇게 될 수 있었을까? 스미스는 기독교인들이 그들의 믿음을 제한해 사적인 삶의 영역에 가두어 두면서, 그들의 기독교 사상을 일과 통합하지 않았다고 주장한다. 그는 이렇게 썼다.

> 이 말은 다양한 학문 분야의 학자들 가운데 어느 누구도 그들의 '사적인 삶'에서 실제적인 유신론자(자신의 종교적 신념이 참이라고 여기는 유신론자)가 아니었다는 말이 아니다. 그러나 실제적 유신론자의 대부분은 그들의 유신론을 그들의 출판물과 가르침에서 배제했는데, 그 주된 이유는 유신론이⋯주로 '학문적으로 존경받을 만한' 입장이 가져야 할 기준에 미치지 못하는 낮은 수준의 지식 상태라고 여겼기 때문이다.[1]

스미스는 계속해서, 기독교인들이 철학 분야에서 상당한 근거를 탈환했지만, "다른 분야의 유신론자들은 그들의 유신론 신념을 자신의 학문 활동으로부터 구분하는 경향이 있어서, 그들의 학문 활동에서 유신론을 견지하거나 주장하는 일이 거의 없다"[2]라고 주장한다.

---

1) Quentin Smith, "The Metaphysics of Naturalism," *Philo* 4, no. 2 (2001): 1.
2) 위의 책, 3. 마크 놀도 철학 분야에서 이루어진 일에 대해 동일한 관찰을 했다. Mark Noll, *The*

그러므로 보완적 관점을 사용해서 통합해야 할 영역도 있지만, 이를 지나치게 사용하지 않도록 극히 주의해야 한다. 그처럼 과도하게 사용하면 기독교를 주류에서 몰아내서, 기독교 보완적 관점론자들로 하여금 이런 통합관 뒤에 숨게 만든다.

3. 전제 접근법

이 접근법은 신학이 과학의 전제들을 지지할 수 있고, 역으로 과학도 신학의 전제들을 지지할 수 있다는 신념에 기초하고 있다. 과학은 형이상학적 및 인식론적 기초가 필요하고, 신학은 그것들을 정당화하거나 최소한 정당화에 도움을 줄 수 있다.

앞에서 나는 다수의 과학의 전제들(예로, 진리의 존재, 실재의 합리적이고 질서 있는 본질, 외부 세계를 인지하는 데 적합한 도구로서 오관과 인지 기관의 적절성 등)이 타당하며 쉽게 기독교 유신론을 정당화할 수 있다고 주장했다. 이와 비슷하게, 인식론적 회의주의에 대한 철학적인 비판과 실제적이고 이론과는 독립적인 세계의 존재에 대한 방어, 그리고 진리의 상응 이론은 신학의 일부 전제들을 정당화하거나 최소한 확증한다고 주장한 사람들이 있다.

4. 실제적인 적용 모델

이 접근법은 신학이 다른 학문의 일반적인 원리들을 채우고 세부

Scandal of the Evangelical Mind (Grand Rapids, MI: Eerdmans, 1994), 235–238을 보라.

사항들을 더해 줄 수 있으며 그 역도 가능하다고 믿는다. 나아가, 신학은 다른 학문의 원리들을 실제로 적용할 수 있고 그 역도 가능하다.

예를 들어, 신학은 아비들이 자녀를 노엽게 하지 말아야 한다고 가르친다(엡 6:4). 그리고 심리학은 가족의 시스템이나 분노의 본질과 원인 등에 대해 정보를 제공함으로써 이 말의 의미에 대한 세부 사항을 더할 수 있다. 심리학은 성숙한 사람인지를 측정하는 다양한 도구를 만들 수 있고, 신학은 심리학을 위해 성숙한 사람이 어떤 사람인지에 대한 규범적인 정의를 제공할 수 있다.

5. 직접 교류 모델

위의 네 모델은 통합의 중요한 측면들이며, 각각은 과학과 같은 학문과 신학 사이의 통합 문제를 해결하는 데 유익할 수 있다. 나는 여러 가지 통합 문제를 해결하는 데 보완적 모델이 유용함을 인정하지만, 이를 지나치게 많이 사용함으로써 기독교를 비인지적인 영역 안에 두고 또한 문화의 타당성 구조 밖에 둠으로써 기독교에 해를 끼쳤다는 점을 지적했다. 이제 우리는 가장 중요하면서도 논쟁의 대상이 되고 있는 접근법, 즉 직접 교류 모델에 이르렀다.

이 모델에서 신학과 다른 학문의 전제와 이론 또는 방법론은 적극적이든 소극적이든 서로 직접적으로 교류할 수 있다. 하나의 연구 분야는 다른 분야를 위해 합리적인 지원을 할 수도 있고, 반대로 다른 연구 분야에 합리적인 문제를 제기할 수도 있다.

예를 들어, 영혼의 존재에 대한 어떤 신학의 가르침은 영혼의 존재를 부정하는 철학이나 과학의 주장에 대해 합리적인 문제를 제기한다(그 역도 마찬가지다). 비슷하게, 일반적인 진화론은 창세기를 이해하는 데 여러 가지 난제를 일으킨다(그 역도 마찬가지다). 이를 지적 설계론과 유신론적 진화론에 대한 현재의 논쟁에 적용한다면, 지적 설계론 운동은 직접 교류 모델을 적용한 사례라고 할 수 있고, 유신론적 진화론은 보완적 접근법을 전용한 결과라고 할 수 있다.

다시 말하지만, 의식과 영혼은 물리적인 것이 아니라고 믿는 사람들은 대체로 직접 교류 모델을 수용한다. 반면에, 영혼을 부정하는 기독교 물리주의자들은 보완적 접근법에 가까운 경향이 있다.[3]

직접 교류 모델은 기독교와 일치하는 신학과 철학의 주장들을 합리적으로 정당화하는 일을 소중히 여긴다. 내가 왜 이 말을 하겠는가? 이 입장을 옹호하는 사람들은 과학자들 다수가 소속되어 있는 다른 학문에서 나온 주장들, 즉 기독교 세계관과 일치하지 않거나 이를

---

[3] 보완적 통합관을 채택해서 다양한 형태의 기독교 물리주의로 발전시킨 기독교 사상가들에 대해서는 다음 책을 보라. Richard H. Bube, *Putting It All Together* (Lanham, MD: University Press of American, 1995); Malcom Jeeves, *Psychology and Christianity* (Downers Grove, IL: InterVarsity Press, 1976); Jeeves, *Mind Fields* (Grand Rapids, MI: Baker, 1994); Jeeves, *Human Nature at the Millennium* (Grand Rapids, MI: Baker, 1997); D. M. Mackay, *Christianity in a Mechanistic Universe* (London: InterVarsity, 1965); Mackay, *The Clockwork Image* (Downers Grove, IL: InterVarsity Press, 1974); Mackay, *Human Science and Human Dignity* (Downers Grove, IL: InterVarsity Press, 1979). 현재 기독교 물리주의의 선도적 옹호자는 기독교 신학자 낸시 머피이지만, 나는 그녀가 보완적 견해를 채택하고 있는지 모르겠다. Nancey Murphy, "Human Nature: Historical, Scientific, and Religious Issues," in *Whatever Happened to the Soul?* ed. Warren S. Brown, Nancey Murphy, and H. Newton Malony (Minneapolis: Fortress, 1998), 1-29; Murphy, *Bodies and Souls, or Spirited Bodies?* (Cambridge: Cambridge University Press, 2006). 성경적인 이원론에 대한 방어를 보려면, 존 쿠퍼(John Cooper)가 쓴 *Body, Soul, and Life Everlasting* (Grand Rapids, MI: Eerdmans, 2000)을 보라.

훼손하는 것으로 보이는 주장들을 기꺼이 받아들이고, 사용하고, 방어하고, 정면으로 맞서려고 하기 때문이다. 이처럼 직접 교류 모델은 기독교를 옹호하는 사람들에게 담대함과 용기를 준다.

그러나 이 접근법은 기독교의 주장을 주류 학문 밖으로 몰아낼 수 있고 또 종종 그렇게 하며, 기독교인들이 관련 분야(지적 설계론 및 진화론과 관련된 생물학, 고생물학, 인류학 등)의 다수파 전문가들과 맞붙게 한다. 일반적으로는 한 분야의 다수파 전문가들의 견해를 따르는 것이 지혜로운 일이다. 의사가 어떤 질병에 대한 최선의 처방을 말해 줄 경우 우리는 분명히 따른다.

그러므로 진화론 대신 지적 설계론을 채택하는 일에 있어서 다수파 전문가들과 반대로 나아가는 것이 비합리적이지 않을 수 있겠는가? 이런 의문은 해당 문제에 대한 전문가가 아닌 비전문가일 경우, 특히 무시하기 어려운 문제다.

전문가들과 맞서기 위한 합리적 기준

나는 진화론과 지적 설계론 사이의 논쟁을 예로 사용해서 네 가지 기준이 충족될 때, (생명의 기원과 발전에 대한 지적 설계론의 주장을 수용하고, 관련 과학 분야, 즉 생물학의 모든 전문가들이 눈먼 시계공 이론을 지지한다 해도) 이 이론을 거부할 합리적인 정당성이 있음을 제시한다(나는 실제로 이 논쟁에서 네 가지가 실제로 충족된다고 믿는다).

1. 성경 해석에 있어서, 설명적으로 타당하며 긴장을 해소하는 대안이 없음을 분명히 한다

1970년대 말에, 나는 젊은 지구론(창세기의 날들은 24시간으로 된 연속적인 날들이며, 우주의 나이는 1만 년에서 4만 년 정도로 아주 젊다고 보는 견해)에서 오래된 지구론(점진적 창조론)으로 입장을 바꾸었다(이 입장은 거의 모든 사람이 지지하지만, 기독교 지적 설계론자 전체가 지지하는 것은 아니다).

이 관점은 자연주의적 유신론적 진화론이 거짓이며, 공통 조상론은 의심스럽고, 생명의 역사의 여러 지점에서 하나님이 개입하셔서 새로운 종류의 생명을 창조하셨다는 점을 시사한다. 나아가, 하나님의 직접적인 활동의 행위는 과학적으로 탐색이 가능함을 시사한다. 또한 우주가 오래되었고(138억 년) 지구도 오래되었지만(45억 6천 8백만 년), 아담과 하와는 상대적으로 최근에 창조되었음을 시사한다.[4]

내가 관점을 바꾼 이유는 당시에 신뢰할 만한 구약의 전문가 다수(예로, 글리슨 아처나 월터 카이저)가 창세기는 오래된 지구론을 가르친다고 주장했기 때문이다. 나는 그들과 또 다른 신뢰받는 기독교 학자들의 글을 읽고, 오래된 지구론이 해석학적으로 수용 가능하다고 결론지었다. 나는 과거에도 그리고 지금도 유신론적 진화론이 해석학적으로 수용 가능하다고 믿지 않는다.

그러나 젊은 지구론 옹호자 가운데서도 잘 훈련되고 수준 높은 사

---

[4] 아담과 하와의 실제 역사성에 대한 강력한 방어를 보려면 다음을 참고하라. C. Meyer, Christopher Shaw, Ann K. Gauger, and Wayne Grudem, eds., *Theistic Evolution: A Scientific, Philosophical, and Theological Critique* (Wheaton, IL: Crossway, 2017), 10–14장.

람들이 수없이 많음을 흔쾌히 인정한다. 또한 이 입장이 성경 해석과 과학 연구를 통해 계속 발전되고 지지되어야 한다고 믿는다. 내 견해로는, 젊은 지구 창조론이나 오래된 지구 창조론은 정통 기독교 공동체 안에서 수용되어야 할 입장이며, 두 진영 사이에는 예의와 친절이 더욱 커져야 한다. 반대로, 유신론적 진화론은 수용할 수 없다. 그것은 이 책에서 계속 논의한 것처럼 신학적, 철학적, 과학적 이유 때문이다.[5]

그러므로 해당 분야(즉, 구약학)에서 신뢰받는 학자들이 논란이 되는 본문들에 대해 쓴 주석을 찾아서 읽으라. 그리고 그 학자들이 복음주의 공동체에서 신실한 사람으로 존경받고 있다는 사실도 확인하라. 이를 검증하는 한 가지 방법은, 그들이 가르치고 있는 곳을 알아보고 또 목사님이나 기독교 지도자에게 그 학자가 성경을 귀히 여기는 신실한 사람으로 존경받는지 물어보는 것이다. 자녀를 기독교 학교에 보내려고 할 경우, 교수와 직원들에게 지적 설계론에 대한 그들의 태도가 어떠한지 물어보라. 그 학교 교수들이 이 견해를 가르치고 추천하는지, 문자적으로 (동시에 존재했던) 아담과 하와에 대한 믿음을 교수들이 표현해야 하는지 등을 물어보라. 만일 우물쭈물한다면, 결정에 대한 책임은 당신이 져야 한다.

---

[5] 위의 주에서 소개한 책을 한 번 더 추천한다. *Theistic Evolution: A Scientific, Philosophical, and Theological Critique* (Wheaton, IL: Crossway, 2017).

2. 많은 교육을 받고 학문 수준이 높으며, 일류 저널에 논문을 발표하거나 저명한 출판사에서 책을 낸 적이 있는 일단의 무리가 있으며, 그들은 관련 분야 전문가들의 대다수가 지지하는데도 불구하고 한결같이 그 견해(즉, 눈먼 시계공 이론[이것이 핵심 문제다]이나 공통 조상론)를 거부한다

이 기준은 지적 설계론이 방어가 가능하며 타당성이 매우 높다는 점을 확신시켜 준다. 지적 설계론의 주된 옹호자들의 이력서를 보면, 모두 존경받는 대학교에서 박사 학위 한두 개를 받았으며, 그들이 발표하는 글은 철저하고 학문적이며 해박하다. 또한 그들은 지적 설계론에 대해 지적으로 탄탄한 논리를 펴고 있으며, 지적 설계론에 대한 비판자들과 그들의 주장에 대해 강력한 반론을 제시한다.

이 기준에 대한 이유는 쉽게 알 수 있다. 고도로 훈련을 받은 박사가 있어서 자연주의적 유신론적 진화론에 대해 정교하고 치밀한 대안을 제시하고, 또 전문가 다수파의 견해를 잘 알고 그들의 비판에 탁월하게 대응하지 않으면, 기독교 공동체에 정말 문제가 될 것이기 때문이다. 탁월한 저술 기록과 실제적이고 매우 철저한 이론을 가지고 크게 신뢰받는 학자들이 지적 설계론을 이끌어 가는 것은 좋은 일이다. 우리는 모든 일에 전문가가 될 수는 없다. 그래서 이 경우에는 신실한 전문가를 의지해야 하는데, 지적 설계론 옹호자들은 여기에 탁월하게 적합하다.

3. 전문가 다수파가 논란이 되는 견해(이 경우 진화론)에 대해서 수많은 탁월한 논증과 강력한 증거에 기초한 합리성을 따르기를 고수하는 대신에

그 견해를 견지하는 이유에 관해서 역사적, 사회학적, 신학적으로 좋은 설명이 있다

역사적으로, 창조론에서 찰스 다윈의 진화론으로 이동한 것은 증거가 있기 때문이 아니었을 가능성이 매우 높다. 오히려 이것은 과학에서, 특히 생물학, 지질학, 고생물학에서 신학을 제거하여 과학(학문) 연구를 '중립화'하려는 바람의 표현이었다. 다윈주의 혁명에 대한 가장 권위 있는 분석의 글 하나에서, 조지아 주립 대학교의 역사가 닐 길레스피(Neal Gillespie)는 그 혁명이 일어난 경위에 대해 깜짝 놀랄 만한 설명을 한다.[6]

길레스피에 의하면, 창조론에서 다윈주의로 옮겨 간 그 혁명에서 증거에 대한 설명은 주된 것도 가장 중요한 것도 아니었다. 사실, 다윈이 그의 이론을 막 만들어 알리고 있을 때, 얼마 동안은 창조론에 유리한 증거가 훨씬 많았다. 다윈은 수많은 중간 종을 예언했지만, 화석 기록은 전혀, 좀 더 너그럽게 말해서 거의 없었고, 중간 종이라고 주장하는 것마다 이에 반하는 과학적 증거를 보여주었다.

대부분의 동물들이 몸의 한 부분이 제 기능을 하기 위해 다수의 다른 부분들을 필요로 한다는 사실은 진화가 아니라 창조로 쉽게 설명된다. 어떤 종이 오랜 기간에 걸쳐 느리고 점진적으로 발전할 경우, 관련된 부분들 중에서 일부만 존재하는 때가 있게 되어, 그 일부분은 생존가를 전하는 기능을 할 수 없고, 따라서 그 종의 생존가를 찾기

---

[6] Neal Gillespie, *Charles Darwin and the Problem of Creation* (Chicago: University of Chicago Press, 1979), 1, 4, 5장.

어렵다.

만일 다원주의 혁명의 주된 관심사가 증거가 아니었다면(이 논쟁에서 증거가 분명히 중요했음에도 불구하고), 도대체 무엇이 관심사였을까? 길레스피의 글에서 인용한 것들을 살펴보라.

- "중요한 것은 신학을 학문 혹은 과학에서 몰아내는 것이다."[7]
- "과학은 아마 최초로 완전히 자연적인 세계 시스템을 공개적으로 개발했는데, 이는 논리적으로든 이론적으로든 어떤 것으로라도 신학에 매이지 않는 것이었다."[8]
- "고찰 중에 있는 지식의 이동(즉, 창조론에서 다원주의로의 패러다임 이동)은 그처럼 종교를 거절할 것을 요구하지 않았다. 다만, 종교가 세상을 아는 수단이 되는 것을 거부할 것만 요구했다."[9]
- "과학이 신학적 기초에서 실증적 기초(경험적 기초)로 이동한 것처럼, 종교는…지식의 종교에서 신앙의 종교로 이동했다."[10]

역사적으로 볼 때, 창조론에서 다원주의로의 이동은(전적으로는 아니지만) 주로 과학 철학 안에서의 이동이었다. 방법론적 자연주의는 하나님이 행하신 증거에 대한 호소를 합법적인 과학적 설명으로 대치했다.

---

7) 위의 책, 12.
8) 위의 책, 13.
9) 위의 책(괄호는 필자가 삽입했음).
10) 위의 책, 16(괄호는 필자가 삽입했음).

내가 46년 동안 대학생들과 함께한 경험에 비추어 볼 때, 나는 이 역사적 사건이 선례가 되었고, 이에 따라 오늘날은 방법론적 자연주의의 적법성을 거의 또는 전혀 검토하지 않고 받아들이게 되었음을 확언할 수 있다.

과학자 다수가 적절한 합리적 정당화도 없이 진화론을 받아들인 이유에 대한 사회학적 설명은, 과학 교과서가 쓰인 방식과 젊은 학생들이 사회화를 통해 과학 연구에 들어온 방식에 있다. 학생들은 진화론의 파기자에는 전혀 접근하지 못했다. 반대로, 과학자가 되는 사회적 과정은 자연주의적 진화론과 방법론적 자연주의에 관해 조화와 동질성을 강요하는 과정이었다.

예를 들어, 수년 전 나는 한 학생 그룹으로부터 캘리포니아 버클리 대학교에서 하나님의 존재에 대해 증명해 달라는 초청을 받았다. 그곳에 있는 동안, 한 달 전에 윌리엄 뎀스키가 지적 설계론을 방어하는 강의를 했다는 것을 알게 되었다. 그런데 그 대학교의 생물학 교수들은 학생들에게 뎀스키의 강의를 보이콧하라고 가르쳤다. 뎀스키는 과학 석사, 통계학 석사, 신학 석사, 철학 박사, 수학 박사 학위를 가지고 있고, 또한 MIT에서 수학으로, 시카고 대학교에서 물리학으로, 프린스턴 대학교에서 컴퓨터 공학으로 각각 박사 후 과정을 했음에도 불구하고, 생물학자들 가운데서 많은 조롱과 놀림이 있었다.

그러나 만일 뎀스키가 그토록 어리석고 또한 지적 설계론에 관한 그의 논문이 그토록 터무니없다면, 교수들은 왜 학생들을 강의에 보내서 그들로 하여금 그의 주장을 박살내도록 하지 않았을까? 간단히 그렇게 할 수 있어야 했다. 생물학 교수들은 무엇이 두려웠을까?

그즈음에 나는 UCLA에서 강의를 하고 있었는데, 그때 미생물학 박사 과정을 밟고 있는 학생을 만났다. 그는 나를 한쪽으로 끌고 가서는, 자신의 논문 지도 교수가 그의 논문 제안서가 탁월하다고 은밀하게 시인한 사실을 말해 주었다. 그 제안서는 지적 설계론에 대해 실증적으로 입증하거나 혹은 반증하는 것에 관한 내용이었다. 그러나 그 지도 교수는 지적 설계론을 멀리하라고 충고했다. 만일 이 주제로 박사 논문을 고집하면, 낙제는 물론 연구비 지원도 취소되고 박사 과정에서 쫓겨날 것이라고 했다.

이 두 이야기는 사회학적 요인과 '집단 사고' 때문에 과학 전문가들이 진화론을 옹호하고 있음을 보여준다. 이는 1차적으로 합리적인 요인이 아니다. 당신이 거주하는 지역의 대학교 생물학 교수에게 지적 설계론을 옹호하는 사람이 쓴 책을 몇 권이나 읽어 보았으며, 진화론에 대한 가장 설득력 있는 반론은 어떤 것이 있었는지 물어보라. 아마 어쩔 줄 몰라 쩔쩔매는 모습을 보게 될 것이다.

마지막으로, 전문가들이 진화론을 수용하는 이유에 대한 신학적인 설명이 있는데, 이는 증거를 훨씬 벗어난 거의 종교적인 믿음과 같은 느낌을 자아낸다. 최소한 자연주의적 진화론자들의 경우, 이 신학적 이유는 기독교를 무너뜨리려는 욕구 때문이다. 환원이 불가능한 합리적인 마음과 그것이 세상과 가지는 관계를 근본적인 것으로 여기는 견해를 논의하는 문맥에서, 좀체 볼 수 없는 솔직한 순간에 무신론 철학자 토머스 네이글은 이런 이야기를 했다.

(이 견해는) 오늘날과 이 시대의 많은 사람들을 불안하게 만든다. 내가 믿기로 이것은 종교에 대한 두려움이 드러난 것으로, 이것은 현대의 지성 생활에 크게, 그리고 종종 치명적인 결과를 낳는다.

종교에 대한 두려움을 말할 때 내가 의미하는 것은, 어떤 확립된 종교와 종교 제도에 대해 그것이 가진 반대할 만한 도덕 교리와 사회 정책 혹은 정치적 영향력 때문에 가지는 전적으로 합리적인 적의가 아니다. 또한 명백한 실증적 거짓을 수용하는 것을…지칭하는 것도 아니다.

내가 말하는 바는 그보다 더 심오한 것, 다시 말해 종교 자체에 대한 두려움이다. 나 자신이 이 두려움에 강하게 매어 있었던 경험을 바탕으로 말하는 것이다. 나는 무신론이 참이기를 바랐기에, 내가 아는 가장 지적이고 박식한 사람들 가운데 일부가 기독교인이라는 사실이 불편했다. 단순히 내가 하나님을 믿지 않으므로 자연스럽게 내 신념이 옳기를 바라는 것이 아니었다. 나는 하나님이 없기를 바랐다! 하나님이 존재한다는 사실을 원하지 않았다. 우주가 그렇게 되기를 원하지 않았다.

나의 짐작으로는 이 우주적인 권위 문제가 드문 일이 아니며, 이는 대부분 우리 시대의 과학주의와 환원주의의 책임이다. 이것이 조장하는 한 가지 경향은, 인간의 마음에 관한 모든 것을 포함하여 삶의 모든 것을 설명하기 위해 진화 생물학을 터무니없이 과도하게 사용하는 일이다. 다윈은 세계의 근본적인 특성인 목적과 의미와 설계를 제거하는 방법을 제공함으로써, 현대의 세속 문화가 집단적으로

안도의 한숨을 쉴 수 있게 해주었다.[11]

종합하면, 역사적으로 진화는 과학자들에게 하나님과 신학을 과학에서 몰아낼 방법을 제공했다. 사회학적으로는 과학 공동체가 동질성을 유지하기 위한 사회적인 압력이 있고, 이를 위해 진화에 대한 집단 사고와, 지적 설계론의 타당성을 고려하는 기미를 보이는 사람에게 사회적 처벌을 내리는 일이 사용된다. 그리고 신학적으로 우주의 권위 문제는 과학계의 다수가 하나님이 존재하는 것을 원하지 않으며, 진화는 그들에게 자연주의자가 될 수 있는 길을 제공한다.

따라서 진화론의 신뢰성에 대한 과학 전문가들의 광범위한 합의는 이렇게 설명할 수 있다. 진화론과 지적 설계론에 대해 합리적인 지지와 반대의 근거를 제시하는 것은 증거와 논증의 힘이 아니다. 그것은 진화론이 만연하게 된 주된 이유가 아니다. 결국, 거의 모든 과학자들은 지적 설계론에 관한 문헌을 전혀 알지 못하는 상태이며, 진화론의 문제점 역시 과학 교실에서 거의 제기되지 않는다. 그렇다. 전문가들이 진화론에 관해 합의하는 이유에 대한 주된 설명은 역사적이고, 사회학적이고, 신학적인 것이다.

4. 기독교는 고도로 합리적인 세계관으로서 이를 지지하는 많은 증거와 논리가 있으므로, 기독교 세계관의 핵심 요소를 부정하는 견해는 어떤 것

---

[11] Thomas Nagel, *The Last Word* (New York: Oxford, 1997), 130-131.

이든 이 사실 때문에 철저하게 거부되어야 한다

기독교는 엄청난 양의 합리적인 정당화와 증거 그리고 논증적인 지지를 누리는 세계관이다.[12] 이 사실을 고려할 때, 기독교의 잠재적 파기자를 거부하는 것이 합리적인 이유는 그것이 기독교 세계관이 지닌 고도의 합리적인 지지와 비교될 수 없기 때문이다. 기독교 세계관의 한 측면이 거부당해야 할 때가 올 수도 있겠지만, 지금은 아직 그런 때가 아니며, 진화론이 충분한 파기자도 아니다.

결론

이번 장에서 제시된 정보는 기독교와 과학, 특히 지적 설계론과 눈먼 시계공 이론에 대해 어떻게 생각해야 하는지에 대한 분명한 지침을 제공한다고 믿는다. 내 생각이 옳다면, 이 정보는 우리가 나아갈 길을 제공해 준다.

---

[12] 참고 문헌 목록을 보라.

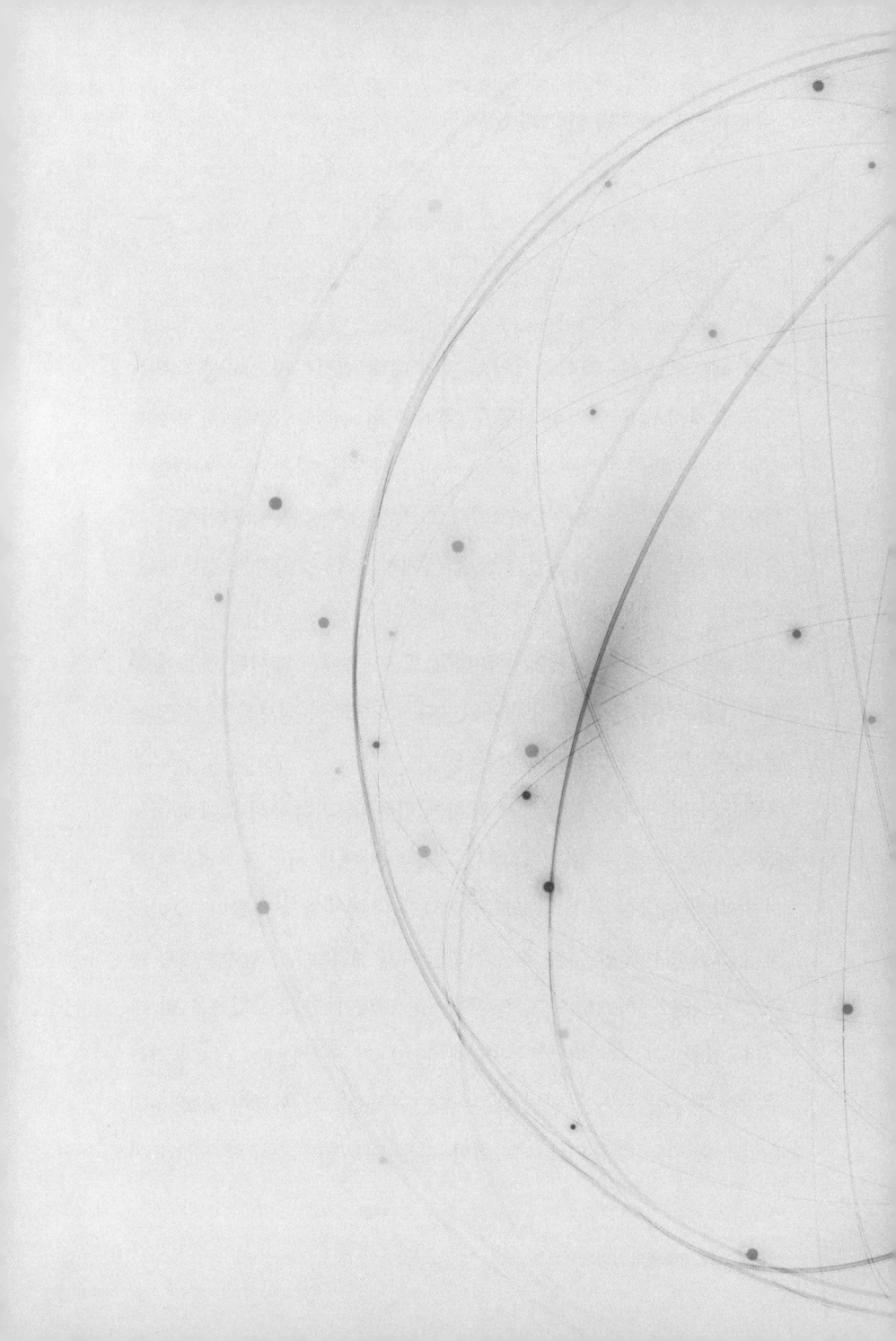

나가는 글 마지막 한 가지 호소

이 책에서, 나는 과학주의의 본질에 대해 세심하게 정의를 내리는 일과 함께 수많은 합리적 논증을 했다. 이런 주장들을 세심하게 살핀 결과, 나는 과학주의는 과학이 아니며, 과학을 훼손하고, 사람들이 과학을 오용하도록 부추기며, 널리 신뢰받는 까닭에 이 기만적인 거짓을 받아들이는 기독교인들을 결국 해치게 될 것이라는 결론에 이르렀다.

만일 당신이 나의 생각에 동의하고 또 이 책에서 제시된 것들에 동의한다면, 다시 한 번 읽기를 권고한다. 그리고 이 정보를 할 수 있는 한 많은 사람들에게 전하기 바란다.

반드시 이 책에서 읽은 대로 행하기 바란다. 과학주의에 대해 아는 그리스도인이 별로 없다. 그래서 그것이 어떻게 기독교를 소외시켜서 문화의 타당성 구조 밖으로 몰아내는지 이해하지 못한다. 그리고 바나 그룹을 비롯한 여론 조사 기관들의 통계를 보면, 과학주의가 우리 자녀들을 기록적인 수치로 믿음에서 떠나게 만들고 있음을 알 수 있다. 이를 중단시켜야 한다. 이 책에서 내가 주장한 바와 같이 과학주의는 확실한 근거가 없기 때문이다. 과학주의가 선봉이 되어 우리 문화가 재앙의 수준으로 세속화한 것은 대부분 복음주의자들이 이 문제를 알지 못했기 때문이다.

과학주의는 조용하지만 치명적인 기독교 파괴자다. 그러나 이 책에 제시된 증거는 과학주의에 대한 좋은 예방 주사가 될 것이다.

목회자와 기독교 단체 지도자 그리고 부모들이 고개를 돌려 과학주의를 무시함으로써 의도하지는 않지만 이 분야에 대한 기독교인의 무지를 조장한다면 얼마나 안타까운 일인가?

청교도 사역자이자 저명한 저자 코튼 매더(Cotton Mather)는 이렇게 외쳤다. "무지는 경건이 아니라 이단의 어머니이다."[1] 과학주의에 대한 무지는 우리 시대 위기의 중요한 부분이다. 이를 알고 당당하게 맞서자.

---

[1] Allen Carden, *Puritan Christianity in America* (Grand Rapids, MI: Baker, 1990), 186에서 재인용함.

용어 설명

감각(sensation) 인식 또는 감지의 상태로, 소리나 고통을 인식하는 것.

개념적 통합(conceptual integration) 합리적으로 정당화된 신학적 신념들, 특히 세심한 성경 연구에서 나온 신념들이 성경 밖의 출처(예로, 생물학)에서 나온 중요하고 논리적인 개념들과 섞이고 연합되어 정합적이고 지적으로 만족스러운 기독교 세계관이 되는 것.

거대 담론(metanarrative) 모든 사람을 위해 존재하는 객관적인 실체를 보여주는 큰 이야기. 메타 내러티브 또는 대서사라고도 함.

계시 신학(revealed theology) 신의 계시에 근거하거나 이 계시에 호소함으로써 하나님의 존재와 속성을 탐구하는 신학.

공통 조상론(thesis of common descent) 모든 생명체들이 하나의 공통된 태고의 조상에게서 나왔다는 이론.

과학적 반실재론(scientific anti-realism) 성공적인 과학 이론은 존재론적인 의미는 전혀 없고, 단순히 자신들이 하는 일에 도움만 된다는 견해.

과학적 실재론(scientific realism) 현재 성공적인 이론을 구성하는 것(예로, 현재의 물질관에서 전자와 원자)은 실재하며, 그것들에 대한 이론의 설명은 참이거나 거의 참이라는 견해.

과학주의(scientism) 자연 과학(자연 과학)이 실재에 대해 유일한 또는 다른 학문에 비해 월등한 지식을 제공한다는 견해.

기능주의(functionalism) 의식이란 뇌가 행하는 것이지 뇌(또는 영혼)이 가진 어떤 것이 아니라는 사상. 이것은 현재 가장 인기 있는 물리주의 이론이다(물리주의를 참조하라).

기본값 신념(default belief) 의식적인 논증 없이 우리가 자연스럽게 받아들이는 신념.

내부 실재론(internal realism) '존재' 혹은 '비존재'의 개념은 이론 안에서만 적용되고, 이론과 별개인 '실제' 세상에는 합법적으로 적용되지 않는다는 견해.

논점 절취(begging the question/question-begging) 증명되어야 할 어떤 결론적인 주장이나 명제를 오히려 증명을 위한 전제로 삼은 오류. 예를 들어, 다음과 같이 주장하면 논점 절취이다. 기적은 없다. 어떻게 아는가? 기적이라고 하는 것들을 모두 조사한 결과, 그것들이 거짓임을 발견했다. 왜 거짓이라고 생각했는가? 기적은 일어나지 않는다는 명제를 지침으로 삼아 탐구했기 때문이다.

논증법(polemics) 기독교 유신론을 반대하는 견해를 그에 대한 파기자를 제시하여 비판하는 행위.

뇌의 상태(brain state) 뉴런의 활동이나 시냅스의 반응 등과 같이 뇌 안에서 일어나는 일.

눈먼 시계공(blind watchmaker) 윌리엄 페일리(William Paley)가 복잡한 물건은 반드시 설계자가 있게 마련이라며 예로 든 것이 바로 시계공인데, 이를 리처드 도킨스(Richard Dawkins)가 받아서 진화 과정에 만일 설계자가 존재한다면 그는 필경 눈이 먼 시계공일 것이라고 꼬집었다. 도킨스는, 자연 선택의 결과로 태어난 오늘날의 생명체들은 마치 숙련된 시계공이 설계하고 수리한 결과처럼 보이지만, 실제로는 앞을 보지 못하는 시계공이 나름대로 고쳐 보려고 애쓰는 과정에서 번번이 실패를 거듭하다 아주 가끔 요행으로 재깍거리며 작동하게 할 때도 있다고 했다.

다중 우주론(many worlds hypothesis) 우리가 사는 세계와 동일하지만, 과학적인 교류 방법을 포함해 어떤 방법으로도 교류할 수 없는 실제적이고 구체적인 우주들을 무한히 가지고 있는 '우주 집단'이 있다는 가설.

데카르트식 토대주의(Cartesian foundationalism) 데카르트의 이름을 딴 토대주의의 한 형태로, 기본적인 신념(비기본적 신념을 정당화하는 신념)은 의문의 여지가 없거나, 그렇지 않으면 토대적인 신념의 역할을 하는 데 적합하지 않다고 보는 관점.

동일률(law of identity) 만일 x가 y와 같은 것이라면, x에 대해 참인 것은 y에 대해서도 참이며 그 역도 성립하는 원리.

무더기 역설(sorites paradox) 연속선상에서 시점이나 경계선을 잘라 규정하는 것과 같은 어려움. 머리카락이 어느 정도 빠졌을 때 대머리라고 해야 할지 정의하기 어려운 것과 같은 원리임.

무한 소급/무한 퇴행(infinite regress) 어떤 사항의 조건이나 원인을 한없이 소급하는 일.

물리주의(physicalism) 존재하는 모든 것은 물리적이거나 아니면 물리적인 것에 의존하고 뿌리를 두고 있다는 이론.

미세 조정(fine-tuning) 과학에서, 상수와 양의 실제 값에서 약간의 변화만 있어도 우주에 생명이 살 수 없게 될 수 있다는 것. 달리 말하면, 생명이 존재하도록 허용하는 범위가 가정할 수 있는 값의 범위와 비교해 극히 협소하다는 것.

방법론적 자연주의(methodological naturalism) 과학을 함에 있어서 오직 자연적인 원인과 과학적인 데이터에 대한 설명만을 추구해야 한다는 사상.

부수 현상설(epiphenomenalism) 심리는 뇌의 부산물로서 자체에는 인과 능력이 없고, 다만 뇌의 사건에 '편승'한다는 견해.

비실증적 주장(nonempirical claims) 윤리, 정치 이론, 종교의 핵심에 있는 주장들과 같이 자연 과학 밖에 있으며 오관으로 검증이 불가능한 주장들. 일부 사람들은 그런 것은 지식의 대상이 아니라 사적인 감정의 문제라고 생각한다.

비인지론(noncognitivism) 진리 가치가 결여된 특정한 종류의 명제로(예로, 도덕 명제), 이것이 참도 거짓도 아니라는 개념.

소극적 직접 방어(negative direct defense) 기독교 변증학 가운데, 기독교 유신론의 파기자를 제거하려는 직접 방어의 한 형태.

속성(property) 어떤 것을 특징짓는 성질이나 성격. 예를 들어, 공은 붉고 둥근 속성을 가질 수 있다. 사건(또는 상태)는 어떤 것이 한 속성을 갖거나 어떤 시간에 속성이 변화하는 것이다. 잎이 이틀 동안 붉거나, 철이 낮에는 붉게 되는 것은 한 속성을 계속 유지하는 사건이거나 특정 시각 혹은 시간에 속성이 변하는 사건이다.

속성 이원론(property dualism) 의식의 속성 혹은 사건은 정신적인 것이지 물리적인 것이 아니라는 견해.

신념(belief) 의미적인 내용(예로, 비가 온다)으로 구성된 개인의 견해. 무엇이 실제로 어떠한지에 대해서는 다양한 정도의 강도로 받아들여진다.

실무한(actual infinite) 유한한 수보다 무한히 큰 것들의 집합.

실증 과학(empirical science) 반복적이고 규칙적으로 발생하는 사건이나 패턴에 초점을 맞추어 세계를 이해하려는 접근법(예로, 기체의 압력, 온도, 부피 사이의 관계).

실증주의(empiricism) 모든 지식은 오관의 경험을 통해 나온다는 관점 혹은 경험론.

실체 이원론(substance dualism) 의식의 주인 혹은 소유자는 비물리적인 자아인 '나'나 영혼으로, 이 비물리적 실체는 몸이나 뇌와는 다르다는 관점.

아 포스테리오리(a posteriori) "나중의 것에서 온 것"이라는 의미의 라틴어로, 경험에 기초한 귀납적 혹은 후험적 지식을 의미함(예로, 밖에 비가 온다).

아 프리오리(a priori) "이전 것에서 온 것"이라는 의미의 라틴어로, 진리가 되기 위해 경험에 의지하지 않는 연역적 혹은 선험적 지식을 의미함(예로, 모든 총각은 결혼하지 않은 사람이다).

아르키메데스 점(Archimedean point) 관찰자가 탐구 주제를 총체적인 관점에서 객관적으로 지각할 수 있는 유리한 가설적 지점.

언어적 상대성(linguistic relativity) 언어를 공유하는 집단이나 문화 또는 사람들은 그 세계와 질서를 다르게 구성하며, 따라서 다른 문화는 실제로 다른 질서 원리를 가지고 다른 세계에 살고 있다는 관점.

엄격한 물리주의(strict physicalism) 실재는 물리학 또는 화학으로 완전히 설명되며, 따라서 모든 것은 물리적이라는 자연주의의 한 형태.

역사 과학(historical science) 반복이 불가능한 과거의 단일 사건에 초점을 둔 과학의 한 형태(예로, 우주의 기원이나 최초의 생명 혹은 다양한 생명체의 기원 등).

우연성(contingency) 우연성은 두 가지 의미가 있다. 이것이 탁자나 지구와 같이 존재하는 어떤 것에 사용되는 경우, 이것이 현재 존재하지만 존재하지 않았을 수도 있다는 의미이다. 또한 "콜로라도에는 산이 있다"와 같이 어떤 사실에 대해 사용되는 경우, 이 진술은 참일 수 있지만 거짓이었을 수도 있다는 의미이다. 그 산을 만든 지질학적 사건이 아직 일어나지 않았던 때도 있을 수 있기 때문이다.

유신론적 진화론(theistic evolution) 이 관점을 옹호하는 사람들은 하나님을 믿으며 따라서 철학적 자연주의를 거부한다. 그러나 과학적으로 탐구가 가능한 실증적인 증거에 있어서는, 진화가 일어나는 과정이 맹목적이고 무목적적이고 자연주의적인 것으로서, 목적 지향적인 행동이나 초자연적인 개입이 없다고 믿는다. 그들은 하나님이 어떤 의미에서 이 과정을 인도했지만 탐색이 불가능한 방식으로 했다고 믿는다.

유형 동일론(type identity theory) 심리적 속성(예로, 고통 가운데 있는 것)은 물리적 속성(예로, C-신경 섬유의 반응 상태)와 동일하다는 이론.

의도성(intentionality) 어떤 대상에 대한 심리 상태의 주체성, 대상성, 지향성.

의식(consciousness) 한 개인이 경험하는 일련의 내적인 상태로, 당사자 내성으로 참여하여 아는 것.

의지 행위(act of will) 보통 어떤 목적을 위한 선택이나 힘의 행사 혹은 행하려는 노력을 의미함.

이급 문제(second-order issue) 과학 자체에 대한 철학의 주제(일급 문제를 참조하라).

이원론(dualism) 영혼이 몸이나 뇌와는 달리 비물질적인 것이라고 보는 관점(실체 이원론과 속성 이원론을 참조하라).

인격적 설명(personal explanation) 어떤 사건 또는 일의 상태는 인격(신 등)에 의해 그 일이 일어나도록 원인을 제공하는 행위자의 능력에 따라 의도적으로 일어난다는 설명.

인격적 통합(personal integration) 그리스도인들에게 있어서 인격적인 통합이란 통합성(integrity, 우리말에서는 진실성, 온전성, 정직 등으로 다양하게 번역된다-역자 주)이라는 통일된 삶을 추구하는 것을 의미한다. 이는 공적인 장소에서도 사적인 장소에서와 동일한 사람이 되어, 인성의 여러 측면들이 서로 일관되며 예수님의 제자로서 다른 이들의 삶을 풍성하게 하는 통로가 되는 것이다.

인과적 폐쇄(causal closure of the physical) 이 원리에 의하면, 어떤 물리적인 사건의 인과적인 선행 사건을 추적할 때, 그 선행 사건을 추적하기 위해 물리적인 세계의 차원을 떠나면 안 된다. 물리적인 사건은 물리적인 사건에 의해서만 발생하기 때문이다.

일급 문제(first-order issue) 어떤 현상에 대한 과학의 주제(이급 문제를 참조하라).

자기 부정(self-refuting) 어떤 진술이 그 자체의 주제에 포함되지만 그 자체의 수용성의 기준을 만족시키지 못하는 경우(예로, "모든 문장은 정확하게 세 단어의 길이이다").

자연 신학(natural theology) 신의 계시를 참고하거나 이에 호소하지 않고 하나님의 존재와 속성을 연구하는 신학.

자연의 균일성(uniformity of nature) 대략적으로 말해, 미래는 과거를 닮거나, 혹은 점검되지 않은 어떤 현상(예로, 발견되지 않은 에메랄드)은 점검된 사례(에메랄드는 파란 색이다)를 닮는다는 개념.

적극적 직접 방어(positive direct defense) 기독교 유신론을 적극적으로 주장하려는 시도.

정합 가능성(coherent conceivability) 우리는 모순이 없는 일이 일어날 것을 생각할 수 있다. 정합 가능성은 우리가 가능하다고 생각하는 것이 실제로 가능하다는 좋은 증거이다.

제일 철학(first philosophy) 철학의 고유 영역이자 과학과는 별개이며 과학보다 더 기본적이고 근본적인 것으로서, 실재에 대한 지식을 포함해 이 영역에서 연구되는 주제들에 대해서 지식을 제공하는 합리적인 탐구 영역이 있다는 사상.

지적 설계론(intelligent design) 과학 영역에서, 생물학의 역사나 현상에 지적 설계가 존재한다는 실증적인 증거가 존재한다는 사상. 다시 말해, 지적 설계자를 추론할 수 있다는 것.

진리 대응론(correspondence theory of truth) 어떤 전제는 그것이 실재와 대응할 경우에만 참이라는 것.

창발적 속성(emergent property) (뇌와 같은) 물리적 시스템의 기능에서 비물리적 속성이 나타날 수 있다는 개념.

철학의 권위(authority of philosophy) 과학과 철학이 동일하게 철학의 중심적인 문제에 대해 답을 제시한다고 할 때, 대부분의 경우 원칙적으로 과학이 제시하는 답이 철학이 제시하는 것만큼 강력하지 못하다. 그러므로 둘 사이에 갈등이 있을 경우, 철학의 권위가 원칙적으로 더 크다.

철학의 자주성(autonomy of philosophy) 한두 가지 이론적인 수단을 이용하여 대답이 가능한 철학의 중심적인 질문들 가운데 대부분은 원칙적으로 사실상 과학을 의지하지 않고 철학의 탐구와 논증을 통해 대답할 수 있다는 것.

철학적 자연주의(philosophical naturalism) 자연 세계가 존재하는 것의 전부라는 신념.

철학적 행동주의(philosophical behaviorism) 의식 상태는 신체의 움직임에 불과하다고 보는 주장(즉, 고통은 고통과 연관된 행위로 나타난다는 것).

충족 이유율(principle of sufficient reason) 우발적으로 존재하는 모든 것에는 그것이 존재하지 않고 존재하는 이유에 대해서 충분한 설명이 있다는 원리.

칼람 우주론적 논증(kalam cosmological argument) 존재의 시작이 있는 모든 것은 원인이 있다는 논증. 우주는 존재의 시작이 있으므로 우주에 원인이 있다는 논증.

타당성 구조(plausibility structure) 사람들이 느끼고 행동하며, 듣고 평가할 정도로 신뢰성이 있다고 생각하는 것을 결정하는 바탕이 되는 전제.

토대주의/정초주의(foundationalism) 기본적인 신념과 비기본적인 신념은 차이가 있으며, 우리의 (비기본적) 신념은 다른 (기본적) 신념에 의해 정당화되어야 한다는 사상.

파기자(defeaters) 파기자는 반박적 파기자와 약화적 파기자 두 가지가 있다. 약화적 파기자는 어떤 견해를 위해 제시된 증거가 불충분함을 보여줌으로써, 그 견해가 참으로 보일 수도 있지만 다른 사람이 그 견해를 믿을 이유가 없게 만드는 것이다. 반박적 파기자는 단순히 그 견해에 대한 증거만 공격하지 않고 견해 자체를 공격하여 그 견해 자체가 거짓임을 보여주는 것이다.

필연적 존재(necessary being) 만일 존재한다면, 비존재가 불가능할 뿐만 아니라 가능한 모든 세상에 존재하는 존재.

필연적 진(necessary truths) 거짓일 수 없는 진리(예로, 2+2=4).

합성의 오류/택시의 오류(taxicab fallacy) 어떤 원리나 이유 시스템에 '승차하여' 그 원리를 사용하다가, 그 원리 혹은 시스템의 의미를 좋아하지 않게 되면, 거기서 하차해 더 이상 사용하지 않는 비형식적 오류.

형이상학적 실재(metaphysical realism) 세계 혹은 실재는 사람들이 지각하는 것과는 별개라는 주장.

환원 불가능(irreducible) 우리가 생각하는 것과는 다른 무엇으로 확인될 수 없을 때 그것은 '환원 불가능'하다. 예를 들어, 빨강이 빛의 파장으로 환원될 수 있을 경우, 그 빨강은 빛의 파장과 동일한 것이다. 그러면 빨강은 우리가 생각한 것과는 다른 무엇으로 확인된다.

참고 문헌

이 문헌 목록에서는 책의 난이도를 기초(B), 중급(I), 고급(A)으로 나누었다. 그리고 별표의 수(하나에서 셋)는 내가 생각하는 필독서의 중요도를 표시한 것이다.

1. 기독교와 지성 생활

Moreland, J. P. *Love Your God with All Your Mind*. Colorado Springs: NavPress. Revised and expanded edition, 2012. (B)

**Willard, Dallas. *Knowing Christ Today*. New York: HarperCollins, 2009. (I)

2. 과학주의

Moreland, J. P. *Christianity and the Nature of Science*. Grand Rapids, MI: Baker, 1989. (I)

Ratzsch, Del. *Science and Its Limits*. Downers Grove, IL: InterVarsity Press, 2000. (B)

Sorell, Tom. *Scientism: Philosophy and the Infatuation with Science*. London: Routledge, 1991. (A)

**Stokes, Mitch. *How to Be an (A)theist: Why Many Skeptics Aren't Skeptical Enough*. Wheaton, IL: Crossway, 2016. (I)

Trigg, Roger. *Beyond Matter: Why Science Needs Metaphysics*. West Conshohocken, PA, 2015. (I)

*Williams, Richard N., and Daniel N. Robinson, eds. *Scientism: The New Orthodoxy*. London: Bloomsbury, 2015. (A)

3. 지적 설계론 대 자연주의적 혹은 유신론적 진화론

**Axe, Douglas. *Undeniable: How Biology Confirms Our Intuition That Life Is Designed*. New York: HarperOne, 2016. (B)

Dembski, William. *Intelligent Design: The Bridge between Science and Theology*. Downers Grove, IL: InterVarsity Press, 2002. (I)

Meyer, Stephen C. *Signature in the Cell: DNA and the Evidence for Intelligent Design*. New York: HarperCollins, 2009. (A)

**_____. *Darwin's Doubt*. N. Y.: HarperCollins, 2013. (A)

***Moreland, J. P., Stephen C. Meyer, Christopher Shaw, Ann K. Gauger, and Wayne Grudem, eds. *Theistic Evolution: A Scientific, Philosophical, and Theological Critique*. Wheaton, IL: Crossway: 2017. (I)

*Nagel, Thomas. *Mind and Cosmos: Why the Materialist Neo-Darwinian Conception of Nature Is Almost Certainly False*. Oxford: Oxford University Press, 2012. (I)

*Wells, Jonathan. *Icons of Evolution*. Washington, DC: Regnery, 2000. (I)

4. 의식과 영혼의 비물질적 본질

*Goetz, Stewart, and Charles Taliaferro. *A Brief History of the Soul*. Malden, MA: Willey-Blackwell, 2010. (I)

*Moreland, J. P. *The Soul: How We Know It's Real and Why It Matters*. Chicago: Moody, 2014. (B)

_____. *The Recalcitrant Imago Dei*. London: SCM Press, 2009. (A)

*Swinburne, Richard. *The Evolution of the Soul*. Oxford: Oxford University Press. Rev. ed., 1997. (I)

_____. *Mind, Brain, and Free Will*. Oxford: Oxford University Press, 2013. (A)

5. 임사 체험의 실재

***Burke, John. *Imagine Heaven*. Grand Rapids, MI: Baker, 2015. (B)

Long, Jeffrey, and Paul Perry. *Evidence of the Afterlife*. New York: HarperOne, 2010. (B)

*Miller, J. Steve. *Near-Death Experiences as Evidence for the Existence of God and Heaven*. Acworth, GA: Wisdom Creek Press, 2012. (B)

***Rivas, Titus, Anny Dirven, and Rudolf H. Smit, eds. *The Self Does Not Die*. Durham, NC: IANDS, 2016. (B)

6. 신 존재 증명

**Craig, William Lane. *Reasonable Faith*. Wheaton, IL: Crossway, 2009. (I)

*Groothuis, Douglas. *Christian Apologetics*. Downers Grove, IL: InterVarsity Press, 2011. (I)

Moreland, J. P. *The God Question*. Eugene, OR: Harvest House, 2009. (B)

**Moreland, J. P., and William Lane Craig. *The Blackwell Companion to Natural Theology*. Malden, MA: Blackwell, 2012. (A)

**Moreland, J. P., and Tim Muehlhoff. *The God Conversation*. Downers Grove, IL: InterVarsity Press, 2007. (B)

Swinburne, Richard. *The Existence of God*. Oxford: Clarendon, 2nd. ed. 2004. (A)

7. 기적 증명

*Craig, William Lane. *The Son Rises*. Eugene, OR: Wipf & Stock, 2000. (B)

*Crandall, Chauncey. *Touching Heaven*. New York: FaithWords, 2015. (B)

**Habermas, Gary, and Mike Licona. *The Case for the Resurrection of Jesus*. Grand Rapids, MI: Kregel, 2004. (I)

**Keener, Craig. *Miracles: The Credibility of the New Testament Accounts*. Grand Rapids, MI: Baker, 2011. (I)

*Licona, Michael. *The Resurrection of Jesus: A New Historiographical Approach*. Downers Grove, IL: InterVarsity Press, 2010. (I)

Wright, N. T. *The Resurrection of the Son of God*. Philadelphia, PA: Fortress, 2003. (A)

8. 형이상학 입문

Conee, Earl, and Theodore Sider. *Riddles of Existence*. Oxford: Clarendon, 2005. (B)

**Koons, Robert, and Timothy Pickavance. *Metaphysics: The Fundamentals*. Malden, MA: Wiley Blackwell, 2015. (B or I)

Loux, Michael J., and Thomas M. Crisp. *Metaphysics: A Contemporary Introduction*. London: Routledge, 4th ed., 2017. (I)

Lowe, E. J. *A Survey of Metaphysics*. Oxford: Oxford University Press, 2002. (I or A).

9. 기독교와 철학 입문

**DeWeese, Garrett J. *Doing Philosophy as a Christian*. Downers Grove, IL: InterVarsity Press, 2011. (I)

Moreland, J. P., and William Lane Craig. *Philosophical Foundations to a Christian Worldview*. 2nd ed. Downers Grove, IL: InterVarsity Press, 2017. (I)

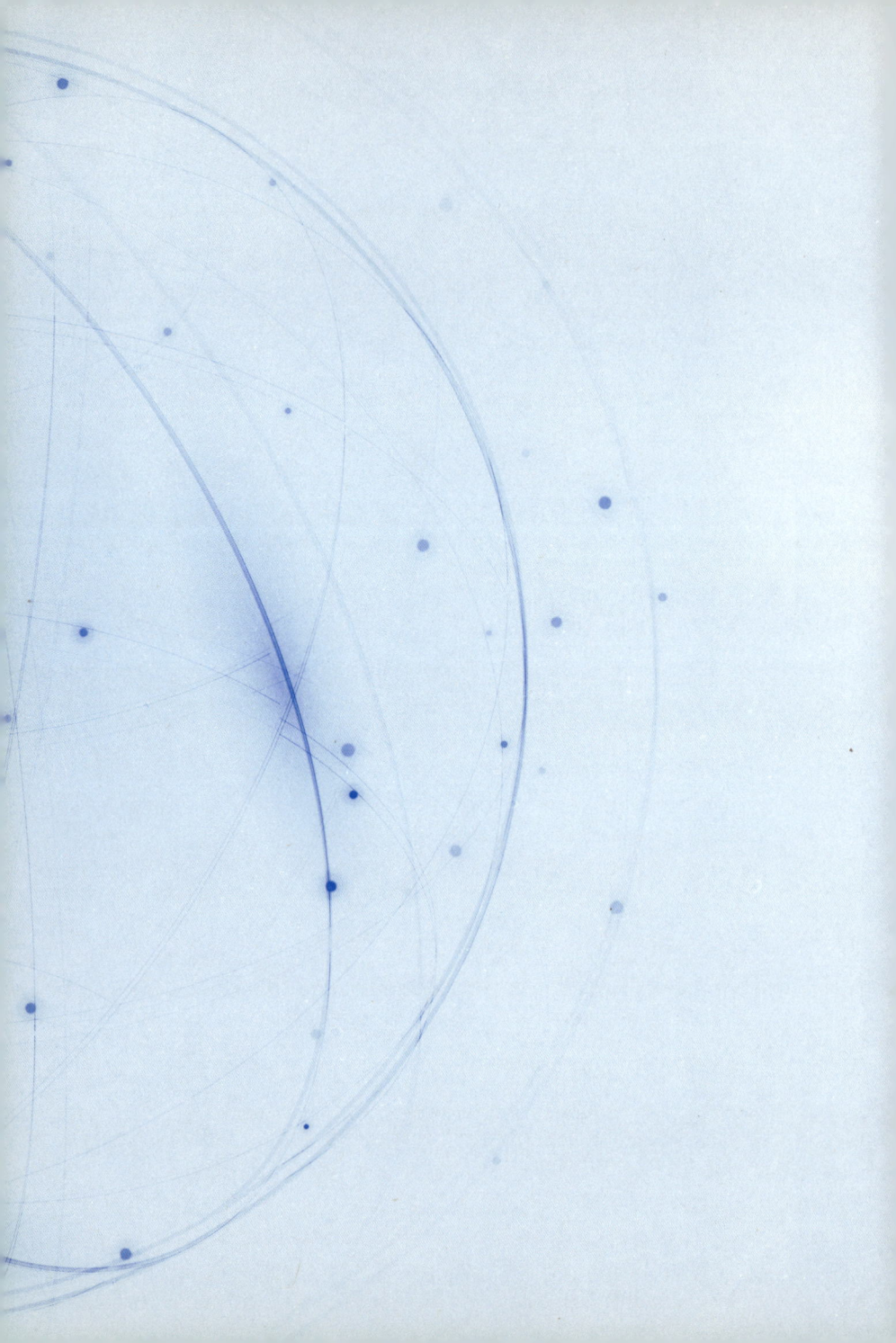

사명선언문

너희가 흠이 없고 순전하여……세상에서 그들 가운데 빛들로
나타내며 생명의 말씀을 밝혀 _ 빌 2:15-16

1. 생명을 담겠습니다
만드는 책에 주님 주신 생명을 담겠습니다.
그 책으로 복음을 선포하겠습니다.

2. 말씀을 밝히겠습니다
생명의 근본은 말씀입니다.
말씀을 밝혀 성도와 교회의 성장을 돕겠습니다.

3. 빛이 되겠습니다
시대와 영혼의 어두움을 밝혀 주님 앞으로 이끄는
빛이 되는 책을 만들겠습니다.

4. 순전히 행하겠습니다
책을 만들고 전하는 일과 경영하는 일에 부끄러움이 없는
정직함으로 행하겠습니다.

5. 끝까지 전파하겠습니다
모든 사람에게, 땅 끝까지, 주님 오시는 그날까지
복음을 전하는 사명을 다하겠습니다.

서점 안내

광화문점　서울시 종로구 새문안로 69 구세군회관 1층
　　　　　　02)737-2288 / 02)737-4623(F)

강남점　　서울시 서초구 신반포로 177 반포쇼핑타운 3동 2층
　　　　　　02)595-1211 / 02)595-3549(F)

구로점　　서울시 동작구 시흥대로 602, 3층 302호
　　　　　　02)858-8744 / 02)838-0653(F)

노원점　　서울시 노원구 동일로 1366 삼봉빌딩 지하 1층
　　　　　　02)938-7979 / 02)3391-6169(F)

분당점　　경기도 성남시 분당구 황새울로 315 대현빌딩 3층
　　　　　　031)707-5566 / 031)707-4999(F)

일산점　　경기도 고양시 일산서구 중앙로 1391 레이크타운 지하 1층
　　　　　　031)916-8787 / 031)916-8788(F)

의정부점　경기도 의정부시 청사로47번길 12 성산타워 3층
　　　　　　031)845-0600 / 031)852-6930(F)

인터넷서점　www.lifebook.co.kr